Shauna Niequist

Brot und Wein

Über die Autorin

Shauna Niequist hat englische und französische Literatur studiert und in Amerika bereits mehrere Bücher veröffentlicht. Sie ist die Tochter von Lynn und Bill Hybles und mit Aaron Niequist, dem Lobpreisleiter von Willow Creek, verheiratet. Sie lebt mit ihrer Familie in der Nähe von Chicago.
www.shaunaniequist.com

shauna niequist

Brot & Wein

Eine Einladung,
das Leben zu feiern und
Gemeinschaft zu genießen

Aus dem Englischen von
Antje Balters

GerthMedien

Für meine Jungs –
Aaron, Henry und Mac

Und für den Kochclub –
Brannon Anderson
Margaret Hogan
Amanda Hybels
Melody Martinez
Casey Sundstedt

Inhalt

Vorbemerkungen der Autorin

Eigentlich gehöre ich nicht zu denjenigen, die sich Rezepte ausdenken und sie dann aufschreiben. Viele der Rezepte in diesem Buch – nach denen ich eine ganze Reihe von unseren Lieblingsspeisen zubereite – stammen von Küchenchefs, Kochbuchautoren und aus Restaurants, die ich mag. Und ich freue mich sehr, dass ich diese Rezepte jetzt an Sie weitergeben kann. Jeweils am Anfang eines jeden Rezeptes nenne ich die Quelle oder gebe an, woher ich die Anregung für das betreffende Gericht habe. Ich würde mir wünschen, dass Sie die entsprechenden Kochbücher kaufen, die Zeitschriften lesen oder sich Lesezeichen in die betreffenden Blogs machen und dort genauso viele Anregungen und auch Tipps finden wie ich.

In vielen Fällen habe ich Rezepte abgeändert, und zwar entweder, um sie etwas zu vereinfachen oder wegen irgendwelcher geschmacklicher Vorlieben. Alle Rezepte hier sind dazu gedacht, an ihnen herumzubasteln und sie zu etwas ganz Eigenem zu machen, je nach Ihrem Geschmack, Ihrer Geschichte, Ihrer Familie und Ihren Essgewohnheiten.

Ein Teil der Rezepte ist glutenfrei, aber manche dieser glutenfreien Rezepte enthalten Haferflocken. Es gibt Leute, die glutenfrei essen, so wie beispielsweise mein Mann Aaron, aber

Haferflocken gut vertragen können. Menschen, die an Zöliakie leiden, vertragen jedoch nur garantiert glutenfreie Haferflocken.

Und noch etwas zum Thema glutenfreies Kochen: Manche der Rezepte enthalten als Zutat gemahlene Mandeln. Man kann gemahlene Mandeln fertig kaufen, aber man kann sie auch selbst herstellen, indem man ganze Mandeln so lange in der Küchenmaschine zerkleinert, bis sie ganz fein sind. Dabei ist es allerdings wichtig aufzuhören, bevor aus den gemahlenen Mandeln Mandelbutter wird.

Und noch ein paar weitere Anmerkungen: Zum Salzen benutze ich ausschließlich Meersalz und ich verwende auch ausschließlich gesalzene Butter.

Wenn nicht anders angegeben, sind alle Rezepte für sechs Personen berechnet. Normalerweise koche ich für unsere kleine Familie ein ganzes Rezept, weil ich immer gerne einen Rest für den nächsten Tag habe. Für ein Abendessen mit Gästen verdoppele ich in der Regel die in den Rezepten angegebenen Mengen.

Ich würde mir sehr wünschen, dass Sie dieses Buch erst einmal gemütlich auf dem Sofa oder im Bett oder in der Badewanne durchlesen. Wenn Sie es dann in die Küche mitnehmen, wünsche ich mir, dass es dort Eselsohren bekommt, der Buchrücken beschädigt wird und die Seiten mit Rotwein, Essig oder sogar Öl bekleckert werden – das Buch also richtig fleckig und ramponiert wird –, während Sie bei lauter Musik und in einer chaotischen Küche kochen und schnippeln und Spaß haben.

Und ich bete, dass wenn Sie das Buch zuschlagen, sich Menschen, die Sie lieb haben, um Ihren Tisch versammeln zum Essen und Trinken und Geschichtenerzählen und in jeder Hinsicht gehört und gesehen und satt werden!

Anmerkung des deutschen Verlages:

Bei der Bearbeitung der Rezepte haben wir uns dazu entschieden, die amerikanischen Maße mit den Cup-Einheiten beizubehalten. Um den Umgang mit den Rezepten für unsere Leser zu erleichtern, haben wir die Mengenangaben in Gramm und Liter im Internet recherchiert und ebenfalls angefügt. Um auf der sicheren Seite zu sein, empfehlen wir jedoch, sich im Küchenfachgeschäft oder im Internet die Cup-Messbecher bzw. -löffel zu besorgen, denn nur so können wir davon ausgehen, dass Sie das Rezept eins zu eins umsetzen können. Empfehlen möchten wir die folgende Internetseite, auf der Sie noch weitere Informationen zum Umgang mit amerikanischen Rezepten finden werden:

www.usa-kulinarisch.de/informationen/masseinheiten-umrechnen

Einführung
Brot und Wein

Ich liebe Brot – goldgelbes, knuspriges Baguette, herzhafte Körnerbrotlaibe, ganz dünnen, knusprigen Pizzaboden, aber auch Croissants aus buttrigem Blätterteig, weiches Pitabrot und warme, duftende Tortillas, die durch die Hitze beim Backen Blasen geworfen haben. Immer, wenn meine Jeans wieder kneifen, erinnert mich das daran, dass ich es eigentlich besser wissen müsste und nicht so verrückt nach Brot sein sollte, aber in dieser Hinsicht bin ich wirklich blind vor Liebe und absolut unverbesserlich. Und auch Wein liebe ich – den dunkelroten, aber auch das flüssige Gold, das Klingen und den Glanz langstieliger Gläser und den leicht muffigen, intensiven, beinahe pilzigen Geruch.

Ich bin also ein Brot-und-Wein-Mensch. Damit meine ich, dass ich Christin bin, ein Mensch des Leibes und des Blutes, ein Mensch des Brotes und des Weins. Wie jeder Christ begreife ich beides als Speise beziehungsweise als Getränk, aber gleichzeitig auch als etwas Umfassenderes – als Geheimnis, Tradition und auch Symbol.

Brot ist Brot und Wein ist Wein, aber Brot und Wein, das ist wieder etwas ganz anderes. Beides zusammen ist gleichzeitig das Heilige und das Stoffliche, es ist Himmel und Erde, das Göttliche und das ganz Alltägliche.

Das vorliegende Buch ist eine Sammlung von Essays über Familie, Freundschaft und das Essen, das uns zusammenbringt. Es handelt davon, was Gott uns zeigt und lehrt, wenn wir den Menschen in unserem Umfeld im wörtlichen wie im übertragenen Sinne Nahrung geben, und es handelt von Hunger, sowohl dem körperlichen als auch einem anderen Hunger und der Verbindung zwischen beidem.

Es handelt von Essen und von Familie und vom Glauben, und es geht darin auch um alles andere, weil das Leben nun mal ein Gemisch von Ideen und Erfahrungen ist – zu dem auch das gehört, was wir gerne unter den Teppich kehren. Ein wildes Durcheinander von großen und kleinen Dingen – von den Dingen, die wir sehen, an die wir denken und an die wir uns erinnern, die wir riechen und fühlen, von den Grundwerten, an denen wir uns orientieren, und dem Dreck unter unseren Fingernägeln, den Unterströmungen von Glaube und Zweifel und dem kühlen, glatten Gefühl von Baumwollbettwäsche, wenn man mit den Zehen daran entlanggleitet, bis man lang ausgestreckt im Bett liegt. Dieses Buch handelt von Essen und auch wieder nicht. Dieses Buch handelt vom Leben, und damit meine ich, dass es von allem handelt.

Vor ein paar Jahren habe ich zu Weihnachten von meinen lieben Freunden Steve und Sarah ein Buch mit dem Titel *My Last Supper* (Mein letztes Abendmahl) geschenkt bekommen. Es ist ein prachtvoller, großformatiger Bildband mit einer Sammlung von Interviews mit fünfzig berühmten Köchen über die Frage, was sie essen würden, wenn sie wüssten, dass es ihre letzte Mahlzeit wäre. Das ist eine der uralten Küchenfragen, über die Profiköche endlos reden können – in ruhigeren Phasen während des Tagesgeschäfts oder am Ende eines hektischen Abends, wenn die Küche endlich geschlossen ist. Zu ihr gehören die Fragen: Was würdest du essen, wenn du wüsstest, dass es deine letzte

Mahlzeit wäre? Wer würde dieses Essen kochen? Was würdest du trinken, und wer würde mit dir zusammen am Tisch sitzen, wenn du wüsstest, dass es deine letzte Mahlzeit wäre?

Weil ich mit einem Musiker verheiratet bin, kenne ich die entsprechenden Fragen für Musiker: Welches Stück von allen existierenden Musikstücken hättest du am liebsten selbst geschrieben? Oder: Wenn du deine Traumband zusammenstellen dürftest, wer wäre dann mit welchem Instrument dabei? Für jemanden, der als Hauptfach Englisch studiert hat, wäre die entsprechende Frage, mit welchem Schriftsteller oder welcher Schriftstellerin man am liebsten in einem Café sitzen würde. Oder vielleicht auch, welche Zeile aus der Weltliteratur man am liebsten selbst geschrieben hätte. Es sind diese Fragen, über die man immer wieder reden und seine Antwort jedes Mal ein wenig verändern kann, Fragen, die man gerne beantwortet, weil man sich dadurch so lange, wie man sich die Antwort überlegt, in der entsprechenden Welt aufhalten kann – in der Welt des Essens, der Musik oder der Literatur. Wenn Sie in dieser Hinsicht so ähnlich ticken wie ich, dann verändern Sie Ihre Antwort immer wieder, weil Sie so lange wie möglich in dieser Welt bleiben möchten.

Und nur fürs Protokoll, meine letzte Mahlzeit würde folgendermaßen aussehen: Als Erstes natürlich eiskalten Champagner, und zwar literweise aus Champagnerflöten, in denen sich das Licht spiegelt und die Champagnerperlen tanzen. Danach gäbe es gebratene Datteln im Speckmantel, aus denen der Ziegenkäse trieft, und Risotto mit einer dicken Schicht darübergehobeltem Parmesan und Pünktchen von schwarzem Pfeffer. Dann gäbe es Pizza mit hauchdünnem Boden, belegt mit Tomaten, Mozzarella und feinen Basilikumstreifen, nach Knoblauch duftende Pasta und knuspriges Brot und jede Menge verschiedene Käsesorten, einen pflaumigen Pinot Noir und einen Dirty

Martini, weil man es an seinem letzten Abend auf dieser Welt ruhig noch einmal richtig krachen lassen sollte. Dann gäbe es noch Karamell mit dunkler Schokolade und Meersalz und eine Schüssel mit dicken Brombeeren und wir würden stundenlang am Tisch sitzen und lachen und Geschichten erzählen und uns noch einmal nachschenken und hin und wieder noch einen Bissen naschen.

Mir wird immer klarer, dass die heiligsten Augenblicke – die Momente, in denen ich die Gegenwart Gottes am intensivsten spüre, in denen ich am deutlichsten und eindringlichsten merke, wie gut die Welt ist – Momente bei Tisch sind. Die spezielle Alchemie des Feierns und Essens, des Zusammenbringens von Freunden und des Servierens, was ich mit meinen eigenen Händen zubereitet habe, ergibt am Ende mehr als die Summe der einzelnen Bestandteile. Ich liebe die Geräusche und Gerüche und Texturen des Lebens bei Tisch. Hände, die Schüsseln weiterreichen, und das Klappern von Besteck am Geschirr. Brot, das in Stücke gerissen wird, und den Rhythmus und die Energie des Gebens und Essens.

Ich liebe es, über Essen und Kochen und über das Bewirten von Gästen zu reden. Ich möchte erfahren, wie andere es machen, und ich möchte von den überraschenden und grundlegenden Dingen erfahren, die sich ereignen, wenn Menschen an einem großen Tisch zusammenkommen. In vielen meiner Lieblingsbücher geht es um Essen und um das Zusammensein am Tisch. Etliche meiner schönsten Momente habe ich in Küchen erlebt und viele der geistlich intensivsten Augenblicke im vergangenen Jahr haben an Tischen stattgefunden.

Es geht für mich also nicht nur ums Essen, sondern darum, was passiert, wenn wir zusammenkommen, unser Leben entschleunigen, unsere Häuser öffnen, einander ansehen und uns die Geschichten anhören, die wir uns erzählen.

Zu solchen Erlebnissen kommt es oft, wenn wir von der Arbeit kommen und einen Babysitter engagiert haben, aber nicht, um zum Sport zu gehen, sondern um einen Geburtstag zu feiern oder etwas, das wir geschafft haben, oder eine Hochzeit oder eine Geburt. Es geschieht dann, wenn wir einmal aus dem normalen Alltagstrott ausbrechen und an einem nasskalten, grauen Mittwoch den Champagnerkorken aus keinem anderen Grund knallen lassen als dem, dass Menschen, die wir lieb haben, an unserem Tisch zusammenkommen. Es geschieht, wenn wir in die Freude und den Kummer der Menschen, die wir lieb haben, mit hineinkommen und am Tisch zusammenkommen, um uns gegenseitig Essen zu reichen und uns Essen reichen zu lassen. Es geht dabei zwar nicht vorrangig ums Essen, aber ohne Essen geschieht es nicht. Das Essen ist der Ausgangspunkt, das Gemeinsame, das Greifbare, die Währung, die wir einsetzen.

Es ist kein Zufall, dass nach dem Tod eines geliebten Menschen die Angehörigen oft mit Essen überhäuft werden. Der Impuls, anderen zu essen zu geben, ist angeboren. Essen ist die Sprache der Fürsorge. Es ist das, was wir einsetzen, wenn Worte versagen, wenn wir nicht mehr wissen, was wir sagen sollen, wenn es nichts zu sagen gibt. Und Essen ist auch das, was wir zum Einsatz bringen, wenn wir uns freuen und feiern – bei Hochzeiten, bei Jubiläen, bei feierlichen und fröhlichen Anlässen jeder Art. Essen verbindet, es steht für unsere Traditionen, unser Heimat- und Familiengefühl, unsere intensivsten Erinnerungen und auf einer ganz praktischen Ebene auch für unsere Fähigkeit zu leben und zu atmen. Essen ist wichtig.

Es gibt in der Bibel von Anfang an und durchgängig bis zum Schluss der Geschichte von Gott mit seinem Volk auch Geschichten über das Essen. Beispielsweise die Geschichte darüber, wie sich durch den Biss in eine Frucht alles änderte, oder die Geschichte, wie ein Erbe gegen einen Linseneintopf eingetauscht wurde. Es gibt eine Geschichte darüber, wie das Volk Israel eines Morgens aufwachte und das Land übersät war mit Brot – Gottes Art, sein Volk zu versorgen. Dann gibt es eine Geschichte über eine Hochzeit, bei der Wasser in Wein verwandelt wurde, das erste Wunder Jesu, und eine Geschichte über das erste Abendmahl, bei dem das bescheidene Brot und der Wein ein für alle Mal unauslöschlich mit dem Leib Christi verknüpft wurden, dem Mittelpunkt jahrtausendelanger Tradition und Glauben. Essen ist wichtig.

Es war damals wichtig und es ist heute wichtig. Heute vielleicht sogar noch wichtiger, weil es eine Möglichkeit ist, einige Dinge wieder zurückzuholen, die uns im Laufe der Zeit verloren gegangen sind.

Sowohl die Gemeinde als auch das moderne Leben, egal, ob gemeinsam oder voneinander getrennt, haben sich vom Tisch entfernt. Die Gemeinde lebt lieber im Kopf und im Herzen und in der Seele der Menschen und kaum noch in ihren Fingern, dem Mund und den Sinnen. Das moderne Leben drängt uns zu Fast Food und zu mit großer Raffinesse hergestellten künstlichen Nahrungsmitteln, die von sterilen Verpackungen umhüllt sind und die wir im Auto oder in der U-Bahn essen – als ob wir Astronauten wären und als ob eine Mahlzeit etwas wäre, womit wir uns nicht lange abgeben könnten.

Was an einem Esstisch passiert, ist vielen Leuten völlig egal, aber mir persönlich wird es immer wichtiger. Für mich ist das Leben am Tisch das Leben in seiner besten Form. Und die geistliche Bedeutung dessen, wie und was wir essen und mit wem und wo, ist für mich jeden Tag wieder neu und grundlegend. Ich glaube, dass Gott hier unter uns ist, dass er anwesend ist und wirkt. Ich glaube, dass alles Leben durchwirkt ist von seiner Gegenwart und dass ein Teil des Geschenkes, mit ihm zu leben, darin besteht, auf vielfältige und unerwartete Weise seine Spuren und Fingerabdrücke in unserem Alltag zu sehen.

Meine Freundin Nancy ist ein Naturmensch. Sie zu kennen, heißt automatisch, die Schöpfung besser kennenzulernen – Bäume, Wildblumen, den Sonnenschein. Die Natur ist das Band, durch das sie mit Gott verbunden ist. Durch die Natur erkennt sie, dass Gott da ist.

Für meinen Vater ist dieses Band, durch das er sich am intensivsten mit Gott verbunden fühlt, das Wasser. Durch die Geräusche und Gerüche und Rituale des Lebens auf dem Wasser fühlt er sich wie durch nichts anderes mit Gott verbunden. Für Aaron ist dieses Band die Musik. Und für mich ist es der Tisch, an dem wir gemeinsam essen.

Ich habe auf dieser Welt am intensivsten das Gefühl, lebendig und mit dem Geist Gottes in Verbindung zu sein, wenn ich für Menschen, die ich lieb habe, Gelegenheiten schaffe, sich auszuruhen, und wenn ich ihnen an meinem Tisch etwas zu essen gebe. So bin ich eben „gestrickt", und ich glaube, dass das etwas zu bedeuten hat. Aus einer ganzen Reihe von Gründen konnte ich jahrelang nicht zulassen, dass es mir wichtig war. Doch wenn man wirklich man selbst werden will, und zwar auf eine zutiefst geistliche Weise, dann gehört dazu auch, in Worte zu fassen und die Wahrheit darüber zu sagen, was man wirklich liebt. Um es mit den Worten meiner Lieblingsdichterin Mary Oliver zu sagen: Es geht darum, „das weiche Tier seines Körpers das lieben zu lassen, was es liebt".

Meine Generation und die meiner Freundinnen wurde nicht mehr dazu angehalten, auf jeden Fall kochen zu lernen. Weil unsere Mütter wollten, dass wir alle Möglichkeiten und Chancen bekämen und wirklich die Freiheit haben sollten, alles zu werden, was wir wollten, scheuchten sie uns in bester Absicht aus der Küche – diesem Ort, der für so viele von ihnen ein Ort latenter Unterdrückung war, an dem sie sich eingesperrt fühlten.

Sie ermutigten uns, zu studieren und zu reisen und Sport zu treiben und uns in den verschiedenen Kunstformen zu versuchen, all das zu tun, was ihnen verwehrt wurde, als sie selbst jung waren. Dass sie uns aus der Küche scheuchten, war für sie ein Akt der Liebe, auch wenn manche von uns sich dort ausgesprochen wohlfühlten. Viele junge Frauen und Männer hatten deshalb keine Ahnung vom Kochen, wenn sie zu Hause auszogen, und junge Menschen beiderlei Geschlechts hatten aus einer Unmenge unterschiedlichster Gründe eine sehr gespaltene Haltung hinsichtlich des Kochens. Also holten wir uns das Essen im Schnellrestaurant und beschäftigten uns mit anderen Dingen.

Doch viele aus unserer Generation, und zwar Männer und Frauen gleichermaßen, kommen irgendwann wieder in die Küche zurück und probieren herum und lernen und versuchen für sich selbst und die Menschen, die sie lieben, zu kochen, weil sie spüren, dass das wichtig ist und dass sie im Laufe der Zeit vielleicht irgendetwas Grundlegendes verpasst haben. Besonders für Menschen, die ihren Lebensunterhalt überwiegend am Computer verdienen, hat es etwas Besonderes, von der Tastatur aufzustehen und die Hände zu etwas anderem zu benutzen als zum Tippen – nämlich, um Dinge zu schneiden und zu würfeln und dadurch den Produkten, die sie da vor sich haben, Düfte und Aromen zu entlocken. In einer modernen und zunehmend virtuellen Welt hat etwas so Elementares wie Hitze, Messer und zischend heißes Fett etwas absolut Befriedigendes.

Die Kochbücher und Literatur zum Thema Essen, die mir am besten gefallen, sind meistens von Menschen geschrieben, die gerne essen, von Menschen, die nicht über dem stehen, was ich als „Normale-Leute-Essen" bezeichne. Geben Sie ruhig zu, dass Sie Toast mögen. Geben Sie doch zu, dass Sie billige Süßigkeiten und Analogkäse mögen (ich für mein Teil liebe jedenfalls Analogkäse). Geben Sie doch zu, dass Sie sich häufig dabei ertappen, wie Sie über die Spüle gebeugt Reste essen und Ihnen dabei die Soße das Kinn hinuntertrieft.

Ich weiß, dass es Menschen gibt, die Essen in erster Linie als Energiezufuhr für die schnurrende Maschine ihres Körpers betrachten. Ich kenne solche Menschen, aber mit ihnen verbindet mich nur wenig. Sie gehören in dieselbe Rubrik wie Leute, die vernünftige Schuhe tragen und Bedienungsanleitungen lesen – ganz bestimmt tolle Menschen, aber mir völlig fremd.

Ich bin keine Köchin und das hier ist kein Kochbuch. Ich habe nicht die Illusion, ein feines Restaurant zu eröffnen oder ein reizendes kleines Bed-and-Breakfast, wo ich jeden Morgen mit gestärkter Rüschenschürze höchstpersönlich Scones backe. Mein Mann wird Ihnen bestätigen, dass wir auch viel zum Essen ausgehen – in feinen Restaurants genauso wie in Schnellrestaurants –, uns relativ häufig fertiges Essen mit nach Hause nehmen und ich eine geradezu manische Beziehung zu Resten habe. Ich kann achtmal hintereinander das Gleiche essen, nur damit nichts umkommt.

Ich bin keine Pedantin, was Ernährung angeht, und auch keine Puristin in Sachen Bio, obwohl mir beides wichtig ist. Ich lerne im Hinblick auf beides schrittweise dazu und versuche, beides Mahlzeit für Mahlzeit umzusetzen. Ich bin keine Veganerin und ich esse nicht Low-Carb, und ich will auch gar nicht unbedingt, dass Sie Ihre Essgewohnheiten ändern. Aber ich möchte, dass Sie das, was Sie essen, gerne essen, dass Sie gemeinsam mit Menschen essen, die Sie lieben, und dass Sie Menschen zusammenbringen – ganz egal, ob zu Tiefkühlpizza oder Filet Mignon –, weil ich glaube, dass das Zusammenkommen wichtig ist.

Ich möchte, dass Sie an Gott denken, wenn Sie essen. Ich möchte, dass Ihnen bewusst ist, dass die Hand, die uns zu essen gibt, heilig ist, dass jedes Mal, wenn wir etwas essen, für uns gesorgt wird. Ich möchte, dass Sie jedes Mal an den Leib und das Blut denken, wenn Sie Brot und Wein zu sich nehmen, und zwar nicht nur, wenn Brot und Wein zusammen in der Kirche vorkommen, sondern immer, egal, wo es beides gibt – auf einem Picknicktisch, einem Parkettfußboden oder einer Parkbank.

Einige meiner heiligsten Mahlzeiten habe ich im Campingurlaub von Campinggeschirr zu mir genommen oder auf irgendwelchen Bänken an Straßen in Europa, aber viele auch bei uns zu Hause am Tisch oder gemütlich auf dem Sofa am Couchtisch. Es war Spitzenessen dabei und schlechtes, frisch gekochtes und Essen aus der Tiefkühltheke, extravagant präsentiertes und direkt aus der Verpackung verzehrtes. Es geht um den Tisch und all die anderen Orte, an denen wir essen. Es geht um den Geist und die Lebensqualität, die entstehen, wenn wir einander das Leben selbst anbieten in Form eines Abendessens, einer Suppe, eines Frühstücks oder in Form von Brot und Wein.

Teil 1

„Wenn du morgens aufwachst, Winnie Puuh“,
sagte Ferkel schließlich, „was ist dann das Erste,
was du zu dir selbst sagst?“
„Was gibt's zum Frühstück?“, antwortete Puuh.
„Und was sagst du, Ferkel?“
„Ich frage mich, was heute wohl Spannendes passiert“,
antwortete Ferkel.
Nachdenklich nickte Puuh.
„Das ist doch dasselbe“, sagte er dann.

A. A. Milne, *Winnie Puuh*

Der Blaubeer-Crumble meiner Mutter

Der Vater meiner Mutter ist Ire, ein Geschichtenerzähler mit verschmitztem Blick, dem der Schalk im Nacken sitzt, und ihre Mutter ist Deutsche, eine Rosengärtnerin und akkurate Bäckerin. Die beiden lernten sich in der dritten Klasse kennen, in Vicksburg, Michigan. Die Familie meines Großvaters zog dann am Ende dieses dritten Schuljahres dort weg, aber als meine Großeltern beide mit der Schule fertig waren, nahmen sie wieder Kontakt miteinander auf, und mein Großvater behauptet steif und fest, dass er in all den Jahren dazwischen immer an das hübsche Gesicht meiner Großmutter gedacht habe. Meine Großeltern heirateten, unmittelbar bevor mein Großvater zur Marine ging, und ihr erstes Kind, meine Mutter, wurde in Pearl Harbor geboren.

Meine Großeltern mütterlicherseits waren beide nicht in gläubigen Familien aufgewachsen, aber als sie heirateten, fanden sie, dass Glaube etwas Wichtiges sei, und beschlossen deshalb, sich eine Gemeinde zu suchen. Sie schauten sich unterschiedliche Gemeinden an und entschieden sich schließlich für die *Lake Center Bible Church*. Im Laufe der Jahre gingen sie auch zeitweise in andere Bibelgemeinden, aber inzwischen sind sie wieder aktive Mitglieder in der *Lake Center*-Gemeinde.

Mein Vater stammt aus einer Familie, die zu hundert Prozent holländischen Ursprungs ist und in Kalamazoo in Michigan einen Obst- und Gemüsegroßhandel aufgebaut hat. Sie besaß Farmen auf der ganzen Welt und ein großes Lagerhaus, von dem aus Firmen-Lkws Obst und Gemüse und andere landwirtschaftliche Produkte an Läden, Restaurants und Hotels im ganzen Land lieferten. Mein Vater und seine Geschwister arbeiteten alle in der Firma mit – im Lagerhaus oder auf dem Feld oder als Lkw-Fahrer. Wenn in der Familie meines Vaters die Kinder fünf Jahre alt waren, wurden sie samstags mit ins Lagerhaus genommen, wo sie dann mit kleinen Bollerwagen umherfuhren, Waren einsortierten oder andere kleine Aufgaben übernahmen.

Die Eltern meines Vaters waren treue Mitglieder der Christian Reformed Church (Anm. d. Übers.: reformierte Kirche) in Kalamazoo, einer strengen, auf Anstand und Sitte bedachten Gemeinde, in der auf die Einhaltung der Sonntagsruhe und auf Sparsamkeit geachtet wurde, wo man ernst und pietätvoll war und nichts von Überschwang und großen Gefühlen hielt.

Die Menschen aus der Familie meines Vaters waren bodenständige Leute, die gerne Fleisch und Kartoffeln aßen, Männer, die viele Stunden täglich schwere Feldarbeit leisteten und einen entsprechend großen Appetit hatten. An manchen Tagen gab es auf der Farm zum Mittagessen für jeden einen Laib Weißbrot und 500 Gramm Fleischwurst. Die Fleischwurst wurde in einer Pfanne in Butter gebraten und dann wurde aus der gebratenen Wurst und dem Brot ein Riesenstapel Sandwichs für jeden gemacht.

Mein Großvater und die fünf Onkel meines Vaters starben, bevor sie fünfundfünfzig waren, an Herzinfarkten. Als ich geboren wurde, wussten meine Eltern, dass sie etwas anders machen mussten, dass mein Vater genetisch vorbelastet war und deshalb anfällig für Herz-Kreislauf-Erkrankungen und dass eine Möglichkeit, dagegen vorzubeugen, in einer anderen Ernährung bestand.

Wie wohl jede frischgebackene Mutter war auch meine Mutter völlig fasziniert davon, wie rein ihr Neugeborenes war, und deshalb wollte sie mir nur Dinge zu essen geben, die gesund und vollwertig waren. Aus diesem Grund, aber auch wegen der beängstigenden Vorbelastung in der Familie meines Vaters, wurde meine Mutter eine Anhängerin von Gesundheitskost, lange bevor sie in Mode kam.

Während andere Kinder Frosties mit Vollmilch zum Frühstück aßen und Twix und Beefys und Schokoküsse bekamen, ernährte unsere Mutter meinen jüngeren Bruder und mich von Vollkorn, Tofu und fettarmer Milch. Wir aßen fast keine Fertigprodukte, nur sehr wenig rotes Fleisch und „Junkfood“ – also Dinge wie Limo, Chips und gekauftes Gebäck – gab es bei uns zu Hause gar nicht. Während unsere Freunde Hamburger, Hotdogs und Weißbrot bekamen, aßen wir Vollkornnudeln mit Thunfischsoße, Linsenburger oder Müsli.

Und das alles Anfang der 80er-Jahre in einem Vorort von Chicago, also zu einer Zeit und an einem Ort, an dem schon Joghurt etwas Merkwürdiges war und Humus richtig verdächtig. Als Pausenbrot bekam ich Vollkornbrot mit grober Erdnussbutter und Mehrfruchtmarmelade aus dem Reformhaus – einem Ort, wo es nach Vitaminen und Moder roch. Zu meinem täglichen Mittagessen gehörte außerdem immer eine große Tüte mit rohen Möhren oder manchmal auch getrockneten Aprikosen. (Die schmecken genauso lecker, wie es sich anhört. Wieso sollte man etwas essen wollen, das aussieht und schmeckt wie Leder?)

Außerdem waren das die Zeiten, in denen eines der Hauptthemen mit Gleichaltrigen das Tauschen der Pausenbrote war, und mir waren meine Pausenbrote samt Zubehör nur zutiefst peinlich. Ich sehnte mich nach Weißbrot, Beefy, Knoppers und einem Trinkpack dazu. Das alles war ja lange, bevor vollwertige Nahrungsmittel und Bioläden angesagt waren oder Hofläden und Bauernmärkte, auf denen es Lifemusik gab und bärtige Biobauern Grünkohl verhökerten. Das war zu einer Zeit, als Reformhäuser, Tofu und Linsen irgendwie suspekt waren und kein bisschen angesagt oder exklusiv. Inzwischen hat die Hälfte meiner Freundinnen die wöchentliche Bio-Gemüsekiste abonniert und viele Verabredungen zum Spielen mit den Kindern finden auf dem Bauernmarkt statt. Unser Familien- und Freundeskreis ist eine Ansammlung von glutenfrei, laktosefrei, vegetarisch und vegan und Vollkorn und Quinoa sind allgegenwärtig. Aber damals war man seltsam und exotisch, wenn man so lebte und solches Zeug aß.

Ein Paradebeispiel dafür, wie „komisch" meine Mutter damals war, war ihre Aktion zu Halloween in einem Jahr, als sie an die Kinder, die an die Haustür kamen, doch tatsächlich Minizahnbürsten verteilte, weil sie der Meinung war, dass es nach all den Süßigkeiten, die man an diesem Tag bekam, vernünftig sei, sich gut die Zähne zu putzen. War das ihr Ernst? Mein soziales Ansehen bei Gleichaltrigen hing sowieso schon am seidenen Faden. Ich war eine Pastorentochter, was an sich schon in tausenderlei Hinsicht uncool war, hatte außerdem immer diese seltsamen Vollkornsachen für die Pause dabei, und jetzt waren wir auch noch die Familie, die zu Halloween Zahnbürsten verteilte? Mama, du gibst mir echt den Rest.

Inzwischen bin ich erwachsen und sehr dankbar für all die Mühe, die sich meine Mutter gemacht hat, für all die Kosten und Mühen, die meine Eltern auf sich genommen haben, und dafür, wie liebevoll es insgesamt war, uns so zu ernähren. Doch damals als Kind wusste ich nur, dass meine Pausenbrote komisch waren und dass meine Cousins und Cousinen nur bei uns übernachten wollten, wenn sie ihr eigenes Frühstück mitbringen durften, denn sie hatten einen absoluten Horror vor dem, was sie möglicherweise bei uns auf ihren Tellern vorfinden würden. Meine Cousine Melody zum Beispiel brachte immer ihren eigenen Zimt-Rosinen-Bagel mit, weil sie nicht das Risiko eingehen wollte, zum Frühstück Vollkornmüsli oder Pfannkuchen aus Vollkornmehl essen zu müssen.

In dem Jahr, in dem ich geboren wurde, gründeten meine Eltern und ihre Freunde eine Gemeinde, was unter anderem bedeutete, dass die Woche bei uns einen anderen Rhythmus hatte als in anderen Familien. Der Sonntagmorgen war für meinen Vater ein normaler Arbeitstag und der Samstag oft auch. Deshalb begann für uns das Wochenende eigentlich immer erst am Sonntag nach der Kirche.

Wenn meine Mutter, mein Bruder und ich gegen Mittag vom ersten Gottesdienst nach Hause kamen, warteten wir noch auf die schweren Schritte meines Vaters auf dem langen, gefliesten Gang, wenn er selbst erst am frühen Nachmittag nach dem letzten Gottesdienst nach Hause kam. Er ging dann immer direkt zu seinem Kleiderschrank, zog seine Kirchenkleidung aus und warf sich in sein Fanoutfit der *Chicago Bears*. Wenn er danach dann in die Bibliothek kam, begann für uns das Wochenende. Er war dann zwar meistens müde, aber auch fröhlich und entspannt.

Die Sonntagnachmittage waren Familienzeit – nicht öffentlich, locker und oft richtig albern. Wir schauten uns das Footballspiel der *Chicago Bears* an und durften an diesem Tag im Arbeitszimmer statt wie sonst am Küchentisch unsere Hausaufgaben machen. Meine Mutter machte Sushi zum Mittag und zum Abendessen gab es Blaubeer-Crumble.

Den Blaubeer-Crumble buk sie in einer runden, blauen Auflaufform aus Keramik, die so tief war, dass eine mehrere

Zentimeter dicke Schicht der warmen, geplatzten Beeren unter die süßen, knusprigen Streusel passten. Die Form hatte einen passenden Deckel und Griffe an beiden Seiten, und meine Mutter brachte sie immer mithilfe von Topflappen mit geschlossenem Deckel in die Bibliothek, sodass der Blaubeer-Crumble auch bei der zweiten Portion noch schön warm war.

Jedes Schälchen Blaubeer-Crumble wurde mit einer Kugel Vanilleeis gekrönt, in dem schwarze Vanillepünktchen zu erkennen waren, und dann verschmolz das Eis mit der knusprigen Streuselschicht und den heißen Beeren zu cremigen Schlieren. Die Sonntagabende waren die einzige Gelegenheit, bei der es bei uns zu Hause Eis gab. Es war und blieb ein besonderer Leckerbissen, der mitten im Winter nach Sommer schmeckte, der einen zu Hause im Vorort der Großstadt intensiv an die Gerüche, Geräusche und an den Geschmack des Sommers erinnerte.

Seit frühester Kindheit haben mein Bruder Todd und ich den Sommer mit unserer Familie in South Haven in Michigan, am Ufer des Lake Michigan verbracht. South Haven ist ein Küstenstädtchen etwa eine Stunde von dem Ort entfernt, in dem meine Eltern aufgewachsen sind. Die Eltern meines Vaters hatten dort ein Ferienhäuschen, und beide Großväter besaßen ein Segelboot, das dort im Jachthafen lag. Es ist der Ort, wo meine Eltern ihr erstes Date hatten und der Hintergrund für die schönsten und intensivsten Erinnerungen unserer Familie.

South Haven ist die Blaubeerhauptstadt des Landes und deshalb nahmen wir jedes Jahr am Ende des Sommers Unmengen von Blaubeeren zum Einfrieren mit nach Hause. Ich erinnere mich, dass wir immer erst ziemlich genau zum Schulanfang vom See zurück nach Hause kamen, und während wir auspackten und sandige Badetücher für die Waschmaschine aussortierten, breitete meine Mutter auf allen Arbeitsflächen in der

Küche Geschirrtücher aus, schüttete die Beeren darauf, verlas und wusch sie und füllte sie dann portionsweise in Gefrierbeutel, sodass wir das ganze Jahr lang jeden Sonntagabend in der Bibliothek Blaubeer-Crumble essen konnten.

Und jetzt verbringen Aaron und ich den Sommer auch immer in South Haven. Henry geht am selben Strandabschnitt schwimmen wie damals Todd und ich und davor mein Vater und seine Geschwister. Wir segeln auf demselben Boot, auf dem schon mein Großvater den Fluss hinauf- und wieder hinuntergeschippert ist.

Meine Mutter hat dort im Ferienhaus ein kleines Regal voller Kochbücher, die ich jeden Sommer wieder ganz gemächlich durchlese, obwohl ich sie schon fast auswendig kenne. Am liebsten habe ich ein Taschenbuch mit dem Titel *Keeping Entertaining Simple* (Gäste bewirten leicht gemacht) von Martha Storey. Beim Obst-Crumble empfiehlt sie, das jeweilige Obst bereits portionsweise einzufrieren und auch gleich eine größere Menge Streusel herzustellen und ebenfalls portionsweise einzufrieren, sodass jeweils ein Gefrierbeutel Obst und ein Beutel Streusel für einen Obst-Crumble reichen.

Als wir dieses Jahr vom See zurück nach Hause fuhren, machten wir beim Hofladen einer Farm halt, wo ich zehn Kilo Blaubeeren und eine Stiege Pfirsiche kaufte. Wieder zu Hause angekommen, hätte ich eigentlich auspacken und mich um die Wäsche kümmern müssen, aber stattdessen wusch, trocknete und verlas ich die Blaubeeren und füllte sie portionsweise in Gefrierbeutel. Danach bereitete ich noch Streuselteig zu und fror ihn ebenso portionsweise, jeweils für eine Auflaufform mit Crumble, ein. Und jetzt haben wir, genau wie damals meine Mutter, Blaubeer-Crumble für das ganze Jahr bereit, für gemütliche Sonntagabende.

Blaubeer-Crumble

Es gibt viele Zubereitungsarten für Obst-Crumbles. Die meisten Rezepte enthalten Mehl, Zucker, Butter, Haferflocken und Zimt, aber ich habe mich daran orientiert, wie ihn meine Mutter wohl machen würde. Der folgende Crumble ist auf jeden Fall so, wie es ihr gefallen würde – gesund und nicht zu süß, frisch und einfach.

Ich wollte ein Rezept ohne Mehl, damit Aaron, der glutenfrei isst, den Crumble auch verträgt, und ich wollte wenn möglich Zucker und Butter weglassen, sodass ich ihn auch zum Frühstück essen und mich dabei vernünftig fühlen kann. Nach einem langen Sommer mit Donuts und Croissants zum Frühstück brauche ich wieder ein bisschen Vernunft.

Dabei bin ich bei der folgenden Ahornsirup-Pekannuss-Variante gelandet, die sowohl mit Blaubeeren als auch mit Pfirsichen lecker ist, aber auch mit einer Mischung aus beiden Obstsorten köstlich schmeckt. Wahrscheinlich ist dieser Crumble auch mit Äpfeln oder Birnen sehr schmackhaft – das werde ich im Herbst ausprobieren.

In manchen Obst-Crumble-Rezepten wird Maisstärke, Zitrone oder auch Zucker unter das Obst gemischt, sodass es beim Backen ein bisschen sämig wird, aber ich persönlich mag an der Füllung gerade den warmen, flüssigen, unverfälschten Saft der Früchte. Und ich habe gern eine kurze, unkomplizierte Zutatenliste, besonders im Sommer. Haferflocken gehen dabei gerade noch, Maisstärke auch, aber gemahlene Mandeln – in der Jahreszeit – gehen gar nicht.

Ich esse diesen Crumble zum Frühstück – manchmal mit ein paar Löffeln griechischem Joghurt – und er ist auch hervorragend als Dessert zum Abendessen, noch warm, mit einer Kugel cremigem Vanilleeis.

Wie alle meine Lieblingsrezepte lässt sich auch dieses endlos variieren. Wenn ich keinen Ahornsirup mehr habe, geht auch brauner Zucker – dadurch wird der Crumble etwas süßer und knuspriger. Und wenn ich keine Pekannüsse mehr habe, nehme ich einfach Walnüsse.

ZUTATEN

4 Cups (800 g) Blaubeeren (eigentlich geht fast jede Obstsorte)

STREUSEL

- 1 Cup (75 g) Haferflocken
- 1/2 Cup (120 g) ungesalzene Pekannüsse, halbiert oder grob gehackt
- 1/2 Cup (60 g) Mandeln, gemahlen (man kann auch ganze Mandeln in der Küchenmaschine zerkleinern, muss dann aber aufpassen, dass keine Mandelbutter daraus wird)
- 1/4 Cup (60 ml) Ahornsirup
- 1/4 Cup (60 ml) Olivenöl
- 1/2 Teelöffel Salz

ZUBEREITUNG

Die Streuselzutaten miteinander vermischen.

Beeren in eine Auflauf- oder Pieform (ca. 20 x 20 cm) geben und die Streusel darauf verteilen.

Bei 180 Grad 35–40 Minuten backen, zehn Minuten länger, wenn das Obst und die Streusel gefroren sind. Auf jeden Fall so lange, bis das Obst köchelt und die Streusel goldgelb sind.

Ergibt 4–6 Portionen.

Wozu der Esstisch da ist

Das Licht schwindet, der Himmel verblasst von Blau nach Weiß und verändert dann die Farbe zu einem wieder etwas wärmeren, ganz weichen Rosa, der Farbe von Ballettstrumpfhosen oder Macarons mit Rosenwassercreme. Ich bin ziemlich abgekämpft und das Haus sieht wüst aus, aber innerlich bin ich noch ganz erfüllt von der kleinen Feier gestern Abend zu Ehren von Brannons Baby, dem vierten Baby, das dieses Jahr in den Familien von Mitgliedern unseres Kochclubs erwartet wird.

Es war ein schöner, ausgelassener Abend – überall im Wohnzimmer lagen oder krabbelten Babys herum und in der Küche stand auf jedem Fleckchen ebener Fläche Geschirr, einfach irgendwo abgestellt, Platten mit Ochsenbrust und Teller mit Macarons, die zwischen Weingläsern und Gabeln und Auflaufförmchen mit Brotpudding um Platz konkurrierten.

Brannon hatte hartnäckig darauf bestanden, dass die kleine Feier keine Babyparty sein sollte. Sie wollte auf keinen Fall offiziell dazu einladen, es sollte nichts Aufwendiges sein, nichts irgendwie auch nur andeutungsweise Offizielles oder Förmliches. Doch wir hatten sie daran erinnert, dass sie schließlich nicht unsere Chefin sei und dass, wenn wir ihren kleinen Sohn feiern wollten, wir das so tun könnten, wie wir wollten. Am Ende hatten wir einen Kompromiss ausgehandelt: Kochclubabend wie immer, aber mit ein paar zusätzlich eingeladenen Freunden und dem speziellen Thema „Mini" zu Ehren des „Mini-Menschen", der in ein paar Wochen auf die Welt kommen sollte.

Entstanden ist unser Kochclub, nachdem Aaron und ich vor drei Jahren von Grand Rapids wieder zurück nach Chicago gezogen waren. Der Club hat sechs Mitglieder – meine Cousinen, die Schwestern Melody und Amanda, die beide Lehrerinnen sind; unsere Freundin Casey, die Melody und ich schon kennen, seitdem wir dreizehn waren; dann Brannon, meine stylische und schicke WG-Mitbewohnerin und liebe Freundin aus der Collegezeit, und Margaret, Schauspielerin, Drehbuchautorin und Freundin aus der Gemeinde. Außerdem gehörte ursprünglich noch unsere Freundin Josilyn dazu, aber sie ist inzwischen weggezogen.

Wir treffen uns einmal im Monat, manchmal auch öfter. Wer einlädt, überlegt sich das Thema und bereitet den Hauptgang zu, die anderen übernehmen den Rest – Vorspeise, Beilagen und Dessert. Amanda bereitet fast immer einen Salat und das Dessert zu, häufig Eis. Margaret kann gut backen und Brannon sorgt eigentlich fast immer für die Cocktails.

An diesem Abend brachte Melody dem Thema entsprechend Mini-Sandwiches mit Ochsenbrust auf kleinen, weichen, weißen Brötchen mit und Margaret hatte in kleinen Auflaufförmchen Brotpudding mit Schokoladenstückchen zubereitet. Ich steuerte Mini-Nudel-Käse-Auflauf und kleine Tassen mit Tomatensuppe mit getoasteten Mini-Käsetoasts darauf bei und Casey füllte ihr berühmtes Grüne-Göttin-Dressing auf den Boden von Saftgläsern und gab dann rohes Gemüse darauf – ganz dünn geschnittene Möhren, Staudensellerie und Gurke. Unsere Freundin Emily kam extra aus Michigan mit kleinen

Mohnkuchen nach dem Rezept ihrer Großmutter, um das ich sie danach gebeten habe, weil mir dieser Kuchen so unglaublich gut schmeckte – besonders zum Frühstück mit Kaffee.

Wenn alle eintrudeln, ist es immer ein bisschen chaotisch. Da werden mitgebrachte heiße Gerichte abgestellt, Mäntel und Jacken abgelegt und Babys aus Maxi-Cosis gehoben. Die Backofentemperatur wird hoch- und wieder heruntergeregelt, und wir gehen in der fremden Küche auch an die Schubladen und Schränke, um Messer, Schneidebretter und Platten herauszuholen. Wir hacken Kräuter, bauen Sandwiches zusammen, zupfen Salat und geben Dressing darüber. Jeder freie Platz in unseren Häusern wird dann mit Beschlag belegt von Körben, Mänteln, Schuhen, Sachen, die wir ausgeliehen hatten und jetzt wieder zurückgeben – von Kuchenplatten über Babykleidung bis hin zu Kochbüchern. Wir wirbeln umeinander herum, umarmen uns zur Begrüßung, öffnen Weinflaschen und holen uns Gläser aus dem Schrank.

Mel und Amanda kommen immer sehr rechtzeitig, Margaret dagegen so gut wie immer zu spät. Mel, Brannon und ich sammeln rote Töpfe und Backutensilien von der französischen Firma Le Creuset, was manchmal für ein ziemliches Durcheinander sorgt. Casey sammelt auch Le-Creuset-Töpfe, aber in Orange, sodass man immer sofort weiß, was ihr gehört. Brannon kommt scheinbar immer mit einer ganzen Wagenladung Kleinmöbel und Taschen – Sachen, die sie mitbringt, um sie uns zu borgen, und Sachen, die sie für uns gekauft hat, weil sie an uns denken musste, als sie sie im Geschäft sah, von Stubenwagen über Babytragetücher bis hin zu Fläschchen.

Als ich an diesem Nachmittag das Haus für die „Nennt es nicht Babyparty"-Babyparty vorbereitete, fiel mir auf, dass der Kochclub eigentlich immer, wirklich immer am Esstisch sitzt, es aber an einem besonderen Abend wie diesem vielleicht auch ganz schön sein könnte, einmal im Wohnzimmer zu sitzen. Ich verrückte also die Möbel, bereitete einen Geschenketisch für die Babygeschenke vor und baute auf dem runden Tisch im Wohnzimmer ein Büfett auf.

Als dann alle versammelt waren, als jede Platte mit einer Gabel und einem Servierlöffel versehen und alles geschnitten und heiß und bereit war, versuchte ich, die Anwesenden dazu zu bewegen, sich ins Wohnzimmer zu begeben, allerdings ohne Erfolg. Immer wieder drängte ich sie in Richtung des Büfetts, bis ich irgendwann kapitulierte. Wir zogen das Zweiersofa an den Esstisch heran, damit wir genügend Sitzgelegenheiten hatten, und dann ließ ich mich auch dort nieder. Dort gehören wir anscheinend hin – an den Esstisch.

Als Josilyn nach Haiti zog, schrieb sie uns zum Abschied einen Brief, in dem unter anderem stand: „*Ich kann mir das Leben ohne einen Tisch zwischen uns einfach nicht vorstellen.*" Ja, genau so ist es! Ich kann mir auch ein Leben ohne einen Tisch zwischen uns nicht vorstellen. Der Tisch ist die Rettungsinsel, der Dreh- und Angelpunkt, die Basis unserer Gemeinschaft.

Es sind diese Gesichter am Tisch, die dafür sorgen, dass ich bei Verstand bleibe, die mir Sicherheit geben, die mich vor dem Druck und den Tretminen des Alltags beschützen. Und das liegt nicht daran, dass wir alle das Gleiche tun, dass wir einen ähnlichen Lebensstil haben und an dasselbe glauben. Wir sind Singles und Verheiratete, Liberale und Konservative, Läuferinnen und bekennende Sportmuffel, Mütter und Frauen ohne Kinder. Die Mütter unter uns erziehen ihre Kinder völlig unterschiedlich – vom Schreienlassen der Kinder, wenn sie nicht schlafen wollen, bis hin zum Familienbett, von Nichtberufstätigkeit bis hin zur vollen Berufstätigkeit.

Um den Esstisch herum haben wir um das frühzeitige Ende von acht Schwangerschaften getrauert, und selbst jetzt noch, wo ich das hier schreibe, finde ich, dass das eine grausam hohe Anzahl ist. Wir sind zusammen auf Beerdigungen gewesen und auf Geburtstagsfeiern, haben einander schlimme Diagnosen mitgeteilt und uns beieinander Rat geholt, wenn Kinder krank waren. Wir sind zusammen zu Notaufnahmen gefahren und haben gemeinsam Wochenbettdepressionen durchgestanden. Wir haben uns gegenseitig im Krankenhaus besucht, wenn wir Babys bekommen haben, und uns gegenseitig Essen und Strampler und Babydecken geschenkt. Wir haben miteinander über Glauben und Ängste und Streit mit unseren Männern geredet, übers Durchschlafen und darüber, wie man um Hilfe bittet, wenn man sie braucht.

In den ganz schlimmen Situationen, beispielsweise als Brannons Tochter Emme operiert wurde oder als Caseys Stiefvater starb, wenn etwas zerbricht oder uns erschreckt, schicken wir rasch eine E-Mail in die Gruppe, selbst wenn uns dabei die Hände zittern und der Schmerz unerträglich scheint. Wir informieren alle, bitten um Gebet, teilen den anderen mit, wie sie praktisch helfen können mit Essen oder Kinderbetreuung, und am Ende der E-Mail sagt immer jemand: *Danke, dass ihr da seid.* Oder: *Ich bin so froh, dass ihr da seid.* Oder: *Was würde ich nur ohne euch machen?*

Und darum geht es doch letztlich. Es geht hier nicht um Rezepte, sondern um eine Familie, einen Clan, eine kleine Gruppe von Menschen, die Schönes wie Schweres gemeinsam durchstehen, und zwar aus nächster Nähe, auch bei Chaos, in Echtzeit und ungeschminkt.

Und alles hat um einen Esstisch herum begonnen, einmal im Monat und manchmal auch öfter. Wir drängeln uns in der Küche, schieben Auflaufformen und Bleche in den Ofen und holen sie wieder heraus und stellen den Timer immer wieder auf unterschiedliche Zeiten ein. Wir kennen die Küchen der jeweils anderen aus dem Effeff – wissen, wo Casey die Messer hat und wie viele Töpfe in Brannons Backofen passen. Es kommt uns vor, als ob wir uns schon seit ewigen Zeiten treffen, aber gestern Abend ist uns aufgefallen, dass es diesen Monat erst drei Jahre sind, und das ist es doch wirklich wert, sich zu erinnern. Und wie wunderbar ist es doch, dass nicht zehn Jahre nötig sind, um zu einer solchen Gemeinschaft zusammenzuwachsen, auch wenn man sich dazu nicht dreimal pro Woche treffen muss.

Einmal im Monat – mehr oder weniger – treffen wir uns und das seit drei Jahren. Was wir damit aufgebaut haben, ist beeindruckend. Es ist stark und vielfältig und vielschichtig. Wie ein Curry oder ein Bœuf bourguignon, etwas, das man stundenlang schmoren lässt, sodass sich die unterschiedlichen Aromen im Laufe der Zeit entfalten können und sich mit jeder weiteren Stunde in der Hitze verändern, damit sie noch intensiver werden.

Man weiß nicht immer so ganz genau, was am Ende dabei herauskommt, aber man investiert trotzdem die Zeit, und nach einer langen, langen Weile merkt man dann ganz genau, warum man so viel Zeit hineingesteckt hat: für diese Abende, für diese Stunden um den Esstisch, für die Vielschichtigkeit und Intensität der Aromen, die so schön und überraschend sind, dass man sich auch am nächsten Tag noch genau daran erinnert.

Und so fühle ich mich heute immer noch irgendwie wie hypnotisiert vom gestrigen Abend, vom Geschmack von Amandas Karamellpudding und dem kleinen Stapel Babysachen für den kleinen Jungen, der Ende des Monats zur Welt kommen soll; von dem gemeinsamen Lachen und den Geräuschen der Babys, die dabei waren, von den Gesichtern meiner Mädels und davon, dass ich weiß, dass dazu das Leben da ist, dass dazu Sonntagabende da sind, dass es das ist, wozu der Esstisch da ist.

Mini-Käse-Nudel-Auflauf

Es handelt sich hier um eine Kombination aus dem Drei-Käse-Mini-Nudel-Auflauf von Grace Parisi aus der Zeitschrift *Food & Wine* und einem anderen Rezept aus dieser Zeitschrift, das passenderweise Käsenudeln heißt.*

ZUTATEN

250	g rohe Hörnchennudeln (oder vier Cups gekochte Hörnchennudeln)
2	Cups (250 g) würzigen Cheddar (oder anderen pikanten Käse), grob gerieben
2	Teelöffel Butter plus etwas zum Einfetten des Muffinbleches
1	Teelöffel Dijonsenf
2	Spritzer Tabasco
1/2	Teelöffel Salz
1	Eigelb
1/2	Cup (113 g) geriebener Parmesan
	Räucherpaprika

* „Three Cheese Mini Macs"-Rezept zuerst veröffentlich in *Food & Wine Magazine*, Dezember 2007, „Maccaroni and Cheese"-Rezept zuerst veröffentlicht in *Quick from Scratch Pasta*, 1996.

ZUBEREITUNG

Hörnchennudeln in kochendem Salzwasser bissfest garen (ca. 5 Minuten), ein bisschen fester, als man sie normalerweise essen würde.

Ein Muffinblech mit geschmolzener Butter einfetten, dann die Hälfte des geriebenen Parmesans in den Mulden verteilen.

Bei mittlerer Hitze in einem Topf Butter und Cheddarkäse erwärmen und glatt rühren.

Den Topf vom Herd nehmen und Dijonsenf, Tabasco und das Eigelb einrühren.

Die Nudeln hinzufügen und alles gut vermischen, sodass alle Nudeln mit Käse überzogen sind.

Die Mischung mit einem Löffel in die Muffinformen füllen, sodass sie leicht gehäuft voll sind, dann etwas festdrücken und geriebenen Parmesan darüberstreuen.

Bei 220 Grad 12–14 Minuten backen, bis sie goldgelb sind.

Vor dem Servieren mindestens 10 Minuten abkühlen lassen, weil sie sich beim Abkühlen noch etwas setzen. Mit Räucherpaprika bestäuben.

Warm servieren.

Ergibt 24 Miniaufläufe – das ist die perfekte Menge für eine Vorspeise bei einem Essen für 8 Personen. Als Snack bei einer Cocktailparty kann man das doppelte Rezept mit 500 Gramm Nudeln verwenden.

Hunger

Als ich vor Jahren in einer Gemeinde in Grand Rapids arbeitete, fuhr ich sonntagmorgens immer schon so früh in die Stadt, dass die Hauptstraße noch still und verlassen dalag, während die blasse Morgensonne über Pfandleihen und Gebrauchtwarenläden aufging. Ich arbeitete den ganzen Morgen, redete mit unzähligen Leuten, hatte tausend Dinge im Kopf, und wenn ich dann nachmittags Feierabend hatte – immer noch tausend Gedanken im Kopf – und mir die Füße wehtaten, hoffte ich jedes Mal, dass im Radio gerade das Lifestyle-Magazin *The Splendid Table* (Der prachtvolle Tisch) lief. Diese Sendung hatte es mir besonders angetan, weil ich so ganz nebenbei viele wertvolle Tipps erhielt. Ein guter Tag war es, wenn ich es rechtzeitig zum Beginn der Sendung zum Auto schaffte, ein schlechter, wenn ich den Anfang oder sogar die ganze Sendung verpasste und dann stattdessen schon *A Prairie Home Companion* lief – eine Sendung, die entfernte Ähnlichkeit mit dem *Fernsehgarten* hat –, denn das bedeutete, dass ich länger gearbeitet hatte als geplant, und ehrlich gesagt fand ich die Sendung *A Prairie Home Companion* nicht besonders prickelnd.

Lynne Rossetto Kasper, die Moderatorin von *The Splendid Table*, sagt, dass es zwei Arten von Menschen gibt: Menschen, die schon beim Aufwachen daran denken, was sie an diesem Tag kochen wollen, und Menschen, die das nicht tun. Ich gehöre auf jeden Fall zu Ersteren, aber es hat zwanzig Jahre gedauert, bis ich mich getraut habe, das laut auszusprechen.

Ich habe schon immer Hunger gehabt. Immer. Ich erinnere mich, dass ich bereits als kleines Kind hungrig war, als junges Mädchen in der Pubertät und als Erwachsene. Und immer, wenn Erinnerungen an Hunger in mir hochkommen und das damit verbundene Gefühl, blitzt am Rande meines Gesichtsfeldes wie ein Hitze- oder Schmerzblitz noch etwas anderes auf: Scham. Erst Hunger, dann Scham. Hunger, dann Scham. Immer hungrig, immer beschämt.

Verglichen mit dem Durchschnitt, habe ich schon mein ganzes Leben zu den etwas runderen Menschen gehört, manchmal zu den richtig runden, manchmal auch nur zu den leicht rundlichen. Ich war ein pummeliges Baby mit rundem Gesicht, ein kleines Mädchen mit weichen, runden Bäckchen und ein Teenager, der sich danach sehnte, richtig dünn zu sein, es aber nie war und deshalb regelmäßig all seine Hosen auf den Boden pfefferte und sie wie Feinde wütend anstarrte. Nach all den vielen Jahren ist das Schwere nicht die Zahl auf der Waage, sondern die Last der Scham, die ich beständig mit mir herumgeschleppt habe – *zu dick, zu dick, zu dick*.

Ich habe mir immer gewünscht, dünner zu sein, ich habe immer gern gegessen, und ich habe eigentlich immer das Gefühl gehabt, dass mein Appetit ein Verräter ist. Wieso konnte ich nicht zu denen gehören, die einfach vergessen zu essen? Oder zu denen, die keinen Bissen herunterbekommen, wenn sie traurig oder gestresst sind? Wenn ich traurig oder gestresst bin, dann futtere ich noch mehr als sonst in der Hoffnung, dass das Essen mir irgendwie Halt und Sicherheit und Trost gibt. Und ich esse auch, wenn ich glücklich bin – wenn um den Tisch lauter Menschen sitzen, die ich liebe, und es gemeinsam etwas zu feiern gibt.

Mein Appetit ist stark und präzise, aber ich habe jahrelang versucht, so zu tun, als würde ich ihn nicht laut in meinen Ohren schreien hören. Das gehörte sich nicht für eine Frau. Also tat ich so, als wäre ich nicht hungrig, tat, als hätte ich schon gegessen, murmelte, dass ich nichts wolle, weil ich Angst hatte, dass mein Appetit sich als übermächtig erweisen und meinen unzähmbar starken Hunger entlarven würde.

Über Hunger habe ich dann von meiner Freundin Sara etwas gelernt. Sara war eine der ersten Frauen, die ich kennenlernte, die wie ein Mann aß. Wenn sie Hunger hatte, dann sagte sie es. Und dann aß sie, und zwar viel. Während meiner Collegezeit sind wir zusammen durch Europa gereist. Das war eine Phase in meinem Leben, in der ich mit einem tiefen und verzweifelten Hass auf meinen Körper zu kämpfen hatte. Ich beobachtete Sara ebenso irritiert wie fasziniert; so wie ein Kind ein unbekanntes Tier anstarrt – mit großen Augen, aber irgendwie auch ein bisschen nervös. Wenn Sara unterwegs Hunger bekam, dann musste haltgemacht werden, weil sie eben Hunger hatte. Und dann machten wir alle eine Pause, weil sie Hunger hatte.

Ich wäre eher ohnmächtig auf dem Bürgersteig zusammengebrochen, als die Aufmerksamkeit auf meinen Hunger zu lenken – *ich habe schon gegessen; ich kann wirklich nicht mehr; ich bin echt pappsatt.* Aber Sara aß gern, und sie war davon überzeugt, dass es ihr gutes Recht war zu essen und außerdem auch ein Vergnügen. Sie aß nicht zu viel und auch nicht zu wenig, sie jammerte nicht und sie verbarg es vor niemandem, wenn sie aß. Sie aß einfach, und zwar gleichermaßen, um sich zu ernähren wie auch, weil sie gerne aß. Ich fand das absolut faszinierend. Es sollte aber trotzdem noch fast zehn weitere Jahre dauern, bis ich diese Worte, ohne mich zu schämen, aussprechen konnte, die Worte: „Ich habe Hunger."

Ich musste erst schwanger werden, bevor ich vor der ganzen Welt, und ohne mich zu schämen, diesen Satz sagen konnte. Durch meine erste Schwangerschaft veränderte sich mein Verhältnis zu meinem Körper und damit auch mein Verständnis, welche Rolle Hunger spielt. Noch mit neunundzwanzig Jahren konnte ich nicht zu meinem eigenen Hunger stehen, ohne mich zu schämen. Auch wenn ich letztlich nur zu meinem Hunger stehen konnte, weil ich schwanger war, löste dieser eigentlich kleine Schritt unglaublich viel bei mir aus.

Wieder ein paar Jahre später lerne ich jetzt, dankbar zu sein für einen gesunden Körper, auch wenn er runder ist, als ich es gern hätte. Ich lerne, den Raum einzunehmen, den ich brauche, und zwar im wörtlichen wie im übertragenen Sinne, auch wenn wir in einer Welt leben, in der Frauen möglichst dünn und möglichst still sein sollen. Dem eigenen Körper zu essen zu geben, den eigenen Hunger einzugestehen ohne Angst oder Beschämung, den eigenen Appetit zur Kenntnis zu nehmen – das läuft unserer derzeitigen Kultur entgegen.

Zum Christsein gehört es, tagtäglich im Großen und im Kleinen freundlich und barmherzig zu sein, und dazu gibt mir mein Körper die Gelegenheit. Jedes Mal, wenn ich mich im Spiegel sehe, bekomme ich aufs Neue Gelegenheit, Frieden mit meiner Unvollkommenheit zu schließen. An richtig guten Tagen bin ich freundlich und barmherzig und geduldig mit mir selbst, weil ich weiß, dass ich auch anderen gegenüber nur freundlich und barmherzig und geduldig sein kann, wenn ich es selbst schon erlebt habe.

Ich habe immer geglaubt, dass es das Ziel wäre, über Dinge hinwegzukommen, ein für alle Mal mit etwas fertigzuwerden, ein Thema endgültig abzuhaken und sich danach dann die Hände zu waschen – so, fertig. Aber nach all den vielen Jahren ist mir eines ganz klar: Es gibt Dinge, die hakt man nicht ab, sondern man freundet sich irgendwann mit ihnen an, weil sie einem jahrelang wie streunende Hunde hinterherlaufen.

So ist das jedenfalls bei mir. Für mich ist mein Gewicht eine Katastrophe, seit ich sechs Jahre alt war. Ich habe Pfunde ab- und wieder zugenommen, habe Pläne gemacht und mir selbst Versprechen gegeben und beides sausen lassen, habe aus Frust geweint und mir mit einem schier unbändigen Hass, über den ich bis heute noch erschrocken bin, selbst in die Oberarme gekniffen.

Und während all dessen habe ich Freundschaften geschlossen und mich verliebt, habe geheiratet und Kinder bekommen. Ich habe geschrieben, bin gereist und bis in die Nacht aufgeblieben mit Menschen, die ich liebe. Ich bin an Stränden und an den Prachtstraßen großer Städte entlangspaziert. Ich habe meinen Babys die Wangen geküsst, mit meinem Mann getanzt und mit meinen Freundinnen Tränen gelacht – und bei all dem hat es absolut keine Rolle gespielt, dass ich mehr wog, als ich eigentlich wollte.

Wenn ich zurückblicke, haben die paar Extrapfunde nicht geschadet, aber die Scham, die mit diesen Extrapfunden einherging, die war wie eine heimtückische Krankheit. Daran erinnere ich mich. Und deshalb konzentriere ich mich jetzt mit meinem Kopf und meinem Herzen weniger auf die Pfunde als darauf, was es heißt, ohne Scham zu leben. Ich konzentriere mich darauf, die schwere und zersetzende Selbstverachtung durch Mut und Freiheit und Dankbarkeit zu ersetzen. An manchen Tagen gelingt mir das, an manchen aber auch nicht, aber so ist wohl das Leben.

Doch noch einmal zurück zu dem Satz von Lynne Rossetto Kasper. Ich wache am Morgen auf und denke an das Gericht, das ich zubereiten möchte. Ich denke an das Essen und die Menschen und die Dinge, die wir über das Leben und übereinander entdecken. Ich denke an das Zischen von Öl in der Pfanne und den Duft von Rosmarin, wenn man ihn mit dem Messer hackt. Es kann sein, dass Gott mich genauso gemacht hat und ich von Geburt an so war. Vielleicht hat Gott mich aber auch erst so werden lassen, als ich die Jahre der Geheimhaltung und der Leugnung und der Scham hinter mir gelassen habe. Doch das ist im Moment eigentlich nicht wichtig. Wichtig ist, dass zum Erwachsenwerden unter anderem auch gehört, laut auszusprechen, was man liebt.

Und ich liebe eben die Zeiten, die ich am Tisch verbringe. Ich liebe Essen, was es bedeutet, was es bewirkt und wie es sich in meinen Händen anfühlt. Vielleicht ist das gesund, vielleicht ist es aber auch eine Reaktion auf eine Welt, die mich lieber hätte, wenn ich mir Gewicht abhungern würde, und wahrscheinlich ist es auch hier wieder eine Mischung aus beidem. Jedenfalls ist es jetzt Morgen und ich habe Hunger. Und das ist weder peinlich noch ein Zeichen von Schwäche. Ich habe Hunger. Und ich denke ans Essen, nicht nur an das von heute, sondern auch ans nächste und übernächste. Es gibt zwei Sorten von Menschen, und ich bin es leid, so zu tun, als gehörte ich nicht zur ersten.

Nigellas Schokobrownies ohne Mehl

Abgewandeltes Rezept aus dem Kochbuch *Nigella Express*

Ich liebe wirklich Nigella Lawsons Kochbücher. Ich lese sie wie Romane und am Ende besonders langer Tage lese ich sie sogar als Bettlektüre – als Seelennahrung. Nigella Lawson schreibt auf eine Weise über Essen, die bei mir ankommt, weil sie Appetit und Leidenschaft und Feiern und Aromen auf eine Weise erfasst, die mich berührt. Damals, als ich meinen Hunger noch nicht zugeben konnte, habe ich Nigellas Bücher sehr lieb gewonnen, weil sie darin genau das tut, was ich nicht konnte. Ihr eigener Appetit ist ihr überhaupt nicht peinlich oder macht ihr Angst oder schüchtert sie ein, und deshalb ist sie eine Persönlichkeit, an der ich mich auf meinem Weg orientieren kann.

Ich bin nicht besonders verrückt nach Schokoladenkuchen ohne Mehl. Das liegt nicht daran, dass ich solche Kuchen nicht oft genug probiert hätte. Weil Aaron glutenfrei isst, haben wir schon jede Menge Schokoladenkuchen und Brownies ohne Mehl ausprobiert, aber mir sind sie oft zu eilastig, sodass sie wie ein misslungener Pudding schmecken.

Doch die gemahlenen Mandeln in diesen Brownies machen sie auf eine angenehme Art schwer und kompakt und durch das zusätzliche Mandelextrakt duften und schmecken sie besonders intensiv. Ich schneide die fertigen Brownies in sehr kleine Stücke, fast so klein wie Karamellbonbons. Einfach himmlisch.

Und ich habe außerdem festgestellt, dass bei diesem Rezept so gut wie jede Schokolade funktioniert – zartbittere Stückchen, eine Tafel zerkleinerte dunkle Schokolade – was auch immer. Sie können gar nichts falsch machen.

ZUTATEN

1 Cup (100 g) Halbbitterschokolade, zerkleinert
1 Cup (250 g) Butter
1 Cup (200 g) Zucker
1 Teelöffel Vanille
1 Teelöffel Mandelextrakt
3 leicht aufgeschlagene Eier
1 1/2 Cups (170 g) Mandeln, gemahlen oder gehackt
1 Cup (130 g) Walnüsse, gehackt

ZUBEREITUNG

Den Backofen auf 165 Grad vorheizen. Schokolade und Butter bei niedriger Temperatur in einem Topf zerlassen und verrühren, bis die Masse flüssig, glatt und glänzend ist.

Den Topf vom Herd nehmen und Vanille, Zucker und Mandelextrakt einrühren, danach die Mischung ein paar Minuten abkühlen lassen.

Dann die Eier einrühren, die gemahlenen

oder gehackten Mandeln und die gehackten Walnüsse dazugeben und unterrühren. Der Teig ist jetzt ein bisschen körnig wegen der Mandeln, aber das ist völlig in Ordnung.

Jetzt den Teig in eine 20 x 20 cm große Back- oder auch Auflaufform füllen und 25–30 Minuten backen, bis die oberste Teigschicht fest ist, der Teig darunter aber noch ein bisschen wabbelig. Dann den Kuchen vollständig auskühlen lassen und in 16 kleine Würfel schneiden.

Da beginnen, wo man gerade steht

Der gute Vorsatz meiner Freundin Laura fürs neue Jahr lautet: *Da beginnen, wo man gerade steht.* Das gefällt mir und lässt sich auf so gut wie alles anwenden. Was auch immer zu groß und einschüchternd scheinen mag, welche neue Fertigkeit zu schwierig zu erlernen zu sein scheint, mit welchem Projekt man scheinbar schon ewig in den Startlöchern steht: *Fangen Sie da an, wo Sie gerade stehen.*

Ich finde, dass jeder Mensch in der Lage sein sollte, ein paar einfache Gerichte und Speisen zuzubereiten, von denen er satt wird, die sich vertraut und tröstlich anfühlen und die etwas über ihn aussagen. Jeder Mensch sollte grundsätzlich in der Lage sein, sich selbst zu ernähren und Mahlzeiten und Essenstraditionen zu entwickeln, durch die Menschen, an denen ihm etwas liegt, etwas über ihn erfahren. Und die einzige Möglichkeit, das zu erreichen, besteht darin, da anzufangen, wo man gerade steht.

Wenn Sie nicht kochen können, dann fangen Sie damit an, indem Sie Leute einladen. Bestellen Sie Pizza beim Pizzaservice und bereiten Sie dazu einen Salat mit Fertigdressing zu. Gewöhnen Sie sich daran, sich mit Besuch und dem damit verbundenen Durcheinander – manchmal sogar Chaos – wohlzufühlen.

Legen Sie das Hauptaugenmerk darauf, dass sich Ihre Gäste bei Ihnen wohlfühlen, indem Sie ihnen einen geschützten Raum vor der Hetze und dem Chaos des Alltags schaffen, einen sicheren Ort, an dem geredet und gelacht werden kann, einen Ort mit Seele.

Bei der nächsten Einladung versuchen Sie sich dann vielleicht schon an gegrillten Fladenbrotpizzen und Sie machen die Vinaigrette für den Salat selbst. Beim darauffolgenden Mal probieren Sie dann außerdem ein Dessert und eine kleine Vorspeise, und so entwickeln Sie schrittweise ein Gefühl für die Handgriffe und Abläufe, eine Art praktische Erfahrung darüber, wie Ihr Haus und Ihr Herz größer und weiter werden, wenn Menschen, die Sie lieben, um Ihren Tisch versammelt sind.

Oft haben wir gelernt, dass Kochen und Backen und das Bewirten von Gästen etwas ist, das nur wenigen Menschen gegeben ist, und dass man ohne einen Stern oder einen bestimmten Lebensstil nicht von uns erwarten kann, etwas anderes zu essen als Fertigkost. Die Werbung versucht, uns dazu zu animieren, außer Haus essen zu gehen oder Fertiggerichte zu kaufen, und uns glauben zu machen, dass das gute alte Kochen ganz, ganz schwierig ist und es sich deshalb gar nicht erst lohnt, es zu lernen. Dieser Trend begann in den 50er-Jahren des letzten Jahrhunderts, als Fabriken, in denen bis dahin Munition produziert worden war, etwas anderes herstellen mussten. Das waren dann oft haltbare Nahrungsmittel in Konserven und anderen Verpackungen. Soldaten kannten solche Fertigkost zwar, aber für die amerikanische Durchschnittsfamilie war sie fremd. Um solche Produkte zu verkaufen, mussten die Werbestrategen die amerikanischen Frauen davon überzeugen, dass Kochen und Backen in unserer modernen Welt viel zu schwer und zu umständlich und deshalb einfach lästig sei. Das stimmte allerdings damals genauso wenig wie heute.

Kochen zu lernen, erfordert sicher etwas Zeit. Man muss ausprobieren, vielleicht scheitern, ein großes Durcheinander produzieren und es dann noch einmal versuchen. Und es dauert wahrscheinlich sogar noch etwas länger, bis man sich beim Hantieren in der Küche wirklich wohlfühlt, Rezepte als eine Art Richtschnur oder Grundidee versteht, um dann eigene Lieblingszutaten und -geschmacksrichtungen, die eigene Geschichte und die eigene Sicht mit einzubringen. Doch es ist auf jeden Fall ein schöner Prozess, von dem keine einzige Minute vergeudete Zeit ist. Wenn Sie diese Zeit ins Lernen und Ausprobieren investieren, aber auch ins Chaos und ins Scheitern, dann haben Sie am Ende gelernt, sich selbst und die Menschen, die Sie lieben, zu beköstigen, und das ist eine Fertigkeit fürs Leben – so wie Tennisspielen oder Klavierspielen –, nur viel leckerer und längst nicht so teuer.

Ich meine damit nicht Kochen als Show oder Gästebewirtung als komplizierte Choreografie oder als Wettstreit oder als Angeberei, sondern ich meine, jemandem ehrlich und mit Liebe etwas zu essen anzubieten und das eigene Zuhause zu einem Ort zu machen, wo Menschen vor dem Gedränge und der Grausamkeit des Alltags beschützt werden, auch wenn es nur für ein paar Stunden ist.

Ich habe mir schon immer ein Haus voller Menschen gewünscht. Die Familie, in der ich groß geworden bin, lebte eher zurückgezogen, denn mein Vater arbeitete viel und lange in seiner Gemeinde, und meine Mutter ist von ihrer Persönlichkeit her eher introvertiert. Diese beiden Umstände führten dazu, dass mein Zuhause von Ruhe, Zurückgezogenheit und Sicherheit geprägt war.

Für diese konkrete Familie war das damals auch sicher genau richtig so, aber gleichzeitig sehnte ich mich auch nach ein bisschen Stimmung und nach etwas mehr Lärm. Ich wünschte mir einen Tisch, um den viele Leute versammelt wären, wo Gläser klängen und die Musik im Hintergrund vom Lachen der Menschen übertönt würde. Ich wünschte mir, dass an der ganzen Straße entlang die Autos unserer Gäste geparkt wären und dass Leute einfach, ohne anzuklopfen, ins Haus kämen, weil sie sich bei uns zu Hause fühlten. Ich wünschte mir, dass sich die Gäste selbst mit Getränken bedienten und wüssten, wohin das saubere Geschirr geräumt wird, nachdem sie es gespült und abgetrocknet hätten.

Und als ich dann irgendwann in mein erstes eigenes Haus einzog, machte ich es ganz genauso. Schon an dem Tag, als der Kaufvertrag unter Dach und Fach war, lud ich eine Reihe von Freunden ein, obwohl das Haus noch völlig leer und kahl war. Wir saßen im Kreis auf Plastikgartenstühlen und aßen Tortilla-Chips mit Salsa von einem Campingtisch. Bei jeder sich bietenden Gelegenheit lud ich jetzt Menschen, die ich liebte, in mein Haus ein – zu Willkommenspartys, Abschiedspartys, Partys zur Fernsehübertragung der Oscarverleihung oder einfach nur zum Essen.

Damals kochte ich fast noch nichts, weil ich keine Ahnung hatte, wie das ging. Ich konnte nur Pasta kochen und dazu servierte ich Soße aus dem Glas und riesige Schüsseln mit Salat mit Fertigdressing. Als irgendwann *California Pizza Kitchen* anfing, in unserem Supermarkt Tiefkühlpizza zu verkaufen, habe ich so ziemlich jedem, der zum Essen kam, Thai-Chicken-Pizza mit Gin Tonics und anschließend Eis mit heißer Kokos-Vanille-Soße angeboten.

Doch mit der Zeit interessierte es mich immer mehr, was ich da eigentlich aß und was ich anderen anbot. Wenn man auf Fertiggerichte angewiesen ist, dann hat man beispielsweise keinen Einfluss darauf, wie sie gewürzt sind. Dann benutzt man nicht Basilikum im Sommer und Fenchel im Winter, und man verwendet nicht zusätzlich Aromen und Gewürze, die man aufgrund seiner geografischen Herkunft, seiner persönlichen Geschichte und seiner eigenen Essgewohnheiten kennt und mag.

Und außerdem wollte ich wissen, wie Kochen funktioniert. Wie verändert eine Zwiebel den Geschmack einer Suppe? Warum passen Curry, Äpfel und Kürbis so gut zusammen? Warum wird in so vielen Rezepten Rosenkohl mit Speck kombiniert? Ich fing an, Kochbücher zu kaufen und sie als Bettlektüre vor dem Einschlafen von vorne bis hinten durchzulesen. Ich kochte zwar noch nicht selbst, aber ich erfuhr etwas über Aromen, darüber, was zusammenpasst und was nicht, über die unterschiedlichen Methoden, Fleisch zu schneiden, und über saisonales und regionales Kochen. Ich servierte den Gästen, die sich um meinen Tisch versammelten, immer noch Tiefkühlpizza, aber ich lernte jeden Abend ein bisschen dazu.

Ich begann, Unterschiede in Kochstilen zu erkennen, beispielsweise zwischen Ina Gartens hochklassigem Kochen, klassisch amerikanischer Küche, Art Smiths kultivierter Südstaatenküche und Nigella Lawsons schöner englischer Kochphilosophie. Ich lernte, dass Muscheln auf belgische Art in Bier und Muscheln auf französische Art in Wein gedämpft werden, und obwohl es dann noch zehn weitere Jahre dauern sollte, bis ich selbst Muscheln zubereitete, fing ich so mit dem Kochen an, wie ich mit allem anfange, nämlich indem ich darüber lese.

Etwas darüber zu lesen, ist zwar ein großartiger Ausgangspunkt, aber es ist kein Ersatz für die Hände, für Messer und Töpfe. Als ich schließlich viele Jahre später tatsächlich selbst Muscheln kochte – natürlich auf französische Art –, da wusste ich, wie man sie entbartet und spült und dass man sowohl die aussortiert, die schon vor dem Kochen geöffnet sind, als auch die, die sich beim Kochen nicht öffnen. Ich wusste, dass man Muscheln mit knusprigem Brot serviert, damit man den Sud auftunken kann. Was ich nicht wusste, war, dass das Entbarten von Muscheln schwieriger ist, als es sich anhört, und dass man sie sehr oft waschen muss, bevor der Knies auf den Schalen weg ist. Ich wusste nicht, dass der Duft von gedünsteten Muscheln irgendwo zwischen Himmel und dem Meer angesiedelt ist – das liegt an den vielen Schalotten und dem vielen Wein. Ich wusste nicht, dass das Dämpfen so schnell geht und ich ruck, zuck diesen dampfenden Topf voller erstaunlicher Düfte servieren würde, und ich hätte auch nicht vermutet, dass es mich so unglaublich stolz machen würde, vor diesem Topf mit fertigen Muscheln zu stehen.

Es war wie Zauberei, als würde man ein Kaninchen aus dem Hut ziehen, nicht in Worte zu fassen. Aber Worte genügen ja so gut wie nie, um so etwas wirklich auszudrücken. Irgendwann muss man deshalb ein Messer in die Hand nehmen. Man muss genau da anfangen, wo man gerade steht.

Den ersten Sommer nach unserer Hochzeit erklärte Aaron zum Sommer des Golfspiels. Für mich bedeutete das, dass ich lange Sonntage zur freien Verfügung hatte, an denen ich stundenlang in der Küche herumwerkelte. Wir aßen zwar immer noch häufig Tiefkühlpizza und Miracoli zum Abendessen, aber an manchen dieser Sonntage bastelte ich eine Marinarasoße zusammen oder sogar einen Lemon Pie.

Wir hatten zur Hochzeit von unterschiedlichen Leuten Kochbücher geschenkt bekommen, die ihren Platz auf der Fensterbank über der Spüle in unserer kleinen Küche gefunden hatten. Eines Morgens waren sie alle durchweicht und gewellt, weil wir über Nacht versehentlich das Fenster offen gelassen hatten, aber ich kochte in diesem Sommer trotzdem mehrere der Bücher durch.

Ich begann so, wie ich finde, dass jeder anfangen sollte, mit Mark Bittmans Buch *How to Cook Everything* (Wie man alles kocht). Weil ich aber nie hundertprozentig nach Rezept koche, lief es anfänglich noch etwas holprig. So kochte ich beispielsweise frische Marinarasoße, um sie am Freitagabend zu Pasta zu servieren, hatte aber unterschätzt, wie lange Tomaten kochen müssen, damit sie etwas von ihrer Säure verlieren, und was noch wichtiger war, wie lange Knoblauchzehen brauchen, um gar zu werden. Ich servierte Aaron und mir also eine riesige Portion praktisch roher Tomaten mit ebenso rohem Knoblauch. Uns brannte nach dem Essen noch stundenlang die Zunge, und für die Menschen, die anschließend bei einem Footballspiel zehn Meter von uns entfernt standen, waren wir eine echte Zumutung. Wir dünsteten noch tagelang aus allen Poren Knoblauch aus.

Etwa zur gleichen Zeit versuchte ich mich auch an einem Key Lime Pie, und zwar nach einem Rezept, in dem es vor Abkürzungen nur so wimmelte – und es kamen unter anderem gesüßte Kondensmilch und gefrorener Zitronensaft hinein – und am Ende gab es dann den Tipp, einen kleinen Schuss Tequila in die Füllung und eine Prise Salz in den Teig für den Boden und die Decke zu geben, sodass man praktisch einen „Margarita Pie" hatte. Das war natürlich spannender als Key Lime, also gab ich einen ordentlichen Schluck Tequila hinein. Nachdem ich ihn verrührt hatte und probierte, schmeckte ich den Tequila aber gar nicht heraus und gab deshalb noch einen ordentlichen Schuss dazu und dann noch ein paar, denn schließlich wollte ich den Tequila später auch schmecken. Am Ende hatte ich einen Pie gemacht, in dem so viel Alkohol war, dass ich eigentlich den Gästen, die auch nur ein kleines Stückchen davon probierten, die Autoschlüssel hätte abnehmen müssen.

Manche meiner schwersten Fehler waren eher logistischer als kulinarischer Art. In einem Jahr beispielsweise suchte ich für ein Essen, dass im Herbst bei einer Freundin stattfinden sollte, für den Hauptgang ein Gericht ohne Truthahn. Ich bin kein Fan von Truthahn, und ich erinnerte mich, dass ich ein paar Jahre zuvor auf dem Titelbild der Zeitschrift *Gourmet* die Abbildung eines mit Suppe gefüllten Kürbisses statt eines Truthahns als Mittelpunkt bei einem Thanksgivingessen gesehen hatte. Ich stellte fest, dass das Rezept fast identisch war mit dem für französische Zwiebelsuppe – Unmengen selbst gemachter Croûtons, geriebener Gruyère, jede Menge frischer Salbei, alles in Brühe eingeweicht, stundenlang gekocht und in einem großen Kürbis serviert.

Alles lief wie am Schnürchen, bis mir klar wurde, dass ich einen sieben Kilo schweren, bis zum Rand mit kochend heißer Suppe gefüllten Kürbis im Auto zu meiner Freundin transportieren musste.

Es waren ein großer Pappkarton, ein Wäschekorb, mehrere Abkühlgitter aus Draht, eine Rolle Alufolie und alle im Haus vorhandenen Strandlaken nötig, aber wir schafften es, den Kürbis unversehrt zu Casey zu schaffen, wobei wir allerdings höchstens dreißig fuhren und jede rote Ampel und jedes Stoppschild einfach ignorierten.

Das ist der Spaß, das ist das Abenteuerliche dabei. Es gibt immer etwas auszuprobieren, etwas völlig Neues, das auf alten Techniken aufbaut, eine neue Zusammenstellung von Aromen für einen alten Klassiker, ein Kniff aus einem Rezept, der auch genau zu etwas anderem passt. Und manchmal transportiert man dann eben sogar einen sieben Kilo schweren, mit kochend heißer Suppe gefüllten Kürbis wie ein Baby – etwas, das man nie im Leben gedacht hätte.

Mit zum Schönsten gehört beim Kochen meiner Meinung nach, etwas zuzubereiten, von dem man eigentlich gedacht hat, dass das für normale Menschen gar nicht möglich ist. Ich erinnere mich noch genau, wie ich zum ersten Mal miterlebte, dass jemand ein Salatdressing selbst zubereitete. Meine Freundin Tecia lebte nach unserem Collegeabschluss für ein Jahr in Lyon, wo ich sie für ein paar Wochen besuchte. Als sie eines Tages eine Kleinigkeit zum Mittagessen machte, sah ich, wie sie ganz lässig eine Knoblauchzehe presste, etwas Senf und ein wenig Essig dazugab und dann das Ganze mit der einen Hand verrührte, während sie mit der anderen langsam Öl dazugoss. Das war noch, bevor ich anfing, regelmäßig zu kochen, und ein Salatdressing war etwas, von dem ich nie im Leben gedacht hätte, dass ich es einmal selbst zubereiten würde.

Es dauerte dann auch noch ein paar Jahre, bevor ich mich tatsächlich daran versuchte, aber inzwischen habe ich immer ein, zwei Gläser Vinaigrette fertig auf dem Küchentresen stehen. Wenn ich diese Gläser sehe oder wenn ich Senf und Essig miteinander verrühre, bevor ich dann Öl dazugebe, muss ich an Tecia in ihrer dämmrigen französischen Küche denken.

Manche Leute – zum Beispiel meine Freundin Sara, die zurzeit in Botswana lebt – mögen Vinaigrette gern ein bisschen süßlich und geben entweder eine Prise Zucker oder etwas Ahornsirup hinein, aber ich mag gerne Vinaigrette, in der man den Essig gut durchschmeckt. Das Schöne an einer Vinaigrette ist, dass man sie auf tausend unterschiedliche Arten zubereiten kann, je nachdem, was man gerade im Haus hat, je nach den Salatsorten oder anderen grünen Zutaten, die in den Salat sollen, und je nach Geschmack.

Bewahren Sie also ein leeres Gurken- oder Marmeladenglas auf und mischen Sie sich alle paar Tage eine Vinaigrette. Sie werden sich fühlen, als könnten Sie zaubern oder als hätten Sie gerade Wasser in Wein verwandelt.

Grundrezept für eine Vinaigrette

Eine Vinaigrette besteht normalerweise aus 3 Teilen Öl und einem Teil Säure, aber ich nehme immer eher zwei Teile Öl und einen Teil Essig, weil ich den durchdringenden Essiggeschmack so mag, bei dem sich alles zusammenzieht. Die Vinaigrette, die ich meistens mache, besteht aus wenigen, ganz einfachen Zutaten – Dijonsenf, Balsamicoessig, Salz, Pfeffer und bestem Olivenöl – und ist sehr einfach zuzubereiten.

Als Erstes gebe ich einen gehäuften Esslöffel Dijonsenf in ein leeres Marmeladenglas und füge einen großen Schuss Balsamico, eine Prise Salz und Pfeffer hinzu. Dann schraube ich den Deckel fest auf das Glas und schüttele die Zutaten kräftig durch. Wenn sich die Bestandteile miteinander verbunden haben, schraube ich das Glas wieder auf und gebe das Olivenöl dazu, und zwar die doppelte Menge von der Mischung, die bereits in dem Glas ist. Noch einmal alles gut durchschütteln und dann abschmecken. Wenn Ihnen die Vinaigrette zu sauer ist, verändern Sie sie nach Ihrem Geschmack, indem Sie zum Beispiel einen halben Teelöffel Zucker dazugeben oder etwas Honig. Dann wieder alles vermischen und noch einmal probieren.

Beim Zubereiten von Vinaigrette geht es darum, Ihre typische, ganz persönliche Vinaigrette zu entwickeln, und deshalb ist es wichtig, sie beim Zubereiten immer wieder zu probieren und Ihrem Geschmack anzupassen, am besten, indem Sie einen Bissen von dem Salat oder anderen Zutaten, die Sie verwenden wollen, hineintunken. Salatsorten sind so unterschiedlich in Geschmack und Textur – vom milden Eisbergsalat oder Kopfsalat bis hin zum nussigen Rucolasalat –, dass es ratsam ist, die Vinaigrette passend zu den Salatsorten und den anderen Zutaten Ihres Salates zuzubereiten. Rucola beispielsweise braucht Süße, aber ein milder Kopfsalat kann gut eine ziemlich säurelastige Vinaigrette vertragen.

Manche Leute bereiten Vinaigrette in einer Schüssel zu, mischen zuerst die Säuren miteinander und lassen danach dann das Öl dazulaufen, andere empfehlen, Vinaigrette im Mixer zuzubereiten, damit alle Bestandteile ganz fein zerkleinert und gleichzeitig gemischt werden. Mir gefällt das Marmeladenglas besser, weil das Schütteln eine so einfache Methode ist, die Zutaten miteinander zu vermischen. Ich habe immer gern ein Glas voll gebrauchsfertig auf der Arbeitsplatte neben dem Herd stehen, um es über Grünzeug oder Reis oder auch als Topping auf eine Suppe zu geben.

Die traditionelle französische Vinaigrette besteht aus fein gehackten Schalotten, Dijonsenf, Rotweinessig und Olivenöl – in dieser Reihenfolge. Wenn man lieber ein cremigeres Dressing mag, kann man auch ein bisschen Ziegenkäse dazugeben oder zerbröselten Feta. Auch frische oder getrocknete Kräuter können eine Vinaigrette verfeinern. Zitrone oder eine zerdrückte Knoblauchzehe sorgen für ein frisches, aromatisches Dressing, und Oregano und Thymian geben ihm eine mediterrane Note, die perfekt zu griechischen Salaten passt.

Es gibt Vinaigrette-Rezepte mit den unterschiedlichsten Ölen, aber aromatisierte Öle sind nicht so mein Ding. Ich verwende eigentlich für fast alles extra natives Olivenöl. Hin und wieder nehme ich als Säure in der Vinaigrette auch weißen Balsamico, Rotweinessig oder Apfelessig, aber am liebsten ist mir eigentlich immer Balsamico – ebenfalls für so gut wie alles. Statt des Essigs kann man auch Zitronensaft als Säure nehmen – der Saft von rosa Grapefruits schmeckt köstlich in einer Vinaigrette für Babyspinat und für eine Vinaigrette für einen Wassermelonen-Feta-Salat verwende ich Limettensaft und weißen Balsamico.

ZUTATEN

1 Esslöffel Dijonsenf
1/4 Cup (60 ml) Balsamico
1/4 Teelöffel Salz
1/8 Teelöffel Pfeffer
1/2 Cup (120 ml) Olivenöl

ZUBEREITUNG

Den Senf in ein leeres Marmeladenglas geben und Essig, Salz und Pfeffer hinzufügen. Das Glas fest verschließen und die Zutaten gut durchschütteln. Dann das Öl dazugeben, wieder das Glas verschließen und erneut schütteln. Jetzt mit dem Finger probieren, gegebenenfalls noch einmal abschmecken. Wenn Sie das Dressing für einen Salat verwenden wollen, tunken Sie ein Stückchen Salat in das Dressing und würzen Sie gegebenenfalls dann noch einmal nach.

Die Vinaigrette kann bis zu einer Woche im verschlossenen Glas auf der Arbeitsfläche aufbewahrt werden.

Probieren Sie im Laufe dieser Woche das Dressing möglichst in Kombination mit allem – mit Grünzeug, Reis und Gebratenem, geben Sie einen Löffel davon als Topping in einen Teller Suppe, träufeln Sie es über warme weiße Bohnen oder Thunfisch oder dippen Sie einfach Brot hinein.

Reicht für eine Schüssel grünen Salat für sechs Personen.

Risotto – immer eine sichere Bank

Risotto ist meine sichere Bank, wenn ich zum Essen einlade. Ich mag den Zubereitungsprozess – das Rösten des rundkörnigen Risottoreises und das laute Zischen, wenn der geröstete Reis mit Wein abgelöscht wird. Bei Risotto weiß man bei jedem Schritt genau, was passiert. Risotto zu kochen, ist das genaue Gegenteil vom Backen, wo alles Entscheidende im Backofen passiert, ohne dass man noch eingreifen kann. Risotto sagt jeden Schritt laut an und man kann jede Veränderung mitverfolgen. Es ist greifbar und lebendig und unmittelbar, und genau das ist es, was ich an Risotto so mag. Und dabei ist es auch noch unendlich vielseitig. Man kann es mit Shrimps und Erbsen zubereiten, mit Spargel und Zitronenzesten, mit Pilzen oder mit getrockneten Tomaten – es gibt unzählige Varianten.

Mein allererstes Risotto war ein Kokosrisotto mit schwarzen Bohnen. Mir war – offensichtlich – nicht bewusst, dass Risotto ein traditionelles italienisches Gericht ist und Kokos und schwarze Bohnen eher exotisch. Aber vielleicht war die Wahl dieser Kombination ja auch gerade gut, weil ich dadurch gleich gemerkt habe, wie unglaublich flexibel dieses Gericht ist und welche Zutaten alle möglich sind.

Risotto ist die perfekte Mischung von ausgefallen und heimelig, und genau das ist es, was all meine Lieblingsgerichte gemeinsam haben – zum Beispiel Rührei mit Ziegenkäse, Mango-Hühnchen-Curry oder auch Datteln im Speckmantel. Dazu kommt noch, dass Risotto glutenfrei ist, und wenn man möchte, kann man es außerdem laktosefrei, vegetarisch und sogar vegan zubereiten. Überlegen Sie doch einmal, was glutenfrei, vegan und sättigender ist als ein Teller Grünzeug: genau, ein Risotto, das mit Gemüsebrühe zubereitet ist – hurra!

Es heißt immer wieder, die Zubereitung von Risotto sei so kompliziert, weil man die ganze Zeit am Herd stehen und stundenlang ununterbrochen rühren muss. Ja und nein. Man muss nicht ununterbrochen rühren, aber die Küche verlassen sollte man lieber auch nicht. Risotto sollte man dann zubereiten, wenn die Küche sowieso voller Menschen ist, wenn eine Platte mit Brot und Käse in Reichweite steht und wenn man die Weinflaschen schon geöffnet hat. Das Rühren ist gar nicht so schlimm, aber die Garzeit ist immer länger, als man meint. Planen Sie also genügend Zeit ein und sorgen Sie dafür, dass die Gäste bis dahin ausreichend mit Käse, Brot und Wein versorgt sind.

In seinem wunderschönen Kochbuch *A Platter of Figs* (Ein Teller Feigen) sagt David Tanis, dass bei der Zubereitung von Risotto die richtige Kochtemperatur daran zu erkennen ist, dass in der Masse kleine „Krater“ entstehen – also kein heftiges Kochen, aber auch kein vor sich hin Simmern, sondern etwas dazwischen, bei dem kleine kreisförmige, blubbernde Dellen zu sehen sind – also Krater.

Wenn die restlichen Bestandteile Ihres Essens sehr aromatisch, ausgefallen oder gar exotisch sind, dann sollten Sie Ihr Risotto so schlicht und einfach wie möglich halten. Ich finde, ein perfektes Silvesteressen wären beispielsweise kleine Steaks oder ganz einfach gedämpfter Hummer mit einem Champagner-Parmesan-Risotto. Dazu ein Salat mit einem leichten Schalotten-Zitronen-Dressing und eiskalter Champagner. Einfach traumhaft.

Ich liebe Risotto mit Shrimps und Speck, und um noch einen etwas intensiveren Geschmack zu bekommen, schwitze ich die Zwiebeln und den Knoblauch am Anfang in dem ausgelassenen Fett von dem Speck an. Das Gleiche mache ich auch mit den Pilzen, wenn ich Risotto mit Pilzen und Speck zubereite, oder ich schmore die Pilze in einem separaten Topf in Cognac und gebe sie fünf Minuten vor Ende der Kochzeit in das Risotto.

Man kann zum Ablöschen des angerösteten Reises jeden beliebigen Wein verwenden. Das Risotto nimmt auf jeden Fall ein bisschen von seinem Aroma auf. Normalerweise nimmt man einen Pinot Grigio, aber ich verwende auch gerne einen buttrig-fassigen Chardonnay. Auch Champagner oder Prosecco schmecken gut im Risotto, und wenn man mag, kann man sogar Rotwein nehmen, dann wird das Risotto ganz zart rosa. Wenn ich Risotto mit Rotwein zubereite, gebe ich ganz viel frischen Spinat hinein, damit es nicht pinkfarben wie ein verunglücktes Valentinstagsgericht aussieht.

Im Frühling bereite ich Risotto gerne mit Erbsen und Spargel zu, im Herbst mit geröstetem Butternusskürbis. Ich habe festgestellt, dass das Geheimnis eines guten Butternusskürbis-Risottos darin besteht, den Kürbis am Vortag ganz und ungeschält im Backofen zu rösten und, wenn er abgekühlt ist, das Fruchtfleisch aus der Schale herauszuschaben. Es ist dann weich und orangefarben und köstlich und wird gegen Ende der Garzeit in das Risotto gegeben. Ich würze es anschließend noch mit Muskatnuss und Salbei, aber ich glaube, auch Curry würde dazu passen und für etwas Süße ein gewürfelter Apfel.

Ja, ich weiß, es gibt Leute, die jetzt sagen, dass dieses Gericht mit italienischer Sensibilität behandelt werden muss, weil es ein italienisches Gericht ist; das habe ich schon kapiert. Ich bin auch kein großer Fan der sogenannten Cross-over-Küche, in der beispielsweise Tacos mit Wasabi und Ingwer kombiniert werden oder Ravioli mit einer Füllung aus Gegrilltem. Aber es geht ja auch gar nicht um kulinarische Glanzleistungen, sondern darum, an unserem Tisch Menschen zu empfangen, die wir lieben. Wir sind keine Küchenchefs oder Restaurantbesitzer oder Absolventen von Kochschulen, und wir müssen nicht versuchen, so wie sie zu kochen. Bereiten Sie das Essen so zu, wie es die Menschen, die Sie lieben, mögen. Probieren Sie eine Million unterschiedlicher Risottos aus und streichen Sie ein paar davon wieder von der Liste, weil sie scheußlich schmecken, aber freuen Sie sich auch, wenn Sie dabei ein paar neue Varianten entdecken – Risottos, die neu und vielleicht ungewöhnlich sind, aber perfekt zu Ihrer Familie passen. Das ist das Ziel!

Lernen Sie in kleinen Schritten und Mahlzeit für Mahlzeit, die Sie für sich selbst und Ihre Lieben zubereiten; denn Essen ist eine Art, wie wir uns gegenseitig unsere Liebe zeigen, und der Esstisch ist einer der heiligsten Orte, an dem man zusammenkommen kann.

Wenn Sie in der Küche unsicher sind, sich vielleicht sogar wie gelähmt fühlen, weil Sie nicht wissen, wie etwas geht, oder weil Sie nicht gut planen können oder weil Sie Angst haben, nur Chaos zu fabrizieren, dann hoffe ich, dass Sie trotzdem einfach alle Vorbehalte über Bord werfen und Neues ausprobieren. Wenn Sie eigentlich gerne Gäste hätten, aber das Gefühl haben, sich als Gastgeberin nicht sehen lassen zu können, dann hoffe ich, dass Sie sich trotzdem hineinstürzen und einen Versuch wagen, so unvollkommen und nervenaufreibend es die ersten paar Male auch sein mag.

Und fangen Sie dabei mit Risotto an.

Grundrezept für ein Risotto

Wenn Sie ein Rezeptpedant sind, dann wird das hier wahrscheinlich nervenaufreibend für Sie sein. Risotto gehört nämlich zu den Gerichten, die man erst ein paarmal für sich alleine ausprobieren muss, um sich mit den einzelnen Schritten und mit den Geräuschen, den Gerüchen und Texturen vertraut zu machen. Verstehen Sie das Folgende also als Orientierungshilfe und nicht als Anleitung, an die man sich sklavisch halten muss. Machen Sie Ihren ersten Versuch mit einem Risotto, wenn nichts auf dem Spiel steht. Risotto ist kein Gericht, das sich gut für komplizierte Gäste oder die Schwiegerfamilie eignet. Probieren Sie deshalb Ihr erstes Risotto an einem regnerischen Abend aus, an dem Sie alleine zu Haus sind. Suchen Sie sich schöne Musik aus, machen Sie eine Flasche Wein auf und trinken Sie erst mal einen herzhaften Schluck davon. Wenn Sie den Wein angeschaut, daran geschnuppert und ihn probiert haben, dann geht es los – und Sie schaffen das. Ich glaube, ich habe schon für jeden, den ich kenne, ein Risotto gekocht, und es ist immer ein Hit – diese perfekte Mischung aus ausgefallen und heimelig in einer einzigen Schüssel.

ZUTATEN

Olivenöl
4 Zehen Knoblauch
1 Zwiebel
2 Cups (400 g) Risottoreis
1 Cup (230 g) Weißwein
6 Cups (1400 ml) Hühnerbrühe
Parmesan
Salz und Pfeffer nach Geschmack

ZUBEREITUNG

Zu Beginn die sechs Tassen Hühnerbrühe in einem kleinen Topf erwärmen. Dann die Zwiebel würfeln – nicht zu fein –, sodass man noch auf Stückchen beißt.

Etwas Olivenöl – nicht zu wenig, aber auch keinen See – in einem Topf erhitzen. Die Zwiebeln hineingeben und bei mittlerer Hitze etwa fünf Minuten anschwitzen. Vier Knoblauchzehen zerdrücken.

Ich benutze seit Jahren eine Knoblauchpresse und habe gerade von meinem Freund Matt erfahren, dass man die Knoblauchzehen eigentlich gar nicht zu schälen braucht, bevor man sie mit der Presse zerdrückt – gut zu wissen. Also vier Knoblauchzehen pressen und sie ebenfalls in den Topf mit dem heißen Öl geben. Dann die Zwiebel-Knoblauch-Mischung noch ungefähr weitere drei Minuten anschwitzen, bis die Zwiebeln glasig sind und der Knoblauchduft sich im ganzen Haus ausbreitet.

Wenn man jetzt den Risottoreis dazugibt, um ihn anzurösten, dann zischt es, und die Reiskörner springen eine Weile in dem heißen Öl herum. Das bedeutet, dass Sie jetzt rühren, rühren, rühren müssen. Wenn der Reis schließlich ganz mit Öl überzogen ist, geben Sie ein großes Glas Weißwein dazu und dann rühren, rühren, rühren Sie wieder, und zwar am besten mit einem Holzlöffel.

Der Wein sorgt für einen fantastischen Duft. Jetzt dem Reis ein bisschen Zeit zum Garen geben, und wenn er den gesamten Wein aufgenommen hat, eine Tasse von der heißen Brühe hinzugeben. Danach heißt es dann wieder rühren, rühren, rühren.

Dies ist der Punkt, an dem man versuchen muss, das Risotto vor dem

Ertrinken, aber auch vor dem Vertrocknen zu retten, also noch etwas Brühe hinzufügen und noch ein wenig rühren; ruhig ein bisschen Hitze wegnehmen, wenn man das Gefühl hat, mit dem Rühren oder dem Zugeben von Brühe nicht nachzukommen. Das Risotto soll nicht zu heftig kochen, aber auch nicht nur vor sich hin simmern, also immer an die Krater denken, immer wieder tassenweise Brühe hinzugeben und das Risotto alle paar Minuten gut durchrühren.

In jedem Risottorezept, das ich bisher gelesen habe, steht, dass es von diesem Punkt an etwa 18 bis 20 Minuten dauert, bis das Risotto fertig ist, aber bei mir braucht es ehrlich gesagt immer länger – eher 30 bis 35 Minuten. Also zwischendurch hin und wieder probieren, wie gar der Reis ist. Wenn die 6 Tassen Brühe aufgebraucht sind und der Reis weich ist, aber das Korn in der Mitte noch ein klein wenig Biss hat, dann haben Sie es geschafft.

Ich glaube, dass manche Leute Probleme mit der Zubereitung von Risotto haben, weil sie meinen, dass das Reiskorn in der Mitte nicht noch ein ganz klein wenig hart sein darf, sodass sie dann letztlich den Reis übergaren. Doch solange man weiß, dass der Reis in der Mitte immer noch ein wenig hart sein darf, übergart man ihn nicht.

Während Sie also das Ganze gut beobachten, rühren und hin und wieder Brühe dazugeben, können Sie sich überlegen, womit Sie das Risotto am Ende noch verfeinern wollen.

Eine großartige Möglichkeit ist, Pilze in Scheiben zu schneiden – auch gerne verschiedene Sorten – und sie in einem Teelöffel Butter anzuschwitzen, bis sie weich sind. Dann einen Schuss Cognac oder Wein dazugeben und die Pilze noch ein wenig weiterköcheln lassen. Wenn das Risotto fertig ist, die Pilze und die leckere Soße aus der Pfanne unterziehen.

Und von da an brauchen nur noch zwei Zutaten hineingegeben werden: erstens Parmesan – eine Handvoll unterheben und zum Schluss noch eine darüberstreuen. Und dann am Ende noch grob etwas schwarzen Pfeffer darübermahlen – fertig!

Ergibt 4–6 Portionen.

Genug

Heute habe ich etwas Besonderes erlebt. Ich habe erfahren, dass eine liebe Freundin von mir schwanger ist. Das an sich ist aber eigentlich noch nichts Besonderes, denn irgendwie ist zurzeit so ziemlich jede Frau, die ich auch nur etwas näher kenne, schwanger. Sie glauben vielleicht, ich übertreibe, aber ich habe momentan siebzehn schwangere Freundinnen und neun Freundinnen, die seit September ein Baby bekommen haben. Und das sind nicht nur Facebook-Freundinnen, sondern echte Ich-sehe-sie-in-der-Gemeinde-, gehe-zu-ihren-Babypartys-, schenke-ihnen-zur-Geburt-eine-Babydecke-oder-einen-Strampler-Freundinnen.

Es ist wie eine Epidemie, und manchmal glaube ich fast, dass ich der Herd dieser Epidemie bin. Wenn Sie meine Freundin sind, ist es 883 584-mal so wahrscheinlich, dass Sie schwanger werden, als wären Sie nicht meine Freundin. Ich bin eine Art unglaublich wirksames Fruchtbarkeitsmittel. Meine Freundin Kelly sagte früher immer, dass, wenn man gerne heiraten wolle, man einfach nur mit mir zusammenziehen müsse, denn ein paar Jahre lang war es so, dass jede Frau, mit der ich zusammenwohnte, prompt jemanden kennenlernte, sich verliebte, heiratete und wieder auszog. Und ganz ähnlich ist das jetzt mit den Schwangerschaften. Sie möchten schwanger werden? Werden Sie einfach meine Freundin. Vielleicht funktioniert das ja auch bei Ihnen … bei mir selbst klappt es allerdings leider nicht.

Henry wird dieses Jahr fünf, und wir versuchen jetzt schon seit seinem ersten Geburtstag, ein zweites Kind zu bekommen. Wir haben deshalb bereits verschiedene Ärzte konsultiert, wir beten viel und sehnen uns einfach nach einem Baby. Ich war zweimal schwanger, einmal waren es Zwillinge, habe dann aber jeweils eine Fehlgeburt gehabt. Und in dieser Zeit hat ungefähr jede Frau zwischen zwanzig und vierzig, die ich kenne, verkündet, dass sie schwanger sei.

Irgendwann in diesem Winter war ich deshalb so mürbe und wund, dass ich während eines Abendessens im Kreise meiner Familie zu meinen Eltern, die beide fast sechzig sind, und zu meinem unverheirateten Bruder sagte: „Wenn jemand von euch schwanger ist, dann sagt es mir bitte lieber gleich."

Sie schauten mich daraufhin nur etwas irritiert an, aber mich hätte in diesem Moment absolut gar nichts gewundert. Wahrscheinlich ist sogar mein Handy schwanger.

Es war mir jedenfalls deutlich anzumerken, dass ich mit der Situation nicht gut zurechtkam.

Irgendwann sagte ich zu Aaron: „Schwanger ist das neue Schlank."

Wenn Sie mich kennen würden, dann wüssten Sie nämlich, dass zu meinen verrücktesten und irrigsten Überzeugungen gehört, dass schlanke Menschen immer glücklich sind, und zwar, weil ich selbst davon überzeugt bin, dass ich ständig nur glücklich herumspringen würde, wenn ich richtig schlank wäre. Wenn ich schlank wäre und mich über jemanden ärgern würde, dann würde ich einfach nur an meinen langen, dünnen Beinen hinunterschauen und das wäre es wieder, das pure Glück! Wenn jemand mir das Herz bräche, würde ich einfach einen Bikini anziehen und alle Traurigkeit der Welt wäre wie weggeblasen.

Natürlich weiß ich, dass das Unsinn ist, denn schließlich kenne ich genug schlanke Leute, denen es richtig schlecht geht. Aber ich muss gestehen, dass ich solche Leute manchmal schütteln und zu ihnen sagen möchte: *Ich weiß ja, dass irgendwas dich gerade richtig fertigmacht, aber such dir doch einfach einen Spiegel, in dem du dich auch von hinten sehen und deinen Hintern bestaunen kannst. Geht es dir danach nicht schon gleich viel besser? Ich weiß jedenfalls, dass es bei mir so wäre.*

Und ich merkte, dass ich das Gleiche auch in Bezug auf das Thema Schwangerschaft dachte. Ich war absolut überzeugt, dass all meine verdrängten, bedrückten, verzweifelten, empfindlichen und nicht so schönen Gefühle auf der Stelle verschwinden würden, wenn ich die entscheidende Linie auf dem Schwangerschaftstest sähe. Rein rational betrachtet, weiß ich natürlich, dass es nicht so ist, aber mein Gefühl sagte mir etwas anderes.

Aus diesem Grund wurde ich immer mehr zu jemandem, dem man nicht so gerne sagt, wenn man schwanger ist, und das wiederum fand ich selbst ganz schlimm. Eine Freundin beispielsweise verkündete mir die freudige Nachricht und fing im nächsten Moment an zu weinen, weil sie solche Angst davor gehabt hatte, wie ich wohl darauf reagieren würde. Auch das finde ich richtig schlimm. Ich gebe mir wirklich Mühe, in solchen Momenten meine Gesichtszüge so weit unter Kontrolle zu behalten, dass sie wenigstens so etwas Ähnliches wie schlichte Freude ausdrücken. Und natürlich freue ich mich *wirklich* für die betreffenden Freundinnen. Aber manchmal kommt eben auch unmittelbar nach der Freude meine eigene Verzweiflung hoch – an manchen Tagen schlimmer als an anderen.

Irgendwann sagte ich zu Aaron, ich würde irgendeinen Glasgegenstand aus unserem Haus zerdeppern, wenn ich in diesem Monat wieder nicht schwanger sei. Ich zählte ängstlich die Tage, zählte immer wieder und noch einmal – hoffte – und war dann doch nicht schwanger. Wieder nicht. Ich zerdepperte zwar nichts, aber ich schrieb in meinem Blog, wie ich mich fühlte. Ich hätte an diesem Morgen sehr viel Dringenderes zu tun gehabt, aber stattdessen saß ich in einem Coffeeshop und all die Traurigkeit und der Frust und die Verwirrung blutete mir durch die Finger auf die Tastatur und den Bildschirm.

Ein paar Tage später traf ich mich zum Lunch mit meiner Freundin Emily, die sonst in Michigan lebt und gerade in der Stadt war. Ich hoffte ehrlich gesagt, dass sie den besagten Post in meinem Blog nicht gelesen hatte, denn sie war eine meiner siebzehn schwangeren Freundinnen, und ich wollte mit ihr über ihr Baby und ihre Schwangerschaft reden, wollte sie fragen, ob sie Heißhunger auf bestimmte Dinge hätte, wie das Baby heißen solle und über Umstandsmode und Schwangerschaftswehwehchen. Ich wollte einfach nur, dass es ein fröhliches und entspanntes Treffen würde. Und das war es dann auch. Wir sprachen über all die besagten Babythemen und dann überreichte sie mir ein Geschenk mit einer Karte.

Sie sagte, sie habe den Post in meinem Blog gelesen und sie sei der Meinung, wir seien jetzt an einem Punkt angelangt, an dem so lange Freundschaften wie unsere manchmal zerbrächen, weil der Schmerz und die Unsicherheit einfach zu heftig würden, weil man so wund und empfindsam sei. Sie sei jedoch der Meinung, dass wir das eigentlich besser hinbekommen müssten.

Und dann überreichte sie mir zwei hübsch verpackte Schutzbrillen mit den Worten: „Wenn du das Gefühl hast, du müsstest etwas aus Glas zerdeppern, dann bin ich bei dir und mache mit. Dann setzen wir unsere Schutzbrillen auf, zerdeppern gemeinsam etwas, und danach helfe ich dir, die Scherben wieder aufzusammeln. Du hast dich mit mir gefreut und mit mir gefeiert, und jetzt bin ich hier und für dich da, um mit dir zu trauern. Zusammen schaffen wir das."

Ich war völlig sprachlos. Und so saßen wir dort beide zusammen direkt am Fenster des italienischen Restaurants, das an einer belebten Straße lag, die eine schwanger, die andere nicht, beide mit großen Schutzbrillen auf der Nase, und weinten.

Das war eines der ungewöhnlichsten Erlebnisse in einer Freundschaft, die ich jemals gehabt habe, denn Emily hätte auch sagen können: „Du, ich erlebe gerade eine unglaublich schöne Phase in meinem Leben und es geht mir so gut. Das möchte ich mir wirklich nicht durch irgendwelche Miesepeter oder Trauerklöße verderben lassen." Sie hätte zu dem Schluss gelangen können, dass ihre Freude und meine Trauer nicht miteinander vereinbar wären und deshalb ein Kontakt gegenwärtig nicht möglich sei. Aber so war es eben nicht, denn sie konnte sich auf mich und meine Gefühle einlassen.

An diesem Tag bekam irgendetwas in meinem Inneren einen Riss, durch den all die aufgestaute Energie und die Angst und der Zorn herauskamen, bis ich mich ganz ruhig und leer fühlte. Ich war traurig, aber nicht am Boden zerstört. Ich war erschöpft und konnte nicht mehr.

Es reichte. Genug.

Es war wie ein Fieberanfall – verzehrend, panisch, unerträglich. Es war, als wäre ich süchtig gewesen und jetzt auf einen Schlag nüchtern – wund, aber mit einem klareren Blick, wie in der absoluten Stille nach dem Sturm. Es fühlte sich an wie ein Gebet.

Und als ich da zusammen mit Emily saß und ihre guten Neuigkeiten feierte, empfand ich wirklich, was ich mir die ganze Zeit zu fühlen gewünscht hatte, aber nicht richtig benennen konnte, nämlich schlichte, unkomplizierte Freude. Ich freute mich wirklich für sie. Ich war sehr, sehr froh für sie. Und für dieses Gefühl, mich einfach freuen zu können für die Menschen, die ich liebe, bin ich absolut dankbar.

Mir ist dabei klar, dass sich das vielleicht in den nächsten paar Monaten auch wieder ändern kann, denn ich befasse mich schließlich schon seit ein paar Jahren mit dieser Thematik. Es ist mal einfacher, mal schwerer, mal komplizierter, mal nicht so kompliziert. Im Moment bin ich relativ heiter und gelassen, aber es kann auch sein, dass ich im nächsten Monat wieder Glas zerdeppern möchte.

Doch heute nehme ich das, was da ist.

Ja, es reicht: Ich will so nicht mehr leben. Aber es gilt auch: Es reicht und ich habe genug. Ich habe mehr, als ich brauche, mehr, als ich je erbitten könnte. Ich habe einen Sohn, der mir jeden Tag Freude macht. Ich habe einen Mann, den ich über alles liebe. Ich habe eine Familie an meiner Seite, die zu mir steht, und Freunde, die mir das Gefühl geben, sehr, sehr reich zu sein. Ich habe eine Arbeit, die sinnvoll ist und mir Freude macht – das ist so viel.

Es ist nichts falsch daran, sich noch ein Baby zu wünschen, aber es gibt eine ganz feine Grenze, und ich glaube, diese Grenze habe ich im letzten Monat ein paarmal überschritten. Dabei bin ich auf dieses schreckliche Gebiet geraten, auf dem man meint, nur glücklich sein zu können, wenn man diese eine ganz bestimmte Sache hat, die man sich so sehr wünscht, egal, was man sonst so alles hat. Und apropos Kinder, ganz genauso sind Kinder: fordernd, kurzsichtig, ausschließlich auf das fixiert, was sie in diesem Moment gerade wollen. Und so möchte ich nicht leben. So möchte ich nicht sein.

Ich möchte eine tiefe Dankbarkeit entwickeln und bewahren, möchte geerdet sein, wissen, dass ich genug habe, auch wenn es etwas gibt, wonach ich mich sehne. Ich möchte beides, die Dankbarkeit und das Sehnen. Ich übe mich darin zu glauben, dass Gott mehr weiß als ich, dass er Dinge und Umstände sieht, die ich nicht sehen kann, dass er eine Zukunft webt, die ich mir in diesem Moment heute Morgen gar nicht vorstellen kann.

Das ist wirklich außergewöhnlich und mehr als genug.

Tee trinken im Schlafanzug

Nach dem Erscheinen meines letzten Buches war ich drei Monate lang auf Lesereise in zweiundzwanzig Städten und habe auf vierundvierzig Veranstaltungen gesprochen. Ich habe in Gemeinden Vorträge gehalten und in Colleges und in Privathäusern, frühmorgens und spätabends, manchmal auf fünf Veranstaltungen an einem Tag.

Gegen Ende dieser Phase merkte ich, dass mein Appetit außer Rand und Band geriet – aus Gelüsten wurde Heißhunger, aus einem Wunsch nach irgendetwas Essbarem wurde Besessenheit. Je länger ich von zu Hause weg war, desto weniger fühlte ich mich noch geerdet und desto heftiger wurden diese Gelüste. Zu Beginn dieser Phase war ich fest entschlossen, mich die ganze Zeit möglichst wohlzufühlen und deshalb gut für mich zu sorgen. Das bedeutet für mich, gesund und regelmäßig zu essen – zum Beispiel Lachs zum Abendessen zu bestellen statt Tortilla-Chips mit Käsedip. Außerdem hatte ich immer eine Tüte mit Studentenfutter dabei und Teebeutel und Wasser, damit ich nicht pausenlos Kaffee trank und acht Stunden lang nichts aß, um mir dann um Mitternacht im Hotel beim Zimmerservice ein Clubsandwich oder Pommes zu bestellen.

Am Anfang war ich noch achtsam. Ich hatte die Teebeutel und das Studentenfutter wirklich immer dabei, wenn ich unterwegs war, ich ruhte mich genügend aus und machte manchmal sogar ein Nickerchen zwischen den Veranstaltungen. Ich war in jeder Hinsicht gut aufgestellt und abgegrenzt. Doch mit der Zeit fühlte ich mich immer zerfaserter, wurde müde und hatte es satt, so wenig zu Hause zu sein. Und je müder und erschöpfter ich war, desto wichtiger wurde das Essen für mich, um mich genährt und fit zu fühlen.

Folgendes war mir dabei bewusst: Ich war so einsam und müde, dass ich mich nicht mehr richtig erholen konnte, weil ich zwischen den einzelnen Etappen der Lesereise nicht oft und lange genug zu Hause war, um dieses Gefühl von Einsamkeit und Müdigkeit wirklich loszuwerden. Ich sah meine Familie und meine Freunde nicht oft genug, und obwohl ich überall auf meinen Reisen wunderbare Menschen kennenlernte, war mir nur allzu sehr bewusst, dass ich mich spätestens am Flughafen immer von ihnen verabschieden musste. Und an irgendeinem Punkt fühlte ich mich dann völlig verlassen.

Irgendwann kam dann ein Abend – ich war gerade in Minneapolis –, da wusste ich, dass dieses andauernde Unterwegssein aufhören musste. Ich fragte die Musikerin, die mich begleitete, wie sie das ständige Unterwegssein auf Tourneen empfände, und sie antwortete: „Es ist für mich wie eine Droge, an der ich mich berausche. Ich liebe es." Es gefalle ihr, immer wieder ein neues Publikum für sich zu gewinnen und es einen Abend lang zu bezaubern, meinte sie, und sie sei nicht gerne längere Phasen zu Hause. Ja, sie werde zwischen den Engagements und den Reisen vor Langeweile manchmal richtig nervös.

Ich empfand genau das Gegenteil. Ich vermisste meine Familie und meine Freunde. Ich wollte ein sesshaftes Leben führen, wollte bei den Geburtstagsfeiern der Kinder meiner Freundinnen dabei sein und nicht so oft ein Mikrofon zum Reden in der Hand halten. Es machte mich müde, immer wieder ein

Publikum für mich gewinnen zu müssen – ein Witz, eine Anekdote, noch ein Witz und dann eine Geschichte.

Es gefiel mir zwar sehr, mit meinen Lesern persönlich in Kontakt und ins Gespräch zu kommen, aber ich war so müde. Mein Lachen klang sogar in meinen eigenen Ohren zu schrill, und daran, wie ich aß, konnte ich erkennen, dass mein Bedürfnis zu essen eine Art Ersatz dafür wurde, mich angemessen um die erschöpften, ausgehungerten und ausgefransten Teile meiner Seele zu kümmern.

Auf einer Reise nach Nashville war dann deutlicher zu erkennen, was dieser Stress bei mir anrichtete. Eigentlich war es eine schöne Reise, weil meine Schwiegermutter und mein Sohn dabei waren – weil ich also nicht einsam war. Auch waren die Veranstaltungen wirklich schön und machten Spaß. Aber es war gegen Ende der Lesereise und die lange Zeit des Unterwegsseins forderte bereits ihren Tribut. Obwohl die Veranstaltungen so schön waren, war ich trotzdem zu müde und angeschlagen, um auf eine andere Weise für mich selbst zu sorgen als durch Essen.

Nach der letzten Veranstaltung kam ich so spät zurück ins Hotel, dass meine Schwiegermutter und mein Sohn schon schliefen, und so saß ich schließlich auf dem Gang vor unserem Zimmer auf dem Teppichboden, aß ein Clubsandwich und Pommes und trank ein Glas Chardonnay dazu, und mir war absolut bewusst, dass ich dieses Sandwich dringender brauchte, als ein Mensch ein Sandwich brauchen sollte. Es war ganz offensichtlich, dass ich mir Ruhe und Frieden und Fürsorge wünschte, aber nicht wusste, wie ich das erreichen sollte.

Und als ich dort im Schlafanzug auf dem vollgekrümelten Teppichboden vor meinem Hotelzimmer saß und mein Clubsandwich festhielt, so als hätte ich Angst, es könnte mir davonlaufen, da wusste ich, dass ich eine neue Art finden musste, gut für mich zu sorgen, wenn ich unterwegs war. Ich hatte allerdings keine Ahnung, wie das aussehen konnte, was es konkret bedeutete, unterwegs gut für mich zu sorgen.

Es war mir schon immer leichter gefallen, aktiv zu sein, um aufzutanken, als mich auszuruhen. Wenn ich zwischen zwei Reisen zu Hause war, kochte ich, veranstaltete Partys, führte Telefonate oder schrieb SMS und E-Mails, las und ging essen oder shoppen. Ich machte aber nicht richtig Pause, um in mich hineinzuhorchen, und wenn ich es doch einmal tat, dann machte es mir immer ein bisschen Angst. Es musste eine andere, eine bessere Möglichkeit geben. Es musste in Ordnung sein zuzugeben, dass ich müde war und dass es schwer war.

Ich hatte das Gefühl, es war ständig zu merken, dass ich völlig am Rande meiner Kräfte war. Es gefiel mir nicht, wie schon bei kleinsten Kleinigkeiten mein Zorn aufflackerte. Ich wollte nicht von meinem Appetit beherrscht werden. Ich hatte das Gefühl, mich mit Essen, Wein, Menschen, Büchern, Erlebnissen und Aktivitäten richtiggehend zu betäuben. Ich war unglaublich produktiv, so wie die Batteriehäschen aus der Werbung, aber selbst wenn ich todmüde war, konsumierte ich noch: Wein, Fernsehsendungen, Zeitschriften oder Bücher.

Es war ein ständiges Schlemmen ohne jegliches Fasten zwischendurch – immer nur Lärm und Kontakte, pausenlose Aktivität ohne Ruhe, Raum und Stille für mich. Es war immer nur Licht und Sprache und Bewegung, aber innerlich war ich so unendlich müde. Ich war so müde, dass ich nur noch ganz laute Musik hören und ganz intensive Aromen schmecken konnte – immer mehr und mehr und mehr. Intensität, Intensität, Intensität. Bei einer Veranstaltung leckte ich noch auf dem Weg zum Podium die Creme von einem Cupcake ab, hatte den Mund noch voll mit Zucker und Butter, als ich die Treppe zum

Rednerpult hinaufging. Ich vergaß völlig meine Manieren und war nicht mehr in der Lage, mein Tempo zu drosseln.

Bei mir ist es oft so, dass, wenn ich glaube, ich hätte Hunger, ich eigentlich gar nichts zu essen haben möchte, sondern viel lieber, dass jemand zu mir sagt: „Du hast genug getan. Es ist völlig in Ordnung, dass du müde bist. Du darfst Pause machen. Ich kümmere mich jetzt um dich. Ich sehe ja, wie sehr du dich anstrengst." Aber das kann nur von Gott kommen.

Meine Aufgabe besteht im Moment nur darin, diese Worte ganz tief in mich hineinsinken zu lassen und mir selbst die Erlaubnis zu geben, müde, schwach und bedürftig zu sein.

Wenn ich an den wenigen Tagen, an denen ich nicht unterwegs war, zu spüren begann, wie müde ich tatsächlich war, wünschte ich mir eigentlich nur von Herzen etwas Gemächlichkeit. Ich wünschte mir Vertrautheit, Wärme und gemeinsame Erinnerungen. Das Allerschönste waren dann faule Vormittage mit Henry. Dann blieben wir bis zum späten Nachmittag im Schlafanzug und zum Frühstück machte ich immer das Gleiche, um irgendwie für einen Rhythmus und für Stabilität zu sorgen.

Zuerst setzte ich Wasser auf und kochte Tee, immer Irish Breakfast Tea. Dann schwitzte ich eine Zwiebel in Olivenöl an, gab in Scheiben geschnittene Geflügelwürstchen dazu, setzte einen kleinen Topf Wasser auf, das ich zum Kochen brachte und in das ich eine Handvoll Quinoa zum Quellen hineingab. Wenn die Quinoa fertig war, schichtete ich sie abwechselnd mit den Wurstscheiben und den Zwiebeln aufeinander und obendrauf kam ein Ei, manchmal gebraten, aber in der Mitte noch weich, manchmal auch als Rührei mit ein paar Krümeln Ziegenkäse vermengt. Das war warm, sättigend und vertraut.

Solche anstrengenden Phasen erlebt jede Frau, zum Beispiel, wenn die Kinder noch klein und die Nächte viel zu kurz und außerdem auch noch ständig unterbrochen sind und die Tage sich ziehen wie Kaugummi; oder wenn bei der Arbeit irgendwelche Termine drücken und es in unserem Alltag dadurch drunter und drüber geht; oder wenn einfach zu viel los ist. Mir hilft in solchen Phasen, in denen alles chaotisch und durcheinander ist, die Einfachheit und Regelmäßigkeit meines Zuhauses, Gebet am Morgen und Tee und Quinoa zum Frühstück.

Bis heute muss ich bei schwarzem Tee und dem nussigen Duft von quellender Quinoa, der allein schon heilsam ist, an diese schönen Morgen- und Vormittagsstunden mit Kuscheln und Vorlesen und starkem schwarzem Tee denken. Und an Tagen, an denen ich mich schon morgens überfordert fühle oder sonst irgendwie aus dem Lot bin, lasse ich den üblichen Toast mit Erdnussbutter und den Kaffee stehen und setze Wasser für Tee und Quinoa auf.

Salatrezept aus einem meiner Lieblingsrestaurants, dem „Green Well" in Grand Rapids

Dies ist meine Version meines Lieblingssalates – dem Michigan Harvest Salad aus dem Restaurant „Green Well", einem meiner liebsten Restaurants in Grand Rapids, dem Ort, an dem wir lange gelebt haben. Ich habe diesen Salat schon als Abendessen mit gegrilltem Hähnchen zubereitet, als Lunch mit Käse und Brot oder als Beilage zu einem deftigen Eintopf. Laut Rezept gehören karamellisierte Walnüsse in den Salat, aber mir persönlich ist das ein bisschen zu süß, also lasse ich sie weg oder röste sie einfach nur ohne Fett in der Pfanne an – das gibt dem Salat eine schöne

Note. Und noch ein praktischer Tipp: Die Zwiebeln karamellisiere ich gern schon etwas früher, damit am Ende der Salat nicht schon längst fertig ist und ich ungeduldig werde, weil die Zwiebeln so lange brauchen.

Zu meinen liebsten Essen in diesem Jahr gehört ein Mittagessen mit meinen Lektorinnen Angela und Carolyn. Sie kamen mit dem Flieger aus Jackson, Mississippi, beziehungsweise Eugene, Oregon, und nach ihrem Eintreffen bei mir zu Hause genossen wir an einem runden Tischchen im Wohnzimmer einen Imbiss als kleine Stärkung, bevor wir mit der Arbeit begannen. Es gab den besagten Green-Well-Salat, irischen Käse, knuspriges Vollkornbrot und einen kleinen Teller mit Kokosmacarons.

ZUTATEN

Ca. 500 Gramm gemischte grüne Salate
2 Zwiebeln, in feine Ringe geschnitten
1 Teelöffel Butter
2 Birnen, in Scheiben geschnitten
2 Cups (250 g) rote Trauben, halbiert
1 Cup (150 g) getrocknete Kirschen, wenn sie groß sind, gehackt
1 Cup (120 g) Walnüsse, grob gehackt
100 g Ziegenkäse, zerkrümelt

AHORNSIRUPVINAIGRETTE

1 Esslöffel Ahornsirup
1 Esslöffel Dijonsenf
1/4 Cup (60 ml) Balsamico
1/2 Cup (120 ml) Olivenöl
Salz und Pfeffer nach Geschmack

ZUBEREITUNG

Am besten mit dem Bräunen der Zwiebeln beginnen.

Die Zwiebeln in sehr feine Ringe schneiden und in einem Teelöffel Butter anschwitzen, bis sie intensiv gebräunt sind.

VINAIGRETTE

Einen Esslöffel Dijonsenf in ein leeres Marmeladenglas geben und Balsamico, Ahornsirup, Salz und Pfeffer hinzufügen. Das Glas verschließen und alles gut durchschütteln. Jetzt das Öl dazugeben und noch einmal kräftig durchschütteln. Die Vinaigrette abschmecken und gegebenenfalls nachwürzen, dann das Dressing beiseitestellen.

SALAT

Die Salate mit der Hälfte der Vinaigrette vermischen, erst dann die übrigen Zutaten und den Rest des Dressings dazugeben und unterheben.

Wenn der Salat aber als Hauptmahlzeit serviert werden soll, kann man zusätzlich noch eine bis zwei Tassen gegartes Hühnchenfleisch dazugeben.

Ergibt 4–6 Portionen.

Kolibri

Irgendwann gaben Aaron und ich unsere Versuche auf, schwanger zu werden, weil es mich wahnsinnig machte und mir außerdem Monat für Monat wieder das Herz brach. Ich musste unbedingt einmal für eine Weile aus diesem Hamsterrad heraus, weil mir darin schwindelig wurde und mein seelisches Gleichgewicht vollkommen aus der Bahn geraten war. Ich hatte zwar mit meinem Arzt einen Termin vereinbart, um die nächsten Schritte (weiter reichende Schritte) einer Fruchtbarkeitsbehandlung zu besprechen, aber dieser Termin lag noch in weiter Ferne.

Aus irgendeinem Grund – ich weiß auch nicht wieso – machte ich eines Tages an einem trüben Morgen einen Schwangerschaftstest. Die Leute, die Schwangerschaftstests verkaufen, müssen einen gewaltigen Reibach machen, weil es Leute wie mich gibt, die so verrückt und verzweifelt sind, dass sie völlig grundlos alle sechs Minuten einen Test machen nur für den Fall, dass sie vielleicht doch seit dem letzten Test schwanger geworden sein könnten oder die letzten vierundzwanzig Tests vielleicht fehlerhaft waren. Auch für mich war es eine Zeit lang genauso normal, morgens einen Schwangerschaftstest zu machen, wie mir die Zähne zu putzen.

Irgendwann merkte ich, dass das Durchführen eines Schwangerschaftstests eine Methode war, den Luftballon der Hoffnung auf ein Kind zum Platzen zu bringen und das Träumen zu beenden. Wenn ich das nicht tat, dann stieg dieser Ballon ohne irgendwelche Beweise in immer höhere Sphären, und wenn er erst dann wieder abstürzte, tat das einfach zu weh. Im Grunde machte ich all diese Schwangerschaftstests, um nicht zu viel zu hoffen, denn das Hoffen und die regelmäßig darauffolgende Enttäuschung brachen mir das Herz.

Doch an dem besagten frühen Morgen war der Test positiv. Knallblau und eindeutig positiv. Ich weckte Aaron, der noch tief und fest schlief, und mir war klar, dass unsere Geschichte absolut dem gängigen Klischee entsprach, über das ich mich bis dahin immer aufgeregt hatte.

Irgendwie kam mir die ganze Situation völlig unwirklich vor, und die ersten beiden Dinge, die ich zu Aaron sagte, waren: „Danke, Gott" und: „Was für ein Klischee!"

Ungefähr eine Million Menschen hatten mir bereits gesagt, dass ich bestimmt schwanger würde, sobald ich aufhörte, daran zu denken und vor allem mir Sorgen darüber zu machen. Dann würde es einfach von selbst passieren. So etwas zu sagen, ist, als würde man einem Ertrinkenden raten, er solle sich doch einfach ein bisschen entspannen und das Wasser die Arbeit machen lassen, es werde ihn schon tragen. Wie so etwas ausgeht, wusste ich jedenfalls zur Genüge. Es macht einen unglaublich wütend, wenn man immer wieder zu hören bekommt, dass man aufhören soll, sich über etwas Gedanken zu machen, damit das passieren kann, was einem so unglaublich wichtig ist.

Und trotzdem, trotzdem war es bei mir ganz genauso – wie auch bei vielen meiner Freundinnen und vielen Frauen allgemein –, dass es zum Klischee geworden ist. Wir hatten aufgehört, es „zu versuchen", hatten Schluss gemacht mit den Zyklustabellen und dem Tagezählen. Ich hatte keinen Nerv mehr gehabt zu rechnen.

Und genauso entsprach es auch dem Klischee, dass ich gerade mit meinem Arzt einen Termin für die nächsten Schritte der Fruchtbarkeitsbehandlung vereinbart hatte. Jeder kennt jemanden, der in dem Moment schwanger geworden ist, als der Termin zur Fruchtbarkeitsbehandlung feststand. Was diesen Punkt angeht, würde ich aufgrund dessen, was ich in diesem Zusammenhang schon alles miterlebt habe, beim Wunsch nach einem weiteren Kind gar nichts mehr probieren, sondern einfach einen Arzttermin vereinbaren. Das müsste eigentlich reichen.

Als ich erfuhr, dass ich mit Henry schwanger war, empfand ich die pure Freude. Und als dieses Mal feststand, dass ich schwanger war, empfand ich zunächst für Sekundenbruchteile ebenfalls diese tiefe Freude, aber dann folgte sofort die Angst. Im Grunde hätte ich ab diesem Zeitpunkt am liebsten in einer Luftblase gelebt und wäre 24 Stunden am Tag an einem Ultraschallgerät angeschlossen gewesen, damit ich immer die Gewissheit hatte, dass es dem Baby gut ging. Ich war gleichzeitig überglücklich und hatte schreckliche Angst. Ich betete, aber auf eine fast manische Art in Form eines stetigen, lauten *Bitte-bitte-bitte-bitte*-Singsangs.

Als mir bei der ersten Vorsorgeuntersuchung für die Routinetests Blut abgenommen werden sollte, weinte ich schon im Wartezimmer, und zwar nicht wegen der Blutentnahme, sondern weil es schon so lange her war, dass ich wegen etwas anderem als schlechten Nachrichten in einer Arztpraxis gewesen war, und weil meine Nerven so angespannt waren, dass mir all meine Angst und meine Befürchtungen in Form von Tränen aus den Augen liefen.

Seit meinen Fehlgeburten gehöre ich zu den Patientinnen, die Ärzte und medizinisches Fachpersonal wahnsinnig machen, weil sie einfach zu viel über die finstere Seite dieser

Angelegenheit wissen. Ich weiß, was „Wir werden sehen“ und „Hmmm“ während einer Ultraschalluntersuchung bedeuten. Und am allerschlimmsten ist das Schweigen. Ich weiß, was dieses unheilvolle Schweigen zu bedeuten hat. Schweigen bedeutet immer, immer etwas Schlimmes.

Die Arzthelferin wollte mir einfach nur Blut abnehmen, aber ich wollte noch einmal mit ihr durchsprechen, worauf das Blut untersucht werden sollte. Ich rasselte alle Einzelheiten meiner Fehlgeburten herunter, in welcher Woche, woran es gelegen hatte, welche Untersuchungen damals durchgeführt worden waren und den ungefähren HCG- und Progesteronwert, der zu diesem Zeitpunkt vorhanden sein sollte – als hätte sie das nicht selbst gewusst. Als könnte sie an Reagenzgläsern mit Blut etwas ablesen, während ich sie mit meinen Ängsten und irgendwelchen Informationen bombardierte.

Meine Cousine, die ebenfalls ein gesundes Kind hatte und danach drei Fehlgeburten gehabt hatte, war zu diesem Zeitpunkt auch wieder schwanger. Als wir eines Abends alle um unseren Tisch versammelt waren, fragte mich eine Freundin, ob ich nervös sei.

Ich sagte: „Ja klar bin ich nervös, aber das wird bestimmt bald besser.“ Und dann gab ich die Frage an Mel weiter mit den Worten: „Wann ist es bei dir denn besser geworden, Mel?“

Worauf sie antwortete: „Ich wünschte, ich könnte dir etwas anderes sagen, aber ich habe jeden einzelnen Tag Angst. Wir wissen einfach zu viel. Wir wissen, was alles passieren kann.“

Und sie hatte so recht. Bei jeder der letzten drei Schwangerschaften war ich eigentlich vom ersten Moment an bereit gewesen zu feiern. Bei Henry war das ganz leicht – da ist eigentlich alles ganz leicht gewesen. Ich bin ganz leicht schwanger geworden, es ist ganz leicht und unkompliziert gewesen, schwanger zu bleiben, und auch die Geburt ist leicht gewesen.

Bei der zweiten Schwangerschaft ging ich davon aus, dass es wieder so werden würde, und war dann völlig fassungslos, als sich bei der Ultraschalluntersuchung herausstellte, dass es schwerwiegende Komplikationen gab.

Bei der dritten Schwangerschaft war ich zunächst nur so lange nervös, bis eine weitere molare Schwangerschaft ausgeschlossen werden konnte, und als das dann der Fall war, machte ich mir über mögliche andere Probleme gar keine Gedanken mehr.

In der vierten Schwangerschaft stellte ich fest, dass ich mir Sorgen machte, betete, die Tage zählte und jeden Abend dankbar war, dass ich wieder einen Tag geschafft hatte. Jeder Tag, der ohne Blutung und ohne Schmerzen verging, war wie ein Geschenk für mich. Als ich zum ersten Mal morgens mit Übelkeit aufwachte, war ich total begeistert.

Unsere Eltern wollten sofort über Namen reden, um ihn beziehungsweise sie gleich in die Familie aufzunehmen, aber ich brauchte erst Testergebnisse und eine Ultraschalluntersuchung und danach noch eine. Ich brauchte Tage und Wochen – vielleicht sogar Monate.

Ich war unendlich dankbar, hatte aber auch schreckliche Angst. Ich hatte zwar schon Fehlgeburten überstanden und wusste, dass ich auch eine weitere überstehen würde, aber gleichzeitig mochte ich nicht daran denken, diese Trauer, die körperlichen Schmerzen, das Heilwerden, das Warten und Wiederversuchen noch einmal durchmachen zu müssen. Und deshalb sprach ich eben immer und immer wieder meine Gebete, und wenn ich nachts im Bett lag, dankte ich unablässig für einen weiteren Tag meiner Schwangerschaft. Das war alles, was ich tun konnte. In meinem Herzen war noch kein Baby, sondern eher eine Verheißung, etwas, das wahr werden konnte, es aber noch nicht war.

Ich bekam von den Ärzten viele zusätzliche Kontrolltermine verordnet, es wurden eine Unmenge Ultraschalluntersuchungen durchgeführt, und man versicherte mir, dass wirklich alles in Ordnung sei.

Am Valentinstag gingen wir mit guten Freunden ins „Table Fifty-Two", das Restaurant des bekannten Küchenchefs Art Smith in Chicago. In diesem Lokal hat man eher das Gefühl, bei jemandem zu Hause zu Besuch zu sein als in einem Restaurant, und zwar im besten Sinne. Wir aßen unglaublich gute kleine, weiche Ziegenkäsebrötchen aus einer gusseisernen Pfanne, gebratenes Hühnchen und zum Dessert Kolibri-Kuchen. Wir lachten miteinander, erzählten uns Geschichten und erlebten mit, wie ein junger Mann seiner Freundin einen Heiratsantrag machte. Ich trank hausgemachte Ingwerlimonade und legte unter dem Tisch meine Hand auf meinen Bauch und dachte: *Leben, Leben, Leben, kleiner als ein Kolibri.*

Und am nächsten Morgen blutete ich. Innerhalb von Sekundenbruchteilen fiel die Tür meines Herzens zu und blieb verschlossen wie eine Tresortür – unbezwingbar. Auf dem Ultraschallbild war eine Blutung zu erkennen. Die ganze Situation kam mir so unglaublich bekannt vor. Die Anzahl der schlimmen Untersuchungstermine, die ich erlebt hatte, überwog bei Weitem die der guten, und während die guten schön waren, solange es sie gab, waren die schlimmen Termine vertraut.

Die Chance, dass die Blutung noch stärker werden und das Baby sie nicht überleben würde, stand 50 zu 50.

Für mich war 50 zu 50 im Grunde gleichbedeutend mit null und deshalb begann ich zu trauern. Ich wusste doch, wie die Geschichte ausgehen würde. Fast auf den Tag genau ein Jahr zuvor war ich aus demselben Grund bei demselben Arzt gewesen. Vor beinah auf den Tag genau einem Jahr hatte ich ebenfalls geblutet, hatte über den Verlust einer der Zwillinge getrauert, mit denen ich schwanger gewesen war, und auf eine Aussage darüber gewartet, was mit dem anderen Zwilling war. Wie zu erwarten, war auch das eine schlimme Nachricht gewesen. Deshalb konnte ich mir auch einfach nicht vorstellen, dass es diesmal anders ausgehen würde.

Mein Mann und meine Eltern erinnerten mich daran, dass 50 zu 50 eigentlich keine schlechte Prognose sei, aber ich konnte das nicht so sehen. Ich bat um Hilfe und Gebet von einem eng befreundeten Ehepaar, weil ich selbst nicht mit Zuversicht und Vertrauen beten konnte. Während ich also trauerte, beteten sie an meiner Stelle, und ich war ihnen so dankbar. Ich war dankbar für all die Gebete unserer Gemeinschaft – für Menschen, die voller Glauben und mutig und erwartungsvoll beten konnten, während ich nichts als Angst empfinden konnte.

Ich hätte auch beten sollen, und das tat ich auch, aber es waren stümperhafte, verzweifelte Gebete, die geprägt waren von Zorn und durchsetzt mit Vorwürfen und schlimmen Erinnerungen. Meine Gebete waren wie schmutzige, zerfetzte Lumpen, befleckt von meinen schlimmsten Erinnerungen an etwas, das sich jetzt wieder ganz genauso schlimm anfühlte.

Der Arzt sagte, man könne nichts weiter tun, als abzuwarten und ich solle mich möglichst ruhig verhalten. Wenn ich zu aktiv sei, könne die Blutung sich verschlimmern und das Baby schädigen. Mehr brauchte er gar nicht zu sagen, damit ich mich augenblicklich auf unser Sofa legte und dort wochenlang verharrte. Ich hätte für dieses Baby alles getan. Und obwohl mir eine befreundete Ärztin erklärte, Ärzte würden meist nur Ruhe verordnen, damit angespannte und ängstliche Schwangere das Gefühl hätten, überhaupt etwas tun zu können, selbst wenn es medizinisch gar nichts änderte, hielt ich mich fast sklavisch an diese Anweisung. Ich verhielt mich ruhig wie eine

Weltmeisterin. Wenn Ruhe eine olympische Disziplin gewesen wäre, hätte ich in dieser Phase auf jeden Fall eine Goldmedaille darin errungen.

Unsere Freunde schenkten mir Blumen, brachten Suppe und Enchiladas vorbei und halfen bei der Betreuung von Henry.

An einem Wochenende kam meine Freundin Emily zu Besuch, die ebenfalls schwanger war, um mir auf dem Sofa Gesellschaft zu leisten, und dann sorgte ein Eis- und Schneesturm in ihrer Heimatstadt dafür, dass sie noch ein paar wunderschöne, lustige zusätzliche Tage bei uns bleiben musste.

Wir verbrachten gefühlt tausend Stunden in unserem Wohnzimmer, lasen Zeitschriften, schauten Filme, bestellten uns Essen und malten mit Henry. Manchmal redeten wir über die Angst, über die Blutung und über das Baby, manchmal auch über Mode und Ehe und Erinnerungen an eine gemeinsame Zeit am See. Als ich meinen nächsten Vorsorgetermin hatte, war Emily noch da, und sie kam mir schon an der Tür entgegen, als ich nach Hause kam. Sie war unglaublich nervös und den Tränen nah.

Sehr gute Nachrichten, sagte ich zu ihr, die bestmöglichen. Die Blutung sei verschwunden und alles in Ordnung. Ich konnte es selbst kaum fassen. Der Arzt hatte gesagt, er habe noch nie einen Bluterguss so schnell verschwinden sehen. Emily und ich weinten und umarmten uns so gut es mit unseren schwangeren Bäuchen ging, und dann überredeten wir Kristi, sich mit uns bei „Francesca's" zum Lunch zu treffen. Dort wollten wir bei Pizza und Pasta, Brot und Käse die guten Neuigkeiten, die Hoffnung und die Erleichterung feiern.

Unser kleiner Kolibri schlug noch mit seinen kleinen Flügelchen, und obwohl meine Angst nach wie vor immer wieder wie kleine Bomben in meinem Inneren explodierte, wagten es die empfindlichen und gebrochenen Flügel meines Herzens doch zu schlagen. Und neben all der Angst und all der Dankbarkeit verspürte ich einen richtig großen Hoffnungsschub.

Weiche Ziegenkäsebrötchen

In Art Smiths bezauberndem Restaurant „Table Fifty-Two" werden diese köstlich buttrigen und würzigen Brötchen statt Brot vor dem Essen serviert. Wenn ich sie für mich selbst backe, dann esse ich sie mit Erdbeermarmelade – das perfekte Frühstück. Zu einem Glas Prosecco dagegen sind sie ein perfekter Appetithappen zur Begrüßung von Gästen.

Das Originalrezept enthält Buttermilch und Mehl, in dem schon Backpulver enthalten ist, beides Zutaten, die ich selten im Haus habe. Als ich diese Brötchen an einem trüben Samstagmorgen unbedingt ausprobieren wollte, war beides nicht da, aber Ziegenkäse und eine gusseiserne Form waren vorhanden, und ich war wild entschlossen, diese Brötchen zu backen. Statt der Fertigmischung mischte ich also Backpulver, Mehl und Salz und statt der Buttermilch nahm ich Joghurt. Die Brötchen wurden so köstlich, dass ich sie jetzt immer so mache.

ZUTATEN

2 Cups (200 g) Mehl
3 Teelöffel Backpulver
2 Teelöffel Salz
1 Cup (250 g) Joghurt
6 Esslöffel kalte Butter, in Flocken
4 Esslöffel Ziegenkäse, zerbröckelt
1/4 Cup (60 g) Parmesankäse, gerieben

ZUBEREITUNG

Den Backofen auf 220 Grad vorheizen und dabei von Anfang an eine gusseiserne Pfanne (28 cm) miterhitzen.

Das Mehl-Backpulver-Salzgemisch in eine mittelgroße Schüssel geben. Danach vier Esslöffel klein gewürfelte Butter, den Joghurt und den Ziegenkäse hinzufügen. Rühren, bis alles gut durchmischt und nicht zu trocken ist. Wenn nötig, noch einen Esslöffel Joghurt dazugeben.

Die gusseiserne Pfanne aus dem Ofen nehmen und einen Esslöffel Butter hineingeben. Wenn die Butter geschmolzen ist, aus dem Teig 12 Brötchen etwa in der Größe von Golfbällen formen und sie nebeneinander in die Form legen. Es wird für die zwölf Freunde vielleicht ein bisschen eng dort, aber das macht nichts. Ich lege sie normalerweise einmal kreisförmig am Rand der Pfanne entlang und dann noch drei in die Mitte.

Jetzt die zwölf Brötchen mit geschmolzener Butter einpinseln und 14 bis 16 Minuten backen, bis die Oberfläche goldgelb ist. Aus dem Ofen nehmen und mit geriebenem Parmesan bestreuen.

Man kann statt der Tasse Joghurt auch eine Tasse Buttermilch nehmen.

Teil 2

Sie sprechen vor dem Essen ein Dankgebet.
In Ordnung. Aber ich spreche vor dem Konzert
ein Dankgebet oder vor der Oper, vor dem Theater
oder vor der Pantomime. Ich danke, bevor ich
ein Buch öffne und bevor ich zeichne, male,
schwimme, fechte, boxe, gehe, spiele und tanze –
auch bevor ich meine Feder ins Tintenfass tauche,
spreche ich ein Dankgebet.

G. K. Chesterton (1874–1936)

Lecker ist es überall

Mit zu dem Schönsten an meiner Kindheit gehörte, dass mein Vater mich auf seine Reisen mitnahm. Er arbeitete zwar meistens in der Gemeinde, in der er predigte und die Mitarbeiter leitete und schulte, aber manchmal besuchte er auch andere Gemeinden, um mit den dortigen Pastoren über die Themen Glauben und Leiterschaft zu reden und darüber, was für ein Vorrecht es für einen Menschen ist, am Bau des Reiches Gottes beteiligt zu sein.

In meiner Grundschulzeit habe ich meinen Vater dabei durch die gesamten Vereinigten Staaten begleitet. Als ich in der Junior High School war, also zwischen 12 und 15, war ich mit ihm in Frankreich, Spanien und Deutschland sowie in Indien und Australien. Er hatte dann immer sehr viel zu tun und jede Menge Termine. So kam es, dass ich, während er arbeitete, die Gegend erkundete und aß. Wir frühstückten morgens zusammen im Hotel, und anschließend bekam ich jeden Tag eine spezielle Aufgabe, die ich erledigen musste.

Er sagte beispielsweise: „Okay, Sydney ist für guten Fisch und Meeresfrüchte bekannt. Ich möchte also heute im besten Sushi-Restaurant, das du finden kannst, zu Abend essen." Oder er sagte: „Finde heraus, was die Einheimischen in Malaga so essen." Oder: „Suche uns ein tolles Restaurant in Frankfurt aus."

Auf diese Weise habe ich viele Städte ganz allein erkundet, bin über Märkte gebummelt und durch Läden, Museen und Parks geschlendert. Mir gefiel die Herausforderung, mit den öffentlichen Verkehrsmitteln fremder Städte zurechtzukommen und immer wieder neue Viertel zu entdecken oder in Cafés die Gespräche der Menschen mitzuhören.

Manchmal sind Leute richtig entsetzt, wenn sie hören, dass ich schon als junger Teenager auf der ganzen Welt in Großstädten allein unterwegs gewesen bin, aber ich habe dabei fast nur gute Erfahrungen gemacht. Die Menschen waren meist sehr nett und hilfsbereit, nur einmal wurde mir das Portemonnaie gestohlen, und zwar ohne Gewaltanwendung. Ich hoffe jetzt, dass meine Kinder einmal die Welt genauso groß und wundervoll finden werden, wie ich sie finde – und das nicht zuletzt wegen der vielen Reisen, die ich schon in ganz jungen Jahren machen konnte.

Die Aufgaben, die ich morgens von meinem Vater gestellt bekam, hatten eigentlich immer etwas mit Essen zu tun, aber als ich auf einer Reise nach Europa einmal die einzige Jugendliche und auch noch die einzige weibliche Person in der Gruppe der Kollegen meines Vaters und der Tag unserer Rückkehr nach Chicago der 14. Februar – also Valentinstag – war, fragte ich all diese Männer, was sie ihren Frauen mitbringen wollten. Ratlos schauten sie mich an, und dann gaben sie mir wortlos Geldbeträge, für die ich in Südspanien alle möglichen romantischen Geschenke kaufte. Ihnen war geholfen – ich konnte regelrecht ihre Erleichterung spüren –, und mir machte es einen Riesenspaß, Schmuck, Keramikvasen und Schals auszusuchen.

Wenn man möchte, kann man heutzutage ins Ausland reisen, ohne überhaupt die Speisen der Einheimischen zu probieren. McDonald's gibt es praktisch überall, und eine Cola bekommt man im Busch von Uganda genauso leicht wie mitten in Chicago oder Amsterdam. Aber wenn ich mit meinem Vater unterwegs war, dann gehörte zu seinen Grundsätzen, dass wir das Gleiche aßen wie die Einheimischen und alles, was uns angeboten wurde – egal, wo wir waren. Wir bekamen ein Gefühl für den Geschmack des jeweiligen Landes, indem wir die landestypischen Speisen aßen. So wurde das Essen zu unserem Weg, das fremde Land besser zu verstehen, und zwar mehr, als es Museen oder Geschichtsstunden je hätten vermitteln können.

Meine Erinnerungen an die Orte, an denen ich gewesen bin, sind ganz stark mit meinen Sinnen verbunden, besonders mit dem Geschmacks- und Geruchssinn. Malaga an der Südküste von Spanien ist für mich eine scharfe Suppe mit Muscheln und Fisch und viel Knoblauch, die uns unser Gastgeber gegen Mitternacht servierte, und anschließend der Geruch des Weinbrands, den die Männer nach dem Essen auf dem Balkon tranken. Indien ist starker, süßer Tee, lockerer Reis, warmes Naan, das vor Butter trieft, Mangosaft und Vanillepudding. Nairobi ist ein im Ganzen gegrillter Fisch und Fanta. Paris wiederum ist Café au Lait und Baguette.

Die Erinnerung an all diese Orte ist ganz stark mit meinem Geschmacks- und Geruchssinn verknüpft und bis heute erinnere ich mich bei bestimmten Gerüchen sofort wieder an ferne Orte wie Bath, Berlin oder Bethlehem.

Während meiner Collegezeit habe ich den größten Teil eines Herbstsemesters in England, Irland und Schottland verbracht. Unsere Zeit dort war fantastisch – besonders wegen des Theaters, der Literatur und der Geschichte! Das Essen war allerdings nicht ganz so fantastisch. Ich weiß, dass die Restaurantszene in London sich mittlerweile gemausert hat und man dort inzwischen ganz hervorragend essen kann, sodass der schlechte Ruf der britischen Küche langsam rehabilitiert ist, aber ich war dort, bevor diese Entwicklung begann. Außerdem hatten wir kaum Geld und wurden überwiegend von den Nonnen bekocht, von denen das Anwesen aus dem 15. Jahrhundert, in dem wir untergebracht waren, betrieben wurde. Sie waren einmalig darin, Lebensmittel zu strecken, aber das Würzen war offenbar nicht ihre Stärke.

Wenn wir „zu Hause“ bei den Nonnen waren, bekamen wir mittags gekochtes Gemüse und fanden die Reste von diesem Gemüse dann abends in der Suppe wieder. Wir zwangen uns nur deshalb, die Suppe zu essen, weil wir befürchteten, sonst dem Gemüse noch in einer dritten Verwertungsform wieder zu begegnen.

Als Studenten bestellten wir immer erst die Getränke, wenn wir essen gingen. Wenn dann noch Geld übrig war, kauften wir durchweichten frittierten Fisch und Sandwichs, deren Hauptbestandteil Mayonnaise war. Diese Zeit in England war jedenfalls keine Phase kulinarischer Offenbarungen.

Und dann kam Israel. Am Ende dieses besagten Semesters in England, es war mittlerweile Dezember, landeten wir eines Nachts in Tel Aviv. Die Luft war noch warm, und unsere Unterkunft lag direkt am Wasser, sodass wir nur schnell unsere Taschen abstellten und anschließend in voller Bekleidung unter dem schwarzen Nachthimmel in der donnernden Brandung schwimmen gingen. Unsere erste Mahlzeit am nächsten Morgen war dann eine echte Offenbarung.

Unsere Gastgeber hatten Platten mit Hummus, Oliven, Eiern, Salat, Tomaten, Feigen und Honig hergerichtet. Nach so vielen Monaten, in denen wir uns überwiegend drinnen oder in feuchtkalter Umgebung aufgehalten hatten, saßen wir an diesem Morgen bei unserem Frühstück im Freien, und die Luft war warm und trocken. Es roch nach Oliven und das Essen war frisch und einfach und wunderschön. Es schmeckte wie die Sonne, wie die Erde, wie das Essen, das die Menschen dort schon vor tausend Jahren gegessen hatten, und genauso war es ja auch wirklich.

In dem Sommer bevor Henry geboren wurde, reisten wir mit der Familie und Freunden durch Italien. In Positano aßen wir grüne Oliven, tranken Bellinis mit dickem, weißem Pfirsichpüree und schauten dabei hinaus aufs Mittelmeer. Wir aßen Pizza, deren Boden dünn war wie Papier, und frittierte, mit Ricotta gefüllte Zucchiniblüten, die gleichzeitig mächtig und ganz leicht schmeckten.

Auf dieser Reise habe ich dann auf der Insel Capri in einem Restaurant namens „Da Paolino Lemon Trees“ das beste Essen meines Lebens gegessen. Wir saßen mit unserer Familie und Freunden an einem runden Tisch unter einem Zitronenbaum, dessen Zweige so tief herunterhingen und so dicht waren, dass sie wie ein Baldachin wirkten. In dem dichten Laub hingen Hunderte von kleinen Laternen und brachten den ganzen Außenbereich zum Funkeln, weil sie leise im Wind schaukelten.

Es gab für alle an unserem Tisch gemeinsam einen gegrillten Fisch mit Zitronenscheiben und frischen Kräutern, der am Tisch zerlegt wurde, und dazu hausgemachte Hummerravioli, in denen das frische Hummerfleisch so süß war, als wäre Zucker daran. Was mich aber wirklich umhaute – und wofür dieses Restaurant so berühmt ist, außer für den Zitronenbaumbaldachin –, war das Antipasti- und das Dessertbüfett. Es war auf zwei gewaltigen Holztischen aufgebaut, auf denen Unmengen von vollen Platten standen, die wie ein Puzzle arrangiert waren, damit sie auch alle auf die Tische passten. Auf dem einen Tisch standen Käse, verschiedene Pastagerichte und gegrilltes und mariniertes Gemüse, auf dem anderen befanden sich Platten mit jeder erdenklichen Obstsorte und jeder Kuchensorte, die man sich nur vorstellen kann. Als Krönung und in der Mitte dieses wunderschönen Nachspeisenbüfetts stand eine Schüssel mit dicken Brombeeren, die fast so groß waren wie Pflaumen, und eine Schüssel mit Schlagsahne – einfach und richtig dekadent zugleich.

Ich habe immer noch den Geschmack des kleinen Gläschens Limoncello auf der Zunge, das uns ganz zum Schluss nach dem Essen serviert wurde. Und ich erinnere mich noch ganz genau an diesen Hauch von Kühle in der Luft, als wir die kurvige Straße zum Jachthafen wieder hinunterfuhren. Ich fand in diesem Moment die Welt so schön, dass ich es kaum aushalten konnte. Und ich empfand eine unendliche Dankbarkeit für diese Bäume mit den Laternen darin, die riesigen runden Tische und die Schüssel mit den Brombeeren.

An meinem fünfunddreißigsten Geburtstag saßen wir mit lieben Freunden an einem runden Tisch mit Blick auf den Hafen in einem Lokal in Edgartown auf der Insel Martha's Vineyard. Wir hatten uns dort zum Mittag Schüsseln mit heißen, salzigen, getrüffelten Pommes geteilt, und ich hatte mir einen Wassermelonen-Feta-Salat mit Rucola und Minze bestellt, in dem die Fetastücke einen cremigen und würzigen Kontrast zur Süße der Wassermelonen bildeten.

Als es dunkel wurde, fuhren wir nach Oak Bluffs, einem kleinen Ort auf der Insel, in dem einmal im Jahr die kleinen historischen, bunt gestrichenen und kunstvoll verzierten Holzhäuser, die wie Lebkuchenhäuser aussehen, mit Lampions und Lichterketten beleuchtet werden. Diese Häuser liegen in einer verwinkelten Gegend mit engen Gassen mitten im Ort, und mittendrin steht ein offener Pavillon, der seit dem Bürgerkrieg immer wieder Schauplatz von Erweckungsveranstaltungen der methodistischen Kirche gewesen ist. Wenn einmal jährlich das Stadtviertel in festlicher Beleuchtung erstrahlt, versammeln sich die Menschen um diesen Pavillon herum, machen es sich auf Decken und Strandlaken bequem, und wenn das offizielle Programm beendet ist, geht bei all den kleinen Häusern gleichzeitig die Außenbeleuchtung an. Dann erstrahlen dort Hunderte von Lampen und Lichtern, und die Menschen spazieren durch die engen Gassen, wählen ihr Lieblingshaus und begrüßen Nachbarn und alte Freunde.

Ich war vorgewarnt worden, dass der fünfunddreißigste Geburtstag ziemlich schwierig sein kann, und hatte mich deshalb innerlich gewappnet, aber als wir mit der Fähre von der Insel zurück nach Cape Cod fuhren und die unzähligen Lichter von Oak Bluffs langsam am Horizont verblassten, dafür aber die Sterne am Himmel funkelten und sich im Wasser spiegelten, empfand ich eine solche Dankbarkeit, dass mir die Tränen kamen. Ich saß ganz nah an der Reling der Fähre, hatte einen wunderschönen Blick auf all die vielen funkelnden Lichter und immer noch den Geschmack des würzigen Fetas und der süßen Wassermelone auf der Zunge.

Ich trage all diese unterschiedlichen Orte mit ihren Düften und Aromen bei mir wie eine Handvoll glänzender Münzen, wie eines dieser Armbänder mit vielen kleinen Anhängern aus aller Welt. Am liebsten wäre ich überall gleichzeitig. Ich möchte ein englisches Frühstück in einem Pub in London verspeisen und heißes, buttriges Naanbrot in Neu Delhi zum Lunch. Ich möchte Muschelfleischkroketten in einer Strandbar auf den Bahamas essen und eine eiskalte Fanta mit Blick auf den Victoriasee trinken. Ich möchte Cowgirl Creamery's Triple Creme Brie im Ferry Plaza Bauernmarkt in San Francisco kaufen und Lebkuchenpfannkuchen im „Magnolia Café" in Austin bestellen. Ich möchte das alles schmecken – all die unterschiedlichen Geschmacksrichtungen, all die Gerüche, all die Geschichten und Erinnerungen und Traditionen, all die verschiedenen

Texturen. Ich möchte, dass mir das alles am Kinn hinuntertrieft und über die Hände rinnt.

Manchmal werde ich gefragt, warum wir so viel reisen, und auch, warum wir Henry so oft auf unsere Reisen mitnehmen. Ich glaube, viele Leute finden es einfacher, mit den Kindern zu Hause zu bleiben, wo sie ihren geregelten Alltag haben, wo sie all die praktischen Dinge zur Hand haben, die sie brauchen, und das ist ja auch absolut verständlich. Zu Hause ist es oft einfacher. Aber wir reisen so viel, weil es Capri gibt und weil es Kenia gibt und weil es Tel Aviv gibt und weil ich das alles sehen und jeden Bissen davon kosten möchte. Wir reisen, weil ich möchte, dass meine Kinder lernen – genau wie ich es gelernt habe –, dass es Millionen unterschiedliche Arten zu leben gibt, eine Million unterschiedliche Arten zu essen, eine Million unterschiedliche Arten, sich zu kleiden, zu sprechen und die Welt zu sehen. Sie sollen lernen, dass „so wie wir es machen" nicht *die* richtige Art ist, sondern nur eine von vielen, dass Kinder auf der ganzen Welt, so unterschiedlich sie auch scheinen, genauso sind wie die Kinder in unserem Viertel – sie spielen gern, sind neugierig und wollen Neues entdecken.

Meine Kinder sollen möglichst aus erster Hand lernen, dass „anders" nicht schlecht ist, sondern dass „anders" spannend und wundervoll ist und es wert, sich die Zeit zu nehmen, es kennenzulernen und zu verstehen. Sie sollen sich möglichst selbst als Kleindarsteller in einem gewaltigen, mitreißenden, wunderschönen Schauspiel sehen und nicht als die Hauptfiguren in einem Drama, das bei uns im Wohnzimmer spielt. Sie sollen so viel wie möglich von der Welt schmecken, riechen und erleben, weil jedes Stückchen davon, jeder Geschmack, jede Struktur und jedes Aroma köstlich ist.

Wassermelone-Feta-Salat

ZUTATEN

8 Cups (1250 g) Wassermelone, gewürfelt
250 Gramm Feta, zerkrümelt
3 Esslöffel frische Minze, gehackt
1/4 rote Zwiebel, fein gewürfelt
250 g Rucola
2 Limetten
1/4 Cup (60 ml) weißer Balsamico oder Weißweinessig
1/2 Cup (120 ml) Olivenöl
Salz und Pfeffer nach Geschmack

ZUBEREITUNG

8 Cups (1250 g) Wassermelone würfeln, die Würfel im Saft einer Limette etwa eine Stunde lang marinieren.

VINAIGRETTE

Frisch gepressten Limettensaft und geriebene Schale der anderen Limette, weißen Balsamico, Olivenöl, Salz und Pfeffer miteinander vermischen.

Kurz vor dem Servieren den Rucola mit der Hälfte des Dressings mischen, dann Wassermelone, Feta, rote Zwiebel und frische Minze mischen. Die Wassermelonenmischung auf den Rucola geben und die restliche Vinaigrette darüberträufeln.

Ergibt 6 bis 8 Portionen.

Jazz und Curry

Ich gehöre nicht zu den Leuten, die nach Rezept kochen. Damit zieht mich meine Mutter gern auf, weil sie weiß, dass bei mir nur am Anfang das Rezept mit seinen Zutaten eine gewisse Relevanz hat, ich aber anschließend scheinbar wahllos schnippele, schütte, salze, pfeffere und Sachen in Töpfe werfe. Ihr gefällt dieser Stil zu kochen nicht besonders, und manchmal muss sie sogar die Küche verlassen, weil mein lockerer Umgang mit den Vorgaben sie nervös macht.

Nun ist es ja aber so, dass ein Rezept manchmal durchaus wichtig sein kann. Wenn man beispielsweise Brot backt und dabei beschließt, dass die Hefe eigentlich gar nicht nötig ist, dann kommt dabei am Ende etwas zwischen einem Pitabrot und einer Pizza heraus. Beim Kochen gibt es einiges, was nicht verhandelbar ist – genau wie im Leben –, aber es ist längst nicht so viel, wie man glaubt. Beim Kochenlernen geht es meiner Meinung nach darum herauszufinden, was unverhandelbar ist, und mit dem Rest dann herumzuexperimentieren. Rezepte sind dazu da, die Regeln zu lernen, und beim Kochen geht es dann darum, diese Regeln wieder zu brechen, damit die Gerichte unserem eigenen Geschmack und unseren Vorlieben entsprechen. Nach Rezept zu kochen, ist wie Tonleitern spielen, kochen ist Jazz.

In einem meiner Lieblingsartikel der Zeitschrift *Food & Wine* schreibt Daniel Duane darüber, wie er einmal gemeinsam mit

Thomas Keller vom „French Laundry“ in Napa Valley gekocht hat.* Keller gehört zu den ganz großen Köchen in Amerika und ist bekannt für seinen an Besessenheit grenzenden Perfektionismus und seine Aufmerksamkeit fürs Detail. Sie können sich also wahrscheinlich vorstellen, dass Daniel Duane damit rechnete, für alles bis ins letzte Detail Anweisungen zu bekommen, als er die Gelegenheit bekam, mit dem Starkoch höchstselbst nach dessen Rezepten zu kochen.

Doch dann kam es ganz anders. Keller forderte Duane auf, das Gericht einmal ganz genau nach dem Rezept zu kochen. Bei einem zweiten Durchgang sollte Duane das Rezept dann nach seinem Geschmack verändern – Schritte, die ihm überflüssig erschienen, weglassen und solche, die ihm notwendig vorkamen, hinzufügen – wie es ihm sinnvoll erschien. Vor einem dritten Kochdurchgang forderte Keller Duane dann auf, das Gericht jetzt ganz ohne Rezept zuzubereiten, nur aus dem Gedächtnis, nach Geschmack und so, wie es für ihn am praktischsten und am besten umzusetzen war. Und an diesem Punkt sagte er: „Jetzt ist es Ihr Rezept.“

Mir gefällt dieser Ansatz beim Kochen sehr und ich finde ihn ebenso einleuchtend wie schlüssig. Rezepte sind beim Kochen wie die Tonleitern, die uns zum Jazz bringen, wie die Stützräder beim Radfahrenlernen.

Am meisten lernen wir durchs Tun, daran führt kein Weg vorbei. Es gibt keinen Ersatz für die Feuerprobe (und das im wahrsten Sinne), in der eigenen Küche zu stehen. Man kann Essen fertig in einer Verpackung kaufen, man kann sich im Fernsehen anschauen, wie jemand kocht, aber es gibt keinen Ersatz für das, was passiert, wenn wir etwas mit den eigenen Händen selbst

---

* Daniel Duane, „Become an Intuitive Cook: Thomas Keller's Cooking Lessons“, *Food & Wine*, December 2010, www.foodandwine.com/articles/become-an-intuitive-cook-thomas-kellers-cooking-lessons.

zubereiten und uns dabei von unseren eigenen Sinnen leiten lassen und von der Liebe zu den Menschen, für die wir kochen.

Sally Sampsons Hühnchen-Curry mit Mango habe ich das erste Mal vor zehn Jahren gekocht und seitdem mindestens tausendmal auf tausend unterschiedliche Arten. Ich habe es Kindern und Großeltern serviert, bei Einladungen zum Lunch und als Festtagsessen. Es gibt unzählige Curryrezepte, von denen manche authentischer sind als andere. Ich will damit gar nicht sagen, dass das authentischste Curryrezept von einer Frau namens Sally Sampson stammt, und ich weiß, dass viele ernsthafte Köche lieber nicht die fertige Currymischung verwenden, sondern lieber ihr selbst gemischtes Currygewürz – sondern ich sage nur, dass dieses Curry wirklich köstlich ist und mein Lieblingscurry.

Es schmeckt auch aufgewärmt hervorragend, lässt sich gut strecken, wenn viele Leute zum Essen kommen, und es fühlt sich ein bisschen ausgefallen und exotisch an, besonders wenn man es am Rand mit viel Basilikum, Koriander und Zitronenzesten bestreut. Es ist laktosefrei und lässt sich auch ganz einfach glutenfrei zubereiten, indem man das Hühnchenfleisch mit braunem Reismehl statt mit Weizenmehl bestäubt. Wenn man keine Mangos zur Verfügung hat, schmeckt es auch toll mit Pfirsichen, und als ich einmal sonst nichts auftreiben konnte, habe ich sogar Mangos aus der Dose verwendet, die ich in einem kleinen Laden im Jachthafen der British Virgin Islands fand. Damals habe ich auch ein ganzes Hühnchen mit Knochen und Haut verwendet, weil es Hähnchen dort nur in dieser Form zu kaufen gab, und auch das hat hervorragend funktioniert.

Ich habe dieses Curry im Laufe der Jahre schon sehr wählerischer entfernter Verwandtschaft serviert und vielen Mitgliedern von Aarons unterschiedlichen Bands. Unser Freund Steve hat es sich sogar in mehreren aufeinanderfolgenden Jahren als Geburtstagsessen gewünscht. Vor Kurzem habe ich es als

Festessen zu einer Verlobung zubereitet, und an diesem Abend hat unser Freund Mark sich so oft einen Nachschlag geholt, dass seine Frau Courtney erst mit ihm geschimpft hat und sich dann das Rezept geben ließ.

Ich habe es für Annettes und Andrews erstes und letztes Essen in unserem Haus in Grand Rapids gekocht – als sie das erste Mal zu Besuch bei uns waren und zu ihrem Abschiedsessen vor ihrem Umzug nach Kalifornien. Als sie vor Jahren auf dem Weg von Paris nach San Diego waren, wo sie damals wohnten, legten sie einen Zwischenstopp ein, um uns in Grand Rapids zu besuchen. Wir hatten an dem Abend Gäste zum Essen da und rechneten eigentlich erst nach der Verabschiedung unserer Dinnergäste mit der Ankunft des Besuchs, aber dann kamen sie ein bisschen früher, und ich musste während des Essens losfahren, um sie am Flughafen abzuholen. Als wir zurückkamen, setzte ich sie direkt zu uns an den Esstisch. Unsere Gäste waren bereits mit dem Essen fertig, also räumten wir das schmutzige Geschirr einfach ab, deckten für Annette und Andrew neu, stellten die Gäste einander vor und schenkten allen Wein nach. Wenn ich an diesen Abend denke, dann gehört er mit zu meinen schönsten Erinnerungen, weil unsere Freunde während des Essens an unserem Tisch ankamen und weil ich selbst so am allerliebsten irgendwo ankommen würde. Wir wussten es zwar damals noch nicht, aber ein Jahr später zogen die beiden dann nach Grand Rapids und verbrachten Hunderte von Abenden an diesem Esstisch.

Also probieren Sie Kellers „Drei-Mal-Plan“ doch einmal aus. Kochen Sie es einmal nach Rezept, dann wissen Sie, wie das Gericht nach der Vorstellung des Rezeptverfassers schmecken soll. Üben Sie Ihre Tonleitern. Dann verändern Sie es nach Ihren Vorlieben und Ihrer Arbeitsweise, sodass es Ihre eigene Rezeptversion wird, und dann kochen Sie es auswendig. Danach ist es dann Ihr eigenes Rezept.

Mango-Hühnchen-Curry*

Ich weiß, dass dieses Rezept schwierig und kompliziert aussieht, weil die Zutatenliste so lang ist, aber die meisten Sachen müssen nur zerkleinert und zusammengegeben werden. Planen Sie genügend Zeit für das Schnippeln ein, aber damit ist das Schwierigste dann auch schon erledigt. Man muss keine kniffligen Techniken beherrschen, versprochen.

Für ein Essen für 10–12 Personen verdopple ich das Rezept und serviere es mit einem ganz einfachen grünen Salat und Fladenbrot – Pita oder Naan. Wir freuen uns immer, wenn etwas übrig bleibt, weil ich finde, dass dieses Curry am nächsten Tag aufgewärmt noch besser schmeckt.

ZUTATEN

1/4 Cup (25 g) Mehl
2 Teelöffel Curry
1 Teelöffel Meersalz
1/4 Teelöffel Cayennepfeffer
1,2–1,5 kg Hühnchenbrust ohne Haut, gewürfelt

* Übernommen aus Sally Sampsons *The $50 Dinner Party* (Simon & Schuster, 1998).

2–4 Esslöffel Olivenöl
2 Knoblauchzehen, gehackt
1 rote Zwiebel, gewürfelt
1 Esslöffel frischer Ingwer, gehackt
1 rote Paprika, gewürfelt
4 Cups (1 l) Hühnerbrühe
1/4 Cup (40 g) Korinthen oder Rosinen
2 Romatomaten, gewürfelt
1 Mango, entkernt und gewürfelt
1 Esslöffel frisch gepresster Limettensaft
3 Esslöffel frischer, gehackter Koriander
3 Esslöffel frisches, gehacktes Basilikum

ZUBEREITUNG

Das Mehl, das Currypulver, das Salz und den Cayennepfeffer miteinander vermischen.

Die Hähnchenbrustwürfel in der Mehlmischung wälzen.

1–2 Esslöffel Öl in einen Topf geben und das Hühnchenfleisch bei mittlerer Hitze anbraten, bis es leicht gebräunt ist, etwa fünf Minuten von jeder Seite.

Das Fleisch zur Seite stellen.

Zu dem Bratensatz weitere 1–2 Esslöffel Olivenöl geben und Knoblauch, rote Zwiebel, Ingwer und rote Paprika darin andünsten, bis die Zwiebel goldgelb ist, circa 4 Minuten.

Das Hühnchenfleisch wieder zurück in die Pfanne geben und die Hitze herunterschalten.

4–4 1/2 Cups (1 l) Hühnerbrühe dazugeben.

Alles köcheln lassen, bis das Hühnchenfleisch gar und die Brühe um ein Viertel reduziert ist.

Korinthen, Tomatenwürfel und Mango hinzufügen und das Curry weiterköcheln lassen, bis alle Zutaten erhitzt sind.

Den Herd ausschalten und Limettensaft, Koriander und Basilikum dazugeben.

Dazu schmecken Reis, Naan oder auch Fladenbrot.

Ergibt 6 Portionen.

Hereinspaziert

Ich habe den Eindruck, dass Frauen sich normalerweise für zwei Dinge ganz besonders schämen: für ihren Körper und für ihren Haushalt. Meiner Beobachtung nach kennen Männer diese Scham überhaupt nicht. Sie schämen sich dafür eher für ihr Gehalt oder ihr Auto. Es handelt sich hier zwar vielleicht um Klischees, aber auf Aaron und mich treffen sie absolut zu. Es kann beispielsweise sein, dass mein lieber Mann jemanden zu uns einlädt und beim Eintreten der Gäste nicht einmal merkt, dass Socken von ihm auf dem Boden herumliegen oder die Spüle mit schmutzigem Geschirr überquillt. Er sieht auch nicht die Joghurtschlieren und Müslikrümel vom Frühstück auf dem Esstisch und den klebrigen Löffel und die Krümel auf dem Küchentresen.

Ich hingegen ziehe währenddessen ernsthaft in Betracht, die Leute, die bereits vor der Tür stehen, zu belügen und ihnen irgendetwas von einem Leck in der Gasleitung zu erzählen, damit sie gar nicht erst hereinkommen, oder sie mit irgendeiner Erklärung noch kurz zu vertrösten, sodass ich erst noch mit Babyfeuchttüchern in der einen und einem Korb für Schmutzwäsche in der anderen Hand einmal durch das ganze Haus wirbeln kann.

Als wir frisch verheiratet waren, wohnten Aaron und ich in einem kleinen Stadthaus mit nur einem Schlafzimmer. Es war dort so eng, dass wir nicht beide gleichzeitig am Küchentisch sitzen konnten, und der einzige Ort, an dem das Klavier stehen konnte, war unser Schlafzimmer. Um Missverständnissen vorzubeugen: Das Klavier im Schlafzimmer klingt romantischer, als es war, denn eigentlich war es meistens lediglich ein großes Möbelstück, das als Kleiderablage diente, auch wenn Aaron mich manchmal mitten in der Nacht zu Tode erschreckte, indem er sich aus dem Bett schlich und mich mit einer ohrenbetäubenden Version von „Great Balls of Fire“ aus dem Tiefschlaf riss. Im Keller des Hauses hatten wir ein Tonstudio und einen Probenraum, und die Highschoolschüler, mit denen wir damals arbeiteten, polterten wohl Tausende Male mit Gitarren, Verstärkern und Schlaginstrumenten bewaffnet die Treppe hinunter.

Das Haus war nicht perfekt und nicht schick, aber es war unser erstes gemeinsames Haus. Ich wünschte mir so sehr, es mit Lachen und Erinnerungen und Festen zu füllen, dass ich mich dazu zwang, die Mängel zu übersehen, und bei jeder sich bietenden Gelegenheit die Türen sperrangelweit aufriss.

In den Jahren, in denen wir in diesem winzigen Haus wohnten, haben wir dort bestimmt hundert Feste und Partys gefeiert. Es waren Dinnerpartys an unserem Couchtisch dabei, bei denen wir mit einem Kissen im Rücken an die Sofas gelehnt saßen und aßen. Im Sommer grillten wir draußen und füllten ein Kinderplanschbecken mit Eis, Bier- und Softdrinkflaschen, bis uns unsere Nachbarn androhten, uns anzuzeigen, weil wir einen ungesicherten Pool hätten. Für uns schien offensichtlich, dass ein Kinderplanschbecken voller Eiswürfel und Bier eigentlich nicht unbedingt zu einem Bad einlädt, aber das nur nebenbei.

In einem Jahr veranstalteten wir eine große Weihnachtsparty, und weil das Haus so klein war, bestand die einzige Möglichkeit, alle Gäste unterzubringen und sie mit Essen und

Getränken zu versorgen, darin, in jedem Raum „Stationen" aufzubauen, an denen es kleine Truthahnsandwichs und Schälchen mit unterschiedlich gewürzten Senfsorten und Eiskübel für Champagner gab. Auf dem Couchtisch und dem Küchentresen und dann noch auf einem Tisch, den wir im Tonstudio aufgebaut hatten, und einer weiteren solchen „Verpflegungsstation" auf dem Dachboden konnte man sich nach Belieben bedienen.

Beim Vorbereiten der Wohnung merkte ich dann irgendwann, dass die Anzahl der Stationen für so viele Gäste doch nicht ausreichen würde, aber der einzige Platz, der noch nicht belegt war, war unser Schlafzimmer. Kurz vor dem Eintreffen der ersten Gäste atmete ich deshalb einmal tief durch, stopfte unsere gesamte Kleidung und unsere Schuhe in den Wandschrank und stellte eine Platte mit Sandwichs und einen Eiskübel mit Champagner aufs Klavier. Später am Abend stellte ich fest, dass eine Gruppe von Freundinnen es sich mit Sandwichtellern und Champagnerflöten auf unserem Bett gemütlich gemacht hatte, und irgendwann zu noch späterer Stunde erwischte ich sie dabei, wie sie alle meine Schuhe aus dem Wandschrank geholt hatten und anprobierten.

Es ist nicht Perfektion, wonach sich Menschen sehnen. Sie wollen nicht beeindruckt werden, sondern sich zu Hause fühlen. Wenn man mit Liebe einen Raum schafft, der Persönlichkeit und Charakter und Seele hat, dann ziehen die Leute die Schuhe aus und lassen sich dankbar dort nieder, um auszuruhen, und zwar egal, wie klein, unaufgeräumt und merkwürdig es dort aussieht.

Als wir dann nach Grand Rapids zogen, wohnten wir zuerst in einem großen alten Haus mit viel Charme, das in den 20er-Jahren erbaut worden war. Inzwischen wissen wir, dass „Charme" im Allgemeinen ein Euphemismus ist und im Grunde für „Ach du liebe Zeit, das bricht ja gleich zusammen“ steht. So gesehen hatte dieses Haus in jeder Hinsicht viel Charme. Türen und Einbauschränke waren schief und hingen in den Angeln, die Heizkörper gaben die seltsamsten Geräusche von sich, und die Elektrik sorgte dafür, dass Lampen willkürlich an- und ausgingen, als würde es dort spuken. Jeder Lichtschalter und Türknauf stammte aus einer anderen Epoche, die Badezimmerfenster im Erdgeschoss waren so marode, dass sich die Gardinen dort bei geschlossenem Fenster bauschten, und durch die Verteilung der Heizkörper im Raum wurde das Esszimmer so ungleichmäßig warm, dass wir an die Leute, die an der Fensterseite saßen, Wolldecken verteilten, während den Leuten auf der anderen Seite des Tisches der Schweiß auf der Stirn stand.

In der Zeit, in der wir dort wohnten, luden wir an Feiertagen Freunde zu uns ein oder wir veranstalteten Grillabende, schicke Dinnerpartys und Pokerabende. Bei einer dieser Dinnerpartys kam einmal eine Fledermaus vom Dachboden geflogen und huschte durch eines der bodentiefen Fenster im Esszimmer hinaus in den Garten. Trotzdem sind meine Erinnerungen an meine Rolle als Gastgeberin in diesem Haus durchweg schön, ungeachtet der Fledermäuse und der Heizkörper. Wir haben eine Unmenge schöner Erinnerungen an Dinge, die sich dort um den Esstisch herum, in der engen Küche und auf der mit Lichterketten beleuchteten Terrasse hinter dem Haus ereignet haben.

Mittlerweile wohnen wir in einem viel kleineren Haus, das ich wegen seiner großen Fenster und seiner Schlichtheit mag, aber wir haben dort nicht den Platz für hundert Menschen, sondern für höchstens dreißig – irgendwie –, wenn ich mir Besteck und Stühle zusammenleihe und die Leute auf dem Boden sitzen und ihren Teller auf dem Schoß balancieren. Und genau so machen wir es auch. Wir reißen die Haustür sperrangelweit auf und laden die Leute in unser Haus ein, obwohl es nicht besonders groß ist und trotz all seiner Mängel und Macken. Wir üben Gastfreundschaft, indem wir für Menschen einen behaglichen Ort schaffen, an dem sie sich geborgen fühlen, ausruhen und mit anderen Menschen in Kontakt kommen können.

Ich dachte wirklich, ich hätte Fortschritte gemacht in Bezug auf das Schämen für meinen Haushalt, bis vor einiger Zeit eine Freundin unangemeldet vorbeischaute. Wie es das Schicksal so will, hat diese Freundin ein wirklich wunderschönes altes Haus, in dem es neben dem Esszimmer noch den Raum gibt, in dem früher der Butler das Essen anrichtete, und aus der Eingangshalle führt eine riesige geschwungene Treppe ins Obergeschoss. Es gibt dort wunderschöne Antiquitäten und silberne Bilderrahmen mit Monogrammen und Kaschmirdecken – es ist also ein Haus, das in jeder Hinsicht anders ist als unseres. Die besagte Freundin sammelt Hotelsilber und bügelt ihre Servietten und ich habe ihr Haus noch nie anders als blitzblank gesehen – wirklich noch nie.

Diese Freundin kam also unangemeldet vorbei, umarmte mich zur Begrüßung, setzte sich auf das Sofa in unserer Küche und wir plauderten über alles Mögliche – ihre Arbeit, meine Arbeit, unsere Kinder –, und es kostete mich unglaubliche Mühe, nicht völlig auszuflippen. Ich hoffte, sie merkte nicht, dass sich bei mir eine Art nervöses Zucken im Gesicht einstellte, während wir sprachen.

Die Situation war nämlich folgende: Sie kam unangekündigt in einer Phase, in der ich gerade schrieb. Wenn ich zu Hause bin und schreibe, dann lebe ich, als ob ich krank und ans Haus gefesselt wäre – ich schminke mich nicht, zurre mein Haar einfach zu einem unordentlichen Dutt auf der Stirn zusammen, ich habe eine verbogene Brille auf der Nase und laufe in Aarons Sportsocken herum. Ich war also nicht nur ein bisschen verwuschelt, als meine Freundin kam, sondern ich sah zum Fürchten aus. Ich trug einen Troyer, den ich von meinem Bruder geschenkt bekommen habe, und ich dachte eigentlich, dass ich darin ein bisschen sportlich wirken würde, aber nachdem meine Freundin gegangen war, stellte ich fest, dass ich darin nicht sportlich aussehe, sondern wie eine achtundvierzigjährige Fachbereichsleiterin Sport an einem kleinen Frauencollege.

Und noch kurz ein Wort zum Zustand meines Haushalts während dieses schicksalhaften Besuches. Erstens: der Geruch. Es müffelte im ganzen Haus, weil ich seit Tagen nicht Geschirr gespült hatte, und zwar seit ziemlich vielen Tagen. Dafür gab es natürlich Gründe, aber wenn dann ein Besucher in so einer Küche steht, ist schwer zu erklären, warum das Frühstücksgeschirr noch auf dem Tisch steht, der Teppich übersät ist mit Popcornkrümeln, und dann dieser Geruch – Himmel, dieser Geruch nach schmutzigem Geschirr in der Spüle.

Das war dann die doppelte Dosis Scham: für meinen Körper *und* meinen Haushalt. Es war so schlimm, dass es beinah körperlich wehtat. Aber entscheidend war dann Folgendes: Sie ist meine Freundin, und obwohl sämtliche „Schamalarmglocken" bei mir schrillten, als sie mitten in meinem chaotischen Haushalt saß, blieb ich auf dem Sofa sitzen und unterhielt mich mit ihr.

In der Woche zuvor hatten wir nämlich über das gesprochen, worüber ich gerade schrieb, und ich hatte ihr erzählt, dass ich beim Schreiben über das Thema Essen merke, wie es dabei auch ganz viel um Scham geht, um die Art, wie wir uns minderwertig fühlen und uns deshalb verstecken. Und es ist natürlich lustig und macht Spaß, über solche Gedanken und Zusammenhänge zu reden, aber dann trifft man sich überraschend wieder, wenn man gerade in den Sportsocken seines Mannes herumläuft und es aus der Spüle stinkt. Da hat man dann auf einmal die Chance, auch selbst zu tun, was man schreibt, fängt aber stattdessen an zu heulen.

Ich hatte den inneren Drang, sie einfach hinauszuscheuchen, mich zu verstecken und die Unordnung vor ihr zu verbergen, die an manchen Tagen in meinem Leben herrscht. Doch stattdessen atmete ich einmal tief durch und wir saßen uns gegenüber und sprachen über Gemeinschaft und über Familie und über Authentizität. Es ist ziemlich einfach, darüber zu reden, aber manchmal wirklich sehr schwer, es umzusetzen.

Ich glaube, das ist auch der Grund, weshalb bei so vielen Familien die Tür geschlossen bleibt, und zwar im wörtlichen wie im übertragenen Sinne. Eine meiner Freundinnen verspricht schon lange, dass sie Leute zu sich einladen wird, wenn sie endlich das Geld zusammen hat, um zu renovieren. Eine andere sagt, sie würde nie Gäste einladen, weil sie nicht kochen könne und Angst habe, die Gäste würden ihr Essen nicht mögen.

Dabei geht es doch gar nicht um eine Leistung oder gar um Perfektion.

Diese Frauen verpassen die schönsten Momente des Lebens – diese heiligen Momente, in denen man die Freundlichkeit und Gegenwart Gottes spürt in Form der Gesichter und Hände der Menschen, die man liebt –, weil sie zu viel Angst haben oder sich zu sehr schämen, die Tür zu öffnen. Ich weiß, es ist unheimlich und beängstigend, aber reißen Sie die Tür trotzdem auf, selbst wenn jemand Sie in Ihrem schrecklich hässlichen Troyer sieht.

Weißes Hühnchen-Chili

Bei diesem Rezept handelt es sich um eines der Gerichte, die eine sicher Bank sind, weil man sie immer irgendwie schnell zusammengekocht bekommt. Es eignet sich deshalb auch hervorragend für spontane Einladungen. Es ist einfach und geht schnell und die Zutaten hat man in der Regel im Haus: tiefgefrorene Hähnchenbrust, Bohnen aus der Dose, Brühe und Salsa aus dem Glas – auch wenn frische Salsa besser ist. (Damit meine ich frische aus dem Supermarkt aus der Obst- und Gemüseabteilung, nicht selbstgemacht. Wenn Sie die Salsa selbst machen, dann ist das fantastisch, aber dann sind Sie ganz sicher in einem anderen Modus als dem, in dem es Weißes Hühnchen-Chili geben muss. Machen Sie auf jeden Fall Salsa selbst, aber verschwenden Sie die dann auf gar keinen Fall für das Chili. Das wäre ebenso übertrieben wie unnütz, so als würde man sich vorm Schlafengehen schminken.)

Dieses Chili bereitet man an kalten Tagen zu, an denen man so müde und durchgefroren ist, dass das Einzige, was einem noch helfen kann, etwas Sämiges und Scharfes zum Löffeln ist. Und man kocht dieses Chili außerdem, wenn jemand sich ebenso spontan wie kurzfristig zum Essen einlädt. Öffnen Sie eine Tüte mit Tortilla-Chips, servieren Sie Salsa dazu und lassen Sie Ihre Gäste schon mal anfangen zu knabbern, während Sie mit dem Hühnchen-Chili beginnen. Die Gäste können sogar beim Kochen helfen, indem Sie sie den Koriander hacken und die Zitronen in Scheiben schneiden lassen.

Es gibt ein paar Dinge, die an diesem Eintopf richtig toll sind:

Erstens ist er glutenfrei und enthält keine Milchprodukte, was in unserem Haushalt ziemlich wichtig ist. Er eignet sich außerdem noch gut, um ihn Freundinnen vorbeizubringen, die gerade ein

Baby bekommen haben, denn er ist warm und beruhigend. Bringen Sie einen großen Topf Chili hin und außerdem Tortilla-Chips, Salsa, Käse, Avocadocreme und alles, was dazugehört. Dieses Chili ist auch ein großartiges Sonntagsnachmittagsgericht, das man beim Footballgucken verspeisen kann – mit Bier und jeder Menge Tortilla-Chips. Wenn ich viele Gäste habe, koche ich gerne beides – das traditionelle Chili mit Rinderhackfleisch und dieses Hühnchen-Chili. Dann stehen zwei große, blubbernde Töpfe auf dem Herd, und der Küchentresen steht voll mit Schüsseln und Schälchen mit den verschiedenen weiteren Zutaten, die man je nach Geschmack nachträglich noch hinzufügen kann.

Wie eigentlich alle meine Lieblingsrezepte ist auch dieses ausgesprochen variabel. Man kann noch eine Dose Mais dazugeben oder Peperoni oder Tomatillosalsa, und wenn man eine Dose gewürfelte grüne Chilis hineingibt, hat man ein Grünes Hähnchen-Chili, was zur Abwechselung auch etwas ganz Großartiges ist. Wenn man mag, kann man wegen ihres mineralischen, fast schokoladigen Geschmacks noch schwarze Bohnen hineintun. Und zum guten Schluss lässt sich das Ganze noch einmal vereinfachen, indem man ein fertiges Grillhähnchen verwendet, Haut und Knochen entfernt und das Fleisch zerkleinert.

Kidneybohnen würde ich für das Hähnchen-Chili nicht verwenden, weil das Gericht dadurch dem schlichten, guten alten Chili zu ähnlich wird und weil ich persönlich Kidneybohnen nicht mag. Es gibt wirklich nicht vieles, was ich nicht mag, aber Kidneybohnen gehören dazu. Nur fürs Protokoll: Ich mag außerdem keinen Speck, keinen Zimt und keine weiße Schokolade. Aber ich schweife ab … zurück zum Chili.

Servieren Sie es mit Koriander, Zitronenschnitzen, Avocadoscheiben, geriebenem Käse, Tortilla-Chips, Sauerrahm und Salsa. Ich muss Sie allerdings warnen, dass dies, was eigentlich als absolut schlichter Eintopf beginnt, zu einer Schlemmerei ausarten kann, die hauptsächlich aus Käse und Chips besteht, mit ein klein wenig Eintopf dazu.

Jedenfalls ist mir so etwas schon zu Ohren gekommen.

ZUTATEN

750–1000 g Hühnchenbrust, in Würfel geschnitten
400 g möglichst frische rote Salsa (man kann aber auch Salsa aus dem Glas nehmen) oder grüne Salsa
4 Dosen weiße Bohnen
4 Cups (1 l) Hühnerbrühe

LISTE DER ZUTATEN FÜR DIE SPÄTERE GARNITUR

1 Bund Koriander, grob gehackt
saure Sahne oder Crème fraîche
Avocado als Mus oder in Würfeln oder Scheiben
geriebener Käse (Cheddar oder nicht zu junger Gouda)
Zitronen, geachtelt

ZUBEREITUNG

Bei mittlerer Hitze in einem Suppentopf das Hühnchenfleisch in der Brühe fast garen (circa 5 Minuten). Salsa und Bohnen mit der Flüssigkeit dazugeben.

Einmal aufkochen lassen und dann unter gelegentlichem Rühren mindestens 30 Minuten köcheln lassen. Je länger der Eintopf köchelt, desto besser wird er.

Ergibt 6 Portionen.

Cookies backen mit Batman

In dem Jahr nach unserer Hochzeit, kurz nachdem wir nach Grand Rapids gezogen waren, machte Aarons Immunsystem zunehmend schlapp – erst ganz langsam und dann ganz und gar.

Als er an einem stürmischen Abend aus der Gemeinde nach Hause kam, hielt er mir seine Hände hin und legte sie mit den Handflächen nach oben auf meine Knie. Die Stellen, an denen die Daumen an seinen Handflächen ansetzen, waren blauschwarz angelaufen, geschwollen und steinhart, und die Sehne, die vom Handgelenk zum Ellbogen verläuft, war ebenfalls geschwollen, straff gespannt und hart wie ein Knochen. Aaron ist Pianist und in jenem Jahr wollten seine Hände und Ellbogen und Handgelenke einfach nicht mehr funktionieren.

An dem besagten Abend sahen wir einander einfach nur an. Was macht ein Pianist, wenn er seine Hände nicht mehr richtig gebrauchen kann? Und die Hände waren nur ein Teil des Problems. Aaron hatte auch zunehmend das Gefühl, dass sein Immunsystem nicht mehr richtig arbeitete. Wenn er krank war, dann dauerte es länger als bei anderen Leuten, bis er wieder gesund war, und schon Kleinigkeiten streckten ihn mit Schmerzen und Erschöpfung nieder.

Er fragte so ziemlich jeden, den er kannte, was er in Bezug auf seine Hände tun sollte. Er klapperte alle möglichen Ärzte ab und bekam immer die gleiche Antwort: Spritzen gegen die Schmerzen und eine Operation.

Aaron hat mehrere Verwandte, die Chiropraktiker sind, und in seiner Familie gibt es etliche Befürworter der Naturheilkunde. Darüber hinaus gibt es noch jede Menge Impfgegner und Befürworter der natürlichen Geburt, möglichst als Hausgeburt. Aron hätte also gemäß seiner Prägung auf dem Gebiet der Gesundheit erst einen Chirurgen an seine Hände herangelassen, wenn sie ihm abgefallen wären. Das ist nebenbei bemerkt auch einer der vielen Unterschiede zwischen unseren Ursprungsfamilien: Seine Familie ist überzeugt von alternativen Heilmethoden, Naturheilkunde und Osteopathie, meine Familie dagegen glaubt an Ibuprofen und die heilende Wirkung von Rotwein und Segeln.

Die Leute, die Aaron fragte, machten sich allesamt mehr Gedanken über das mechanische Problem mit seinen Händen, Handgelenken und Ellbogen als über die Tatsache, dass sein Immunsystem offenbar nicht richtig arbeitete und sich anscheinend gegen seinen eigenen Körper richtete. Gebetsmühlenartig war von Operieren die Rede, und mit jedem Monat, der ins Land zog, wurde Aaron verzweifelter, war aber gleichzeitig auch immer sicherer, dass eine Operation keine Lösung war.

Ein Freund aus unserer neuen Gemeinde empfahl ihm schließlich einen Arzt vor Ort, der alternative Heilmethoden anwendete. Dieser Arzt war brillant, drückte sich verständlich aus, war mit Leidenschaft bei der Sache und trug immer eine extrem modische Hemd-Krawatten-Kombination. Aaron und ich mochten ihn beide sofort.

Er stellte ziemlich schnell fest, dass die Ursache von Aarons Problemen eine Entzündung war und dass Aarons Körper dermaßen damit beschäftigt war, diese chronische Entzündung – ausgelöst durch Nahrungsmittel, die sein Körper nicht verarbeiten konnte – zu bekämpfen, dass andere Körperteile, in diesem Fall seine Hände, nicht heilen konnten. Der Arzt verordnete Aaron eine 28-tägige Entgiftung, bei der er die häufigsten Allergene und alle denaturierten Lebensmittel weglassen sollte. Am Ende dieser 28 Tage ging es Aaron schon besser als seit Jahren. Er hatte wieder mehr Kraft in den Händen und Handgelenken und weniger Schmerzen als seit Monaten.

Im Laufe der Zeit stellte sich dann heraus, dass Aaron kein Gluten verträgt. Wenn er Lebensmittel zu sich nimmt, die Gluten enthalten, rebelliert sein gesamter Körper – Magen, Hals, Hände, Handgelenke, Stimmung, einfach alles. Sobald er auf Gluten verzichtet, funktioniert sein Körper einwandfrei, und das Immunsystem arbeitet so, wie es soll. Er schläft gut. Er singt gut. Er lebt gut. Es ist wirklich so einfach. Einen Stoff, in diesem Fall Gluten, wegzulassen, ändert alles.

Ich gehöre zu den Menschen, die dazu erzogen wurden, alles zu essen. Es wird gegessen, was auf den Tisch kommt; man muss alles probieren; und es ist unhöflich, als Gast nicht zu essen, was einem angeboten wird. In meiner Ursprungsfamilie ist es ein hoher Wert, in Bezug auf Essen pflegeleicht und nicht wählerisch zu sein. Das ist auch der Grund, weshalb ich relativ ungeduldig bin mit Menschen, die sehr oft sagen: „Ich mag dies nicht, und ich mag das nicht und jenes esse ich auch nicht" und dadurch dem Gastgeber das Leben schwer machen. Ich habe mich immer aufgeregt, wenn ich irgendwelche kulinarischen Patentlösungen aus dem Hut zaubern musste, die für die Gluten- und Laktoseintoleranten genauso passten wie für die Nussallergiker und die Veganer.

Ich habe aber auch viel dadurch gelernt, dass ich mit Aaron zusammen diese Angst um seine Hände erlebt habe und dann mithilfe des Arztes eine Lösung gefunden wurde. Durch diese Zeit der großen Ungewissheit habe ich einen anderen Blick für all die komplizierten Esser bekommen, denn ich merkte, dass bei Aaron ein unmittelbarer Zusammenhang zwischen dem, was er isst, und seiner Lebensqualität besteht. Dass er manche Lebensmittel nicht isst, ist bei ihm nicht irgendeine Marotte. Ich würde ihm schließlich auch kein Medikament gegen seine Beschwerden verweigern, wieso sollte ich es dann umständlich oder sogar unzumutbar finden, ihm das Essen zuzubereiten, was er verträgt und ihn gesund hält?

Der Kern aller Gastfreundschaft ist doch, jemandem Raum zu geben, gesehen, gehört und geliebt zu werden. Es geht darum, unseren Tisch zu einer Zone zu erklären, in der es Sicherheit und Geborgenheit gibt und die Gäste bestmöglich versorgt werden. Dazu gehört auch, zu respektieren und darauf zu achten, wie Gott unseren Körper gemacht hat, und ihn so zu versorgen, wie er es braucht und es ihm guttut.

Für mich gibt es allerdings auch eine Grenze zwischen Nahrungsmittelunverträglichkeiten, also gesundheitlichen Gründen, aus denen jemand etwas nicht isst, und einem mäkeligen Essverhalten. Wenn Ersteres vorliegt, bin ich auf jeden Fall bereit, für meine Gäste einige Umstände in Kauf zu nehmen – das heißt, dafür zu sorgen, dass es eine sättigende und leckere Alternative für Gäste gibt, die irgendeinen Bestandteil eines Gerichtes nicht vertragen. Ich bin selbst keine große Fleischesserin, weil mir Fleisch einfach nicht so gut schmeckt, sodass ich sowieso immer gerne für eine leckere vegetarische Alternative sorge, wenn wir Gäste zum Essen eingeladen haben.

Ich bin allerdings nicht bereit, mir wegen irgendwelcher wählerischen oder mäkeligen Gäste Stress zu machen. Wenn man bei jemandem zum Essen zu Gast ist, dann gehört es für mich einfach dazu, etwas darüber zu erfahren, wie und was dort gegessen wird. Es muss einem klar sein, dass ein Privathaus kein Restaurant ist und der Gastgeber kein À-la-carte-Koch.

Als ich anfing, außer für meine Familie auch für Gäste zu kochen, empfand ich am Anfang einen starken Druck, auf Unverträglichkeit und jede Vorliebe oder Abneigung Rücksicht zu nehmen. Also bot ich noch zusätzliche Beilagen an oder bereitete ein Gericht auf dreierlei Weise zu, damit jeder es genauso hatte, wie er es mochte. Aber Sinn und Zweck, bei anderen zum Essen zu Gast zu sein, ist es ja nicht, es ganz genauso zu bekommen, wie man es gewohnt ist.

Es geht also wirklich darum, eine Gastgeberin zu sein, die die Bedürfnisse ihrer Gäste im Blick hat und berücksichtigt, und selbst ein Gast zu sein, der an den Tisch seines Gastgebers kommt, um etwas über ihn und die anderen Gäste zu erfahren.

Aaron leidet nicht unter Zöliakie, und deshalb brauchen wir bei seiner Ernährung nicht so extrem aufzupassen, indem wir zum Beispiel sein Essen in Extratöpfen zubereiten. Aber diese Überempfindlichkeit spielt trotzdem eine große Rolle, und deshalb bin ich als seine Frau, die so gerne Brot und Pasta mag, in den vergangenen zehn Jahren zu einer Expertin in glutenfreiem Kochen und allgemein glutenfreier Lebensweise geworden.

Unser Sohn Henry ist schon immer ein extremer Frühaufsteher gewesen. Ich träume davon, mal bis 7:00 Uhr schlafen zu können, aber meistens beginnt der Tag für uns eher so gegen 5:00 Uhr. Aaron und ich wechseln uns ab, mit Henry aufzustehen, und wenn ich an der Reihe bin, gehört es zu meinen Lieblingsbeschäftigungen, mit Henry zusammen glutenfreie Frühstückscookies zu backen und sie dann mit einem Becher Kaffee und einem zappeligen, kuscheligen kleinen Jungen Aaron ans Bett zu bringen.

Wenn wir backen, zieht Henry sich einen Esszimmerstuhl an den Küchentresen, dreht ihn mit der Lehne zum Tresen, steigt hinauf und stellt als Erstes seine Spielfiguren auf, damit sie auch helfen können. Manchmal ist es *Batman*, manchmal *Aquaman*, manchmal *Wolverine*, manchmal *Optimus Prime* und manchmal *Megatron*. Henrys Aufgabe besteht immer darin, mit einer Gabel die Bananen zu zerdrücken und dann die Zutaten, die ich abmesse, in die Rührschüssel zu geben. Wenn ich alles verrührt habe, gebe ich mit einem Löffel die kleinen Teighaufen aufs Backblech und Henry drückt sie mit der Rückseite eines Löffels flach.

Nachdem die Cookies gebacken und ausgekühlt sind, stellen wir einen kleinen Teller voll und einen Becher Kaffee mit viel Mandelmilch auf ein Tablett, und dann saust Henry ins Schlafzimmer, stürzt sich auf Aaron und wühlt sich irgendwie zu ihm unter die Bettdecke. Ich komme hinterher und balanciere das Tablett auf den Nachtschrank, bevor ich auch mit ins Bett krieche.

Frühstückscookies

Dieses Rezept ist übernommen aus „Nikki's Healthy Cookies", von Heidi Swansons wunderschönem Blog www.101cookbooks.com.

Heidis Rezept sieht gehackte dunkle Schokolade, Zimt und ungesüßte Kokosraspel vor, aber ich nehme weniger Schokolade, weil wir die Cookies zum Frühstück essen. Das Wichtigste an diesen Cookies ist für mich, dass ich mich so durch und durch vernünftig fühle, wenn ich sie morgens esse. Ich ersetze deshalb auch den größten Teil der Schokolade durch gehackte Walnüsse. Und dann vergessen Sie einfach ganz schnell, was ich über mein Vernünftigsein gesagt habe, denn ich verwende gesüßte Kokosraspel, und zwar weil es ungesüßte nur im Bioladen gibt, der relativ weit weg ist, sodass ich nicht einmal in der Woche dort hinfahre. Durch die gesüßten Kokosraspel sind die Cookies ein bisschen süßer und deshalb vermisst man die Schokolade eigentlich gar nicht so sehr. Auch den Zimt lasse ich weg, weil ich, wie ich bereits gebeichtet habe, Zimt nicht mag.

Heidi macht nach diesem Rezept niedliche kleine Kekse in Pralinengröße, aber um fünf Uhr morgens befindet sich meine Feinmotorik noch nicht auf Betriebstemperatur, und deshalb platziere ich den Teig teelöffelweise aufs Blech.

Manchmal mache ich auch eine Kirsch-Mandel-Variante des Rezeptes: Statt der Walnüsse und der Schokoladenstückchen nehme ich 1/2 Tasse Mandelblättchen und 1/4 Tasse getrocknete Kirschen und statt des Vanilleextraktes verwende ich Mandelextrakt.

ZUTATEN

3	große reife Bananen, gut zerdrückt (etwa 1 1/2 Cups)
1/4	Cup (50 g) Kokosfett, leicht angewärmt, damit es flüssig ist (oder alternativ Olivenöl)
1	Teelöffel Vanilleextrakt
2	Cups (150 g) Haferflocken
1/2	Cup (60 g) gemahlene Mandeln
1/2	Teelöffel Meersalz
1	Teelöffel Backpulver

2/3 Cup (50 g) Kokosflocken
1/2 Cup (65 g) Walnüsse, gehackt
1/4 Cup (25 g) Schokolade, gehackt

ZUBEREITUNG

In einer großen Schüssel die Bananen mit einer Gabel zerdrücken, dann das Kokosfett und die Vanille hinzufügen.

Die Haferflocken, die gemahlenen Mandeln, Salz und Backpulver dazugeben, verrühren, bis alles gut vermischt ist.

Jetzt Kokosflocken, Walnüsse und Schokostückchen hinzugeben und wieder verrühren.

Aus dem Teig 12 Kugeln formen, auf ein mit Backpapier belegtes Backblech legen und sie etwas flach drücken.

14–16 Minuten bei 175 Grad auf der mittleren Schiene backen.

Ergibt 12 Cookies.

Morgens, mittags und abends

Als wir schon glaubten, es würde sich nie mehr etwas ändern, wich der Winter endlich dem Frühling. Frühling in Chicago ist etwas Herrliches – neues Leben, wohin das Auge schaut. Und neues, herrliches, Leben auch bei uns zu Hause. Jeden Tag war ich wieder dankbar dafür, dass ich schwanger war. Jeden Morgen legte ich sofort nach dem Aufwachen die Hände auf meinen Bauch, als wollte ich mich vergewissern, dass das alles kein Traum war. Den ganzen Tag redete ich leise mit dem Baby, flüsterte ihm eindringlich zu, doch zu bleiben: *Komm schon, Baby, wir schaffen das. Wir haben dich so lieb. Auf geht's, Baby. Bitte wachse*!

Meine Ärztin versicherte mir, dass der Bluterguss vollständig verschwunden sei und für das Baby keine Gefahr mehr bestehe. Dagegen, dass ich mich inzwischen jeden Tag übergeben musste, konnte sie leider nichts tun. Jeden Morgen beim Aufwachen war ich zuversichtlich, dass es mir an diesem Tag besser gehen würde, und jede Woche sagte irgendjemand: „Nach der zehnten Woche geht es dir bestimmt besser." Oder nach der zwölften oder der sechzehnten. Aber ich musste mich bis zur Entbindung jeden Tag mehrmals übergeben, und zwar regelmäßig wie ein Uhrwerk. Dreimal jeden Morgen, normalerweise einmal davon in die Spüle in der Küche, weil ich es nicht mehr schnell genug ins Bad schaffte, und dann im Laufe des Tages normalerweise noch dreimal mehr. Der Begriff „morgendliche Übelkeit" war bei mir jedenfalls nicht präzise. Genauer wäre gewesen: „Ganztagsübelkeit".

Ich probierte gegen diese Übelkeit alle Medikamente und Hausmittel, die mir verschrieben oder empfohlen wurden, aber es änderte sich nichts. Ich probierte Ingwer – in jeder denkbaren Form – als Kapseln, Kautabletten und kandiert. An manchen Tagen aß ich Salzstangen und trockenen Toast, an anderen große Stücke Cantaloupe-Melone mit eiskalter Cola, und ich verputzte Süßkartoffelpommes, als gäbe es am nächsten Tag keine mehr. In einer Woche konnte ich einmal nichts anderes zu mir nehmen als Gatorade und rotes Lakritz, aber auch davon wurde es nicht besser. Ich übergab mich jeden Tag, egal, was ich aß, und egal, was ich tat. Ich übergab mich in meinem Auto, von Balkons herunter und in Flugzeugen. Ich übergab mich auf Spielplätzen und auf Segelbooten und im achten Monat sogar auf einer Hochzeit, bei der ich Trauzeugin war. Ich übergab mich beim Schwimmen und unter der Dusche, und ich wachte nachts aus dem Tiefschlaf auf, um ins Bad zu wanken und mich dort zu übergeben.

Ich versuchte, im Bett zu schreiben wie die Menschen im viktorianischen Zeitalter, aber das ging gar nicht. Ich schaffte nichts. Gar nichts. Es war, als ob jede Zelle meines Körpers nur noch dem einen Zweck diente zu erbrechen. Das Einzige, was manchmal gegen das ständige Erbrechen half, war Schlafen, und deshalb schlief und las ich den ganzen Tag, nachdem Aaron Henry zur Schule gebracht hatte.

Ich versuchte, in diesem Frühjahr auf den Veranstaltungen, bei denen ich als Referentin zugesagt hatte, meine Vorträge zu halten, aber nach einer besonders harten Reise, bei der ich mich während der Fahrt auf der Autobahn in meine eigenen Hände erbrochen hatte, griff meine Familie ein: *Schluss mit dem Reisen!* Den Rest des Frühjahrs, den Sommer und den Anfang des Herbstes war ich dann in erster Linie damit beschäftigt, irgendwie mit meiner Übelkeit zurechtzukommen. Alles andere war dem untergeordnet.

Am Anfang war die Übelkeit rein körperlich, aber nach einer Weile wurde sie auch zu einer starken seelischen Belastung. Die ständige Übelkeit zwang mich nämlich dazu, mich mit meiner inneren Überzeugung auseinanderzusetzen, dass Menschen mich nur lieben und um sich haben wollen wegen der Dinge, die ich für sie tun kann.

Manche Leute sind anerkannt und gehören dazu, weil sie schön oder reich oder besonders klug sind, andere, weil sie beruflich sehr erfolgreich sind, und ich bekam Anerkennung und Zugehörigkeit, weil ich tüchtig und zupackend bin und viel schaffe. Darin bin ich wirklich gut. Ich bin eine Schafferin, ein echtes Arbeitstier, und dadurch ausgesprochen nützlich, und jetzt war ich plötzlich zu nichts mehr zu gebrauchen. Ich konnte nicht mehr arbeiten. Ich konnte nicht mehr meinen Lebensunterhalt verdienen, und zwar sowohl auf der ganz praktischen als auch auf der metaphysischen Ebene. Was würde mit mir passieren, wenn ich nichts mehr schaffte?

Ich konnte die Person nicht leiden, die aus mir geworden war, diese Person, die nichts mehr von dem sein oder tun konnte, was sie sein oder tun wollte. Denn je mehr ich tat, je aktiver ich war, desto schlimmer wurde die Übelkeit. Also tat ich gar nichts, war aber am Ende isoliert und einsam und sehnte mich nach der Person, die ich einmal gewesen war – nach einer Person, die ihr vielseitiges, interessantes Leben kraftvoll und mit viel Elan gelebt hatte und nicht zu allem hatte Nein sagen müssen. Immer nur *Nein.*

Ich war so voller Pläne und Wünsche und Träume. Ich wollte Kräuter pflanzen, spazieren gehen und die Babysachen sortieren. Ich wollte mit Henry auf den Bauernmarkt gehen, ihn beim Schaukeln anschubsen, ihm Radfahren beibringen – alle diese besonderen Dinge, die wir noch gemeinsam unternehmen konnten, bevor das Baby kam, um gemeinsame Erinnerungen zu schaffen, die wir für immer im Herzen tragen würden.

Aber stattdessen sah er seine Mama nur ständig zwischen Sofa und Bad hin und her wanken. Jedes Mal, wenn er mich ins Bad rennen sah, stand er geduldig vor der Tür und sagte: „Tut mir leid, dass du spucken musst, Mama." Der Süße!

Dabei hatte ich mir eigentlich schon lange gewünscht, besser Hilfe annehmen und Schwäche eingestehen zu können, hatte den Wunsch, mehr darauf zu vertrauen, dass Leute mich für das mögen, was ich bin, und nicht für das, was ich tue. Es wäre so schön gewesen, das nach meinen eigenen Vorstellungen lernen zu können, wie und wann ich es wollte, aber anscheinend entwickeln wir uns in der Regel erst dann weiter, wenn der Leidensdruck stark genug ist.

Meine anhaltende Schwangerschafsübelkeit wurde damit zum Crashkurs auf diesem Gebiet, und es war ein Crashkurs, für den ich mich niemals freiwillig angemeldet hätte, einer, den ich auch keineswegs mit Pauken und Trompeten absolvierte und bestand. Es war eine schmerzliche Erziehung, aber eine, die ich offenbar brauchte, eine, die mich dazu zwang, mich auf die riskante, aber zutiefst schöne innere Überzeugung einzulassen, dass Liebe nichts ist, was man unter Beweis stellen oder sich verdienen muss, sondern etwas, das man empfängt und zulässt wie einen Balsam, einen Segen, selbst dann, wenn man sich von seiner schlimmsten Seite zeigt.

Cupcake aus dem Ofen

Ich verlasse gerne ausgetretene Pfade und mache Dinge gerne einmal anders, und deshalb änderten wir bei Blaines und Margarets Babyparty das übliche Prozedere, bei dem nur Frauen als Gäste anwesend sind, die Obstsalat verspeisen und die süßen Babygeschenke bestaunen. Stattdessen planten wir ein Essen für Paare, das an einem Freitagabend stattfinden sollte. Blaine war der wohl aufgeregteste und anteilnehmendste werdende Vater, den ich je erlebt habe, und ich hätte es grausam und auch völlig abwegig gefunden, ihn von der Babyparty auszuschließen. Margaret kann unglaublich gut backen, und sie und Blaine haben beruflich beide mit Papier und Design zu tun, weshalb unsere Freundin Lindsey ganz besonders schöne Einladungs- und Menükarten entwarf – in ganz hellem Rosa und anthrazitgrau mit stilisierten kleinen Cupcakes darauf.

Kristi hatte angeboten, dass die Party bei ihr stattfinden könne. Ich war nämlich schwanger und mir war ständig übel und außerdem entspricht Kristis Küche so ungefähr meiner Vorstellung vom Himmel. Als ich das erste Mal bei Kristi auf einer Party war, sagte eine gemeinsame Freundin: „Ich war gerade so dankbar für unser Haus und damit zufrieden, aber jetzt möchte ich es am liebsten abfackeln und für immer hier einziehen.“

Es ist die Art von Haus, in das man wirklich für immer einziehen möchte: stylish und schön, mit viel Grau und Silber und Weiß, gleichzeitig klassisch und modern. Als Kristi uns anbot, die Babyparty bei ihr zu veranstalten, stimmte ich deshalb sofort zu.

Unsere Vorstellung vom Essen an diesem Abend war eine Art Büfett, an dem man sich selbst nach Geschmack Käsetoasts zubereiten konnte, dazu passierte Tomatensuppe und Caesar's Salad und als Dessert Cupcakes, frische Erdbeeren und Schokoladenkaramell mit Meersalz. Den Ablauf der Vorbereitungen hatten wir so geplant, dass die Mitglieder unseres Kochclubs schon am Freitagnachmittag bei Kristi zusammenkommen und gemeinsam alles vorbereiten sollten.

Doch am Morgen des besagten Freitags bekam ich eine E-Mail von Kristi, die mit den Worten begann: *Ich schreibe das hier, weil ich es einfach nicht aussprechen kann.*

Ihre bis dahin kerngesunde, aktive und lebensfrohe Mutter war in der Nacht zuvor in die Notaufnahme eines Krankenhauses aufgenommen worden und man hatte bei ihr Leberkrebs im fortgeschrittenen Stadium diagnostiziert. Kristi war zu diesem Zeitpunkt mit ihrem ersten Kind im siebten Monat schwanger, aber der Arzt hatte sein Okay gegeben, dass Kristi und ihr Mann noch an diesem Abend zu ihrer Mutter nach Calgary fliegen konnten, um bei ihr zu sein. Das war zwei Flüge und viele Stunden entfernt.

Ich war gerade mit dem Auto unterwegs, als ich die E-Mail bekam und immer wieder fassungslos las, was da stand. Und dann legte ich einfach den Kopf aufs Lenkrad und weinte aus lauter Angst um Kristi und um ihre Mutter. Dann raste ich nach Hause, wo Aaron gerade eine ganz ähnliche Mail von Kristis Mann Matt bekommen hatte, und fing an, wie wild Sachen in eine Tasche zu werfen – glutenfreie Müsliriegel, Zeitschriften, ein Buch, von dem ich glaubte, dass es Kristi auf dem Flug vielleicht die Zeit vertreiben könnte, Schokolade und Studentenfutter.

Zu diesem Zeitpunkt kannte ich Kristi noch gar nicht besonders gut, aber wir hatten bei uns oder bei ihr zu Hause auf dem Sofa bereits einige intensive Gespräche geführt, während unsere Männer zusammen probten. Im Sommer zuvor hatten wir sie in ihrem Haus auf Cape Cod besucht, aber wir hatten noch keine gemeinsamen Erlebnisse, die uns zusammengeschweißt hätten, wie es bei sehr langen Freundschaften meistens der Fall ist. Ich wusste deshalb nicht so genau, was ich in diesem Moment tun sollte und was sie brauchte.

Bei mir selbst war es meistens so, dass ich in den Momenten, in denen mir etwas richtig Schlimmes passiert war, den Leuten immer sagte, es gehe mir gut, ich aber immer unendlich dankbar war, wenn sie meinen Versuch durchschauten, stark und tapfer zu sein und es allein zu schaffen.

Deshalb schickte ich Kristi eine SMS, in der stand: *Ich bin unterwegs zu dir, um dir ein paar Sachen für die Reise zu bringen. Wenn du möchtest, dass ich hereinkomme, melde dich bitte kurz. Wenn ich nichts von dir höre, stelle ich die Tasche einfach auf die Veranda hinter dem Haus.*

Danach rief ich dann vom Auto aus Margaret und die anderen Mädels vom Kochclub an. Kristi hatte in ihrer E-Mail zwar geschrieben, wir sollten die Babyparty auch ohne sie in ihrem Haus veranstalten, sie werde alles „partybereit" hinterlassen, aber für mich wäre an ihrer Stelle das Allerletzte, was ich in so einer Situation hätte gebrauchen können, die Vorstellung gewesen, mein Haus so hinterlassen zu müssen, dass darin eine Party gefeiert werden konnte. Sie sollte einfach alles stehen und liegen lassen können, sich beim Packen keine Gedanken machen müssen, sondern sich ganz auf das konzentrieren können, was ihr bevorstand.

Kristi schrieb als Antwort auf meine SMS, sie würde mich gern sehen und ich solle doch hereinkommen. Und dann umarmten wir uns und weinten und sie brachte mich auf den neuesten Stand. Dann sagte sie, es sei für die Babyparty eigentlich alles bereit. Auf meinen Einwand, die Party könne doch auch bei uns stattfinden, und ich wolle nicht, dass sie sich jetzt darüber noch einen Kopf mache, sagte sie: „Du hast ihnen doch noch nicht gesagt, dass die Party woanders stattfindet, oder? Ich hab dir doch gesagt, dass ich das gern machen möchte", und zwar in einem Tonfall, der zwischen ernst und panisch lag. Ihre hellen Augen wurden in diesem Moment tiefgrau.

Ich wusste nicht, was ich tun sollte. Ich wollte ihr helfen, es ihr möglichst leicht machen, und von mir selbst weiß ich, dass ich in solchen Momenten manchmal jemanden brauche, der mir hilft loszulassen. Eine Weile sahen wir uns einfach nur an und genau in diesem Augenblick rief Kristis Mann an. Kristi stellte das Telefon auf laut und sagte: „Matt, Shauna versucht gerade, die Babyparty in ein anderes Haus zu verlegen. Kannst du ihr bitte sagen, dass sie das lassen soll? Sag ihr bitte, wie sehr ich mir wünsche, dass die Party hier bei uns stattfindet."

Matt, ein ewiger Friedensstifter und Gute-Laune-Verbreiter, sagte: „Das ist jetzt wirklich nicht der richtige Moment, das Mädel zu verärgern, Shauna. Wenn ich du wäre, würde ich das lieber lassen."

Kristi kamen die Tränen und beinah flehend sagte sie: „Es ist wirklich alles bereit, und ich möchte so gern, dass wenigstens irgendetwas weitergeht wie geplant."

Und da wurde mir etwas klar. Was ich in so einer Situation gebraucht hätte oder nicht, spielte in diesem Moment absolut keine Rolle. Meine Freundin Kristi brauchte nämlich etwas ganz und gar anderes. Sie brauchte die Gewissheit, dass etwas weiterging wie geplant, während fast alles andere außer

Kontrolle war. Und ich hätte in diesem Augenblick wirklich alles getan, was sie sich wünschte, um ihr zu helfen.

Und so machten wir es dann auch. Ich fuhr ein paar Stunden später wieder zu ihrem Haus, wo Kristis stilvolle, letzte Handgriffe im ganzen Haus deutlich zu erkennen waren – Blumen auf der Kochinsel, hübsche Handtücher im Gästebad und ein lieber schriftlicher Gruß an Blaine und Margaret auf dem Küchentresen.

Es war ein nasskalter Abend im März – mit dunklem Himmel und Graupelschauern –, einem Wetter, bei dem einem so kalt wird, dass einem die Zähne klappern. Eine nach der anderen trudelten die Kochclubmitglieder bei Kristi ein mit Käse und Obst und Suppe im Gepäck. Meist schweigend arbeiteten wir nebeneinanderher, schnitten Äpfel in Scheiben, füllten verschiedene Senfsorten und Tapenaden in Schälchen und versahen Cupcakes mit Glasur.

Als schließlich die Gäste alle da waren und wir vor dem Essen noch das Tischgebet sprechen wollten, brachten wir alle Gäste zuvor noch auf den neuesten Stand über Kristis Mutter, und dann standen wir alle in einem Kreis in der Küche zusammen und beteten – für Kristis Mutter, für eine behütete Reise von Kristi und Matt und auch für ihr Baby. Und anschließend beteten wir für das Baby von Margaret und Blaine, das eigentlich der Anlass für diese Zusammenkunft war.

Draußen herrschte Eisregen, der laut gegen die Scheiben der Küchenfenster prasselte, so als würde jemand immer wieder händeweise feinen Kies dagegenwerfen, und wir saßen dabei warm und trocken im Haus. Die Küche war erfüllt von einer beinah greifbaren Atmosphäre des Gebets und der Verbundenheit. Wir trauerten und feierten gleichzeitig; wir beteten um Hilfe und Frieden und Gesundheit. In Matts und Kristis Haus zu sein, gab uns ein Gefühl der Verbundenheit mit ihnen, obwohl sie gar nicht dabei waren, und jedes Mal, wenn ich mit der Hand über die Platte des Küchentresens strich oder ein Glas polierte und es in den Schrank zurückstellte, betete ich für sie.

Melodys passierte Tomatensuppe war köstlich cremig, das perfekte Gegenmittel gegen das Wetter, und Brannons Caesar's Salad ist sowieso ein allgemeines Lieblingsgericht mit seiner Zitronigkeit und einer ganz leichten Schärfe. Wir stellten Teller und Platten mit allen möglichen unterschiedlichen Käse- und Brotsorten hin – Gouda und Cheddar und Ziegenkäse und Baguette, Vollkornbrot und Sauerteigbrot –, dazu verschiedene Fleisch- und Obst- und Senfsorten und Tapenaden. Die Gäste stapelten sich die Zutaten zu Sandwichs und wir halfen ihnen bei der Bedienung der Sandwichtoaster. Manche Gäste kamen auf abenteuerliche Kombinationen, andere hatten es lieber klassisch und mit fortschreitendem Abend verrieten wir uns gegenseitig unsere Lieblingskombinationen: „Probier mal Salami mit Fontina!" Oder: „Hier, nimm mal eine Scheibe Apfel zu dem Gouda!"

Wir bestaunten gemeinsam die Babysachen, die die Gäste für das Baby ausgesucht hatten, plauderten und aßen Suppe und Cupcakes. Und obwohl das Wetter so furchtbar war, oder vielleicht auch gerade deshalb, blieben wir sehr lange, standen an Arbeitsflächen gelehnt in der Küche oder kuschelten uns in Sofaecken.

Ich glaube, wir brauchten alle einen Hafen im Sturm, und zwar sowohl im wörtlichen als auch im übertragenen Sinne. Wir fühlten uns mit Blaine und Margaret verbunden und mit der fantastischen, beinah heiligen Art, wie das Baby ihr Leben verändern würde, und gleichzeitig fühlten wir uns auch Kristi und Matt nah, weil wir an ihrem Tisch saßen, während sie stundenlang voller Angst und Sorge über den Kontinent flogen.

Eine ganze Zeit später konnten Kristi und ich dann auch über diesen Moment lachen, als wir – zwei starke Frauen – in ihrer Küche gestanden und versucht hatten, uns gegenseitig von der Richtigkeit unseres eigenen Standpunktes zu überzeugen. Ich entschuldigte mich dafür, dass ich versucht hatte, ihr etwas zu geben, was *ich in dieser Situation gebraucht hätte,* aber sie nicht. Und wenn ich jetzt an meine Freundschaft mit ihr denke, dann kommen mir nicht in erster Linie die leichten Augenblicke in den Sinn – die Geschenke, die sie mir gemacht hat oder gemeinsames Lachen und Essen. Nein, ich denke an die E-Mail und diesen Moment in ihrer Küche, als sie zulassen konnte, dass ich in diesem extrem schwierigen Moment in ihrem Leben dabei war und so ungeschickt versuchte, es ihr leichter zu machen, und es damit eigentlich nur noch schlimmer wurde. Aber danach denke ich auch gleich an den Moment, in dem ich endlich begriff, was sie wirklich brauchte.

Das alles ist jetzt ein Jahr her. Kristis Tochter Elsa und Margarets Tochter Ruby sind inzwischen gesund auf die Welt gekommen. Kristis Mutter versucht, nach einer schweren Operation im Sommer einen Tag nach dem andern zu bestehen, auch wenn es schwer ist. Wenn ich das Foto von ihr mit Elsa auf dem Arm sehe, muss ich vor Dankbarkeit fast weinen, weil ich mich an die unausgesprochene Angst von Kristi und Matt erinnere, als sie damals für die Reise zu Kristis Mutter packten – die Angst, dass Kristis Mutter ihre Enkeltochter vielleicht gar nicht mehr kennenlernen würde. Die Gnade und Güte, sie jetzt mit ihrer Enkelin zu sehen, lässt mich vor Dankbarkeit verstummen.

Nicht in den einfachen Situationen lernen wir, einander auf die richtige Weise lieb zu haben. Auf einer Cocktailparty kommt man eigentlich mit jedem gut zurecht, aber Liebe entsteht und wächst dort, wo wir einander missverstehen und dann das Missverständnis klären können. Sie entsteht, wenn wir zusammen in der Küche stehen und weinen, wenn wir uneingeladen mit Zeitschriften und Müsliriegeln bei der anderen auftauchen, um ihr damit zu sagen: *Ich hab dich lieb*.

Schlemmen und Fasten

Vor ein paar Jahren begann ich damit, nach den Sommerferien – in denen wir immer viel feiern und gut essen – regelmäßig zu fasten. Im Grunde ist es eher eine Diät als Fasten, denn ich esse dann nämlich nur mageres Eiweiß, Obst und Gemüse und nur ganz wenig Vollkornprodukte. Auf Milchprodukte, Koffein und Alkohol verzichte ich völlig. Ich nehme kein Gluten und keinen Zucker zu mir, dafür aber jede Menge Obst und Gemüse. Eigentlich müsste es dafür ein besseres Wort geben als Diät, denn Diät beschwört schnell die Vorstellung von zuckerfreiem Wackelpudding und vielen Entbehrungen herauf, von Süßstoff, künstlichen Nahrungsmitteln und unsinniger Selbstkasteiung.

Für mich ist deshalb momentan der Begriff Fasten sehr viel hilfreicher, und ich hoffe, dass ich ihn aus diesem Grund ein bisschen lockerer verwenden darf. Ich habe zwar als geistliche Übung auch schon hin und wieder streng gefastet, indem ich für eine bestimmte Zeit nichts anderes als Brühe und Säfte zu mir genommen habe, aber zurzeit verwende ich den Begriff des Fastens eher als Gegenteil zu dem Begriff des Schlemmens – Yin und Yang, auf und ab, laufen lassen und Disziplin, ein notwendiges Hin und Her auf dem Kontinuum unserer Art zu essen.

Es mag ja Menschen geben, die eine Einstellung zum Essen haben und auch praktizieren können, die sich zwölf Monate im

Jahr ununterbrochen durchhalten lässt – schön für sie. Vielleicht werde ich sogar eines Tages – wenn ich erwachsen bin und maßvoll und weise – ebenfalls zu ihnen gehören, auch wenn ich das eher für unwahrscheinlich halte. Ich gehöre nämlich eher zu den Menschen, die Leitplanken und Geländer am Weg brauchen.

Ich schlemme gerne. Ich will kein Thanksgiving ohne Truthahnfüllung oder Weihnachten ohne Plätzchen und guten Sekt. Ich möchte nicht unsere Familientradition aufgeben, zu Silvester alles zu frittieren, was man sich nur vorstellen kann. Aber ich lerne langsam, dass es ein gesundes Schlemmen – körperlich, geistlich und seelisch – nur in einem Leben geben kann, in dem auch das Fasten seinen Platz hat.

Die Wochen zwischen Thanksgiving und Neujahr sind für mich wie ein einziges Festbankett, bei dem ich hingebungsvoll schlemme. Von Truthahnfüllung mit Salbei bis hin zu weichen Süßkartoffelbrötchen mit Butter und Ahornsirup. Ich liebe die Bräuche und Geschmackserlebnisse in dieser Zeit des Jahres – Tante Marys Rosinenbrot, getoastet, mit geschmolzenem Cheddarkäse; die Erdnussbuttertrüffel meiner Schwiegermutter, die so groß sind wie Äpfel, und das Schokokaramell mit Meersalz von meiner Cousine.

Aus all diesen Gründen und noch tausend mehr ist die Zeit zwischen Thanksgiving und Neujahr für mich nicht die Zeit, in der ich nur Grünzeug essen möchte. Ich möchte bei jedem Bissen, den es zu essen gibt, dabei sein und ihn genießen. Ich möchte in jedem Moment und bei jedem Bissen schwelgen. Doch mit dem Januar kommt gleichzeitig eine Zeit des Fastens, um meinen Appetit wieder zu justieren, und zwar sowohl körperlich als auch seelisch. Durch das Fasten übe ich mich jedes Jahr wieder in der Bereitschaft, nicht jeden Augenblick in meinem Leben alles zu haben, was ich möchte, indem ich meinen Konsum einschränke und in meinem Körper und meinem Geist Platz schaffe für ein neues Jahr, ein Jahr, das nicht getrieben ist von meinem Mund, von Wollen, Wünschen und Konsum.

Die zweite Schlemmerphase des Jahres ist bei mir der Sommer. Dann ziehen wir hoch an den See und tun so, als hätten wir dort ein Bed & Breakfast. Dann haben wir das Haus ständig voller Freunde und Kinder und endlose Waschmaschinenladungen sandiger Bettwäsche und Handtücher.

Auch das ist keine Zeit für Mäßigung. Wir gehen mit den Kindern an den Strand und machen auf dem Heimweg unterwegs halt, um Pizza zu holen, die wir dann auf unseren mit glücklichen, müden Kindern beladenen Bollerwagen nach Hause balancieren. Wir essen frischen Blaubeerkuchen zum Frühstück und trinken starken schwarzen Kaffee dazu und zum Abendessen vertilgen wir Steak-Tacos aus dem „Sue Casa". Wir stellen uns in der Schlange vor „Shermans Eisdiele" an und warten darauf, dass unsere Nummer aufgerufen wird, diskutieren über die verschiedenen Geschmacksrichtungen – Schokolade oder Kokos-Mandel, Karamell oder Blue Moon – genauso, wie wir es schon als Kinder gemacht haben.

Und dann ist der Sommer zu Ende und wir packen all unsere Handtücher und Schwimmwesten und das Sandspielzeug zusammen. Wenn wir dann wieder zu Hause angekommen sind, beginnt erneut eine Fastenzeit. Die ist dann wirklich angebracht und findet zum richtigen Zeitpunkt statt, denn sie ist der richtige nächste Schritt im Reigen des Schlemmens und Fastens.

Ich bin ein Mensch mit großem Appetit. Ich liebe Essen, rede gern darüber, denke gern daran und experimentiere gern damit herum. In Supermärkten bin ich glücklich und der Wochenmarkt ist für mich fast so etwas wie ein Wallfahrtsort. Es gibt kaum etwas, das mich glücklicher macht, als ein Menü zu planen oder gefüllte Schüsseln mit duftenden Speisen auf den Tisch zu stellen.

Das bedeutet aber eben auch, dass mir jedes Jahr in der Weihnachtszeit meine Jeans zu eng werden, und ich schwöre, dass im Laufe jedes Sommers die Unterteile meiner Badeanzüge einlaufen. Es passiert mir schnell, dass mein Appetit mit mir durchgeht – noch ein Gläschen Rotwein, nur noch eine Scheibe von dem scharfen Cheddarkäse auf Rosinenbrot, nur ein Gäbelchen von dem salzigsauren französischen Kartoffelsalat jedes Mal, wenn ich daran vorbeigehe.

Vor ein paar Jahren habe ich nach einem besonders maßlosen Sommer einen Arzt für Naturheilkunde aufgesucht, und zwar nicht nur weil ich wieder so viel zugenommen hatte, sondern auch weil ich irgendwie das Gefühl nicht loswurde, mein Körper arbeitete nicht so, wie er sollte. Ich wurde schneller und häufiger krank als sonst und war nach monatelangen Bemühungen immer noch nicht schwanger. Mein Nacken und meine Schultern taten mir ständig weh und meine Muskeln waren steinhart, obwohl ich sowohl beim Chiropraktiker als auch beim Masseur gewesen war. Die Menge an Ibuprofen, die ich brauchte, um die Schmerzen einigermaßen in den Griff zu bekommen, fand ich beunruhigend. Ich wachte fast jede Nacht gegen 3:00 Uhr auf und konnte dann nicht wieder einschlafen, und morgens war mir meistens übel, was sich angesichts des Umstandes, dass ich einfach nicht schwanger wurde, ganz besonders gemein anfühlte.

Kurz, ich war verzweifelt genug, um etwas zu tun, wozu ich mich bis dahin nie hatte durchringen können. Ich hatte miterlebt, wie viele Freunde und Verwandte davon profitierten, auf bestimmte Lebensmittel oder Nahrungsbestandteile zu verzichten. Aaron beispielsweise war absolut überzeugt, dass es für ihn ein lebensverändernder Schritt war, sich glutenfrei zu ernähren.

Trotzdem. Also wirklich! Muss das denn sein? Ich esse doch so gern …

Ich rauche nicht, ich nehme keine Drogen, ich habe keine heimliche Shoppingsucht – aber ich esse. Ich liebe Essen. Und in meinen ganz ehrlichen Momenten musste ich gestehen, dass die Vorstellung, Essen und Wein aufzugeben, mehr war, als ich ertragen konnte. Die Dinge, die ich esse und trinke, bescheren mir im Laufe des Tages so viele schöne Momente. Ich denke viel an Essen und Trinken, ich plane es und stelle mir verschiedene Speisen vor. Ich liebe den Augenblick, wenn ich in einem Restaurant die Speisekarte aufschlage oder wenn ich beginne, ein Essen vorzubereiten oder wenn ich eine Weinflasche öffne. An Tagen, an denen ich viele Stunden mit Schreiben verbringe, sind es die Pausen, in denen ich Brot und Käse esse oder die Reste eines Nudelgerichtes vom Vortag oder eine Scheibe in Espresso getunkten Mohnkuchen von Emily, die mich motivieren und zum Weitermachen bewegen.

Doch wenn mich die letzten paar Jahre eines gelehrt haben, dann, dass das Verzichten auf Dinge, von denen man glaubt, dass man sie unbedingt braucht – auch wenn es mühsam und widerwillig geschieht –, das Leben am grundlegendsten verändert. Das College, auf das ich unbedingt gehen wollte, weil ich mein Herz daran gehängt hatte, der Freund, von dem ich geglaubt hatte, er würde irgendwann mein Mann werden, der Job, über den ich mich definiert hatte, die Schwangerschaft, von der ich geglaubt hatte, sie würde eine Phase der Sehnsucht und des Verlustes beenden – jedes dieser Dinge, das mir aus meinen schmuddeligen Fäusten gezerrt wurde, hat mich etwas Grundlegendes über das Begehren und über Veränderung gelehrt. Immer und immer wieder lerne ich auf die harte Tour, dass die

Sache, an die ich mich so klammere, genau die Sache sein kann, die mich befreit, wenn ich darauf verzichte.

Ich rief also den besagten Arzt an und an einem warmen Sommertag bekam ich dann die Ansage: kein Gluten, kein Koffein, kein Alkohol, kein Zucker. Wusste der denn nicht, dass meine Lieblingslebensmittel Käse, Brot, Wein und Kaffee waren? Doch wider Erwarten war ich bereit, darauf zu verzichten. Niemand ändert ja sein Leben einfach so, bevor der Leidensdruck unerträglich wird, und für mich war die Schmerzgrenze in vielerlei Hinsicht überschritten. Ich befolgte also den Rat des Arztes über einen Monat lang und es ging mir großartig. Ich nahm etwas ab, schlief besser und hatte keine Schmerzen mehr.

Was für ein Erfolg!

Aber gleichzeitig hatte ich auch das Gefühl, in einer Parallelwelt zu leben. Es war, als hätte ich die Lautstärke des Lebens ganz leise gestellt oder als ginge ich an den Strand, ohne dort meine Füße ins Wasser zu tauchen. Meine Sinne verhungerten förmlich. Mich dauerhaft nur so eingeschränkt zu ernähren, war für mich keine Option, weil es einfach nicht funktionieren würde. Den ganzen Herbst hielt ich zwar weiter durch, aber wie vorherzusehen gewesen war, begann mein Durchhaltevermögen mit Beginn der Adventszeit zu bröckeln, und im Sommer des darauffolgenden Jahres war es damit ganz vorbei. Dinge wie Meeresfrüchtekroketten und Rumpunsch nicht zu essen beziehungsweise zu trinken, diese Dinge, die mir im Laufe vieler Jahre so ans Herz gewachsen waren, ließen sich nicht vereinbaren mit meiner Vorstellung von Leben. Es musste doch einen Weg geben, gesund und bewusst zu leben, gleichzeitig aber auch den Teil von mir anzuerkennen und existieren zu lassen, der eben gerne isst und der Essen genauso als körperliche wie als geistige Nahrung betrachtet.

Ich arbeite daran, einen Mittelweg zu finden – etwas Schlemmen und etwas Fasten, manchmal das Leben mit jedem Bissen zu verschlingen, in anderen Phasen jedoch meinen Appetit zu zügeln und meine Gelüste zu mäßigen. Zurzeit bemühe ich mich, hier ein Gleichgewicht zu erreichen – meinen Sinnen zu gestatten, jeden Bissen Leben zu schmecken, ohne jedoch wahllos und heißhungrig von meinen Gelüsten getrieben zu sein. An manchen Tagen gelingt mir das schon ganz gut, an anderen überhaupt nicht, aber ich weiß, dass dieser Prozess mich heilt.

Robins supergesunde Linsensuppe

Wenn ich es mit dem Schlemmen übertrieben habe und ein bisschen maßhalten muss, dann ist dieses Gericht eine sichere Bank. Ich bereite einen großen Topf Linsensuppe nach dem Rezept meiner Freundin Robin zu, manchmal gleich die doppelte Menge. Ich finde es immer hilfreich, etwas Gesundes, Wohlschmeckendes und vor allem Verzehrfertiges im Haus zu haben. Auch dieses Rezept ist, wie die meisten meiner Lieblingsrezepte, endlos abwandelbar. Manchmal nehme ich Lauch und Schalotten statt Knoblauch und Zwiebeln und ich gebe am Schluss zusammen mit dem Essig gerne noch etwas frischen Rosmarin und ein bisschen Rosmarinsalz dazu. Ein wenig geriebener Parmesan darübergestreut, peppt die Suppe für Gäste auf, ebenso wie etwas frische Petersilie oder das Grün von Staudensellerie.

ZUTATEN

3 Esslöffel bestes Olivenöl
2 große Zwiebeln, fein gewürfelt
1 Cup (250 g) Staudensellerie, fein geschnitten
1 Cup (100 g) Möhren, gewürfelt
2 Knoblauchzehen, gehackt
6 Cups (1,5 l) Hühner- oder Gemüsebrühe
1 1/2 Cups (320 g) Linsen
1 große Dose (400 g) Tomaten, in kleine Stücke geschnitten
Balsamico
Salz und Pfeffer nach Geschmack

ZUBEREITUNG

Das Öl bei mittlerer Hitze in einem großen Topf erhitzen. Zwiebeln, Sellerie, Möhren und Knoblauch ins Öl geben und anschwitzen, bis das Gemüse braun wird (ca. 15 Minuten).

Brühe dazugeben, die Linsen und die Tomaten – alles zum Kochen bringen.

Die Temperatur ein bisschen reduzieren und den Deckel auflegen. Köcheln lassen, bis die Linsen gar sind (ca. 35 Minuten).

Mit Salz, Pfeffer und einem Schuss Essig abschmecken.

Ergibt 6 Portionen.

Gestatten: Mac

Letztes Jahr verbrachten wir Ostern mit der Familie am See. Nach den Festgottesdiensten machten wir uns gemeinsam auf den Weg dorthin. Es war zwar noch kalt, aber wir holten trotzdem das Segelboot heraus, mummelten uns dick ein und rückten darauf rotnasig und mit eiskalten Wangen eng zusammen. Später tauten wir dann am Kaminfeuer im Ferienhaus bei heißer Schokolade wieder auf. Am nächsten Morgen gab es ein großes gemeinsames Frühstück und einen faulen Vormittag vor dem Kamin. Aaron musste schon am Nachmittag wieder fahren, weil er ein Konzert in der Stadt hatte, und deshalb blieben Henry und ich noch ein bisschen länger bei der Familie am See.

Kurz nachdem ich Aaron mit einem Kuss verabschiedet hatte, bekam ich einen Anruf von meiner Gynäkologin. Ich war zu diesem Zeitpunkt in der achtzehnten Schwangerschaftswoche, und als ich die Telefonnummer der Arztpraxis auf dem Display meines Handys sah, nahm ich an, dass die Sprechstundenhilfe den nächsten Vorsorgetermin bestätigt haben wollte. Doch dann hörte ich die Stimme meiner Ärztin, und da wusste ich, dass gleich etwas ganz Furchtbares passieren würde.

Die Untersuchungsergebnisse seien da, Ergebnisse einer Blutuntersuchung, an die ich schon gar nicht mehr gedacht hatte. Wir müssten einen Termin bei einem Spezialisten vereinbaren. Es täte ihr wirklich leid, aber die Testergebnisse deuteten darauf hin, dass ein schwerwiegender Chromosomenfehler vorliegen könne, der oft dazu führe, dass ein Baby die Schwangerschaft gar nicht überlebe.

Das alles ging so schnell, dass ich zunächst nicht begriff, was ihre Worte bedeuteten. Ich nickte zu allem, als ob die Ärztin mich sehen könnte, und während die Informationen und Zahlen in meinem Kopf miteinander verschwammen, schlug ich mir eine Hand vor den Mund und begann zu schluchzen. Ich schaute auf den See hinaus, der still und stahlgrau dalag.

Meine Eltern spielten mit Henry in der Hängematte und ich konnte ihn lachen hören. Mein Vater kam ins Haus. Als er sah, dass ich weinte, veränderte sich seine Miene schlagartig. Henrys Malpapier und seine Filzstifte waren über den ganzen Couchtisch verstreut und ich schrieb mit einem roten Filzstift das Wort ÄRZTIN auf das weiße Blatt. Danach notierte ich so viele von den Zahlen und Informationen, die mir die Ärztin gab, wie auf das Blatt passten. Mein Vater setzte sich neben mich und versuchte mein Gekritzel zu entziffern, während ich nur immer wieder zu dem, was die Ärztin sagte, nickte.

Folgendes sagte mein Vater als Allererstes, nachdem ich den Hörer aufgelegt hatte: „Dieses Kind ist geliebt, egal, was kommt. Diese Familie hat so viel Liebe zu geben. Was auch immer passiert, wir lieben dieses Kind doch schon jetzt."

Das Stück Malpapier, auf das ich all die Informationen der Ärztin gekritzelt hatte – und auf dem auch Tränenflecke waren –, behielt ich und bewahrte es noch monatelang zusammengefaltet in meiner Handtasche auf.

In der darauffolgenden Woche suchten Aaron und ich dann den Spezialisten auf, der uns noch einmal mit Unmengen von Zahlen bombardierte – Prozentzahlen, Statistiken und Wahrscheinlichkeitsraten. Jedes Mal, wenn wir ihm eine Frage stellten, eine Frage, die wir mit Worten, Gedanken, Geschichten beantwortet haben wollten, antwortete er mit noch mehr Zahlen. Es war, als sprächen wir mit einem sehr freundlichen Computer, aber es half uns nicht, etwas zu verstehen.

Eines wurde allerdings durch dieses Gespräch klar, nämlich dass wir erst nach der Geburt unseres Kindes erfahren würden, ob es einen Chromosomenfehler hatte, und wenn ja, was das für das Baby bedeutete. Wir hatten gerade so viele Informationen, dass sie uns wahnsinnig machten, aber nicht annähernd genug, um irgendetwas wirklich Entscheidendes zu wissen. Es war wie ein Albtraum, der jedes Mal weiterging, wenn wir die Augen zumachten. Ein Traum voller Angst und Tränen und Sorge, aber nichts Greifbares, nichts Konkretes, nichts Verlässliches, nichts Sicheres, woran wir uns hätten festhalten können.

Und so warteten wir also. Wir beteten. Manchmal beteten wir, das Baby möge bitte völlig gesund sein, und manchmal, dass Gottes Wille geschehen möge und wir diesem Kind die bestmöglichen Eltern würden sein können, egal, was komme. Wenn wir für ein gesundes Baby beteten, wussten wir noch nicht einmal, was das bedeutete. Gesünder als was?

Das Ganze fühlte sich an wie ein Überraschungsangriff. Erst das lange Warten darauf, überhaupt schwanger zu werden, dann die Freude über die Schwangerschaft, dann die Blutung, dann alles klar, dann die ständige Übelkeit … und jetzt das.

Um mich aufzumuntern, sagten die Leute ständig: „Das ist es alles wert. Wenn du dann ein gesundes Baby im Arm hältst, denkst du nicht mehr daran." Aber was war, wenn es gar kein gesundes Baby wurde? Was, wenn es gar kein Baby geben würde? Was, wenn die schwerste und schmerzlichste Phase uns erst noch bevorstand?

Bei all meiner Übelkeit spürte ich die Testergebnisse in meiner Tasche die ganze Zeit wie einen Tumor, wie eine Landmine, die sich direkt unter der Oberfläche befand. Wir erzählten nur unseren Eltern und zwei sehr engen Freunden davon, denn wir hatten das Gefühl, es wäre irgendwie noch realer und schwerer auszuhalten, wenn wir es allen mitteilten. Ich versuchte, nicht zusammenzuzucken, wenn Leute mir sagten, die Übelkeit sei doch ein geringer Preis, wenn ich am Ende ein gesundes Baby im Arm hielte. Ich versuchte, mein Geheimnis nicht zu verraten. Ich versuchte zu beten – das Baby jeden Tag wieder in Gottes Hand zu legen –, aber an manchen Tagen wollte ich nur eines, nämlich Gewissheit haben, wissen, was die Zukunft bringen würde, selbst wenn es etwas Schlimmes war. Ich wollte einen Blick in meinen Bauch tun, wie in ein Aquarium oder eine Kristallkugel. Was passiert da drinnen? Wer bist du, Baby? Werde ich dich jemals kennenlernen, dich im Arm halten, dich aufwachsen sehen?

Die Tage waren quälend lang, und ich merkte, wie meine Sorge wuchs, je näher der Geburtstermin rückte. Jeder Kontrolltermin, der gut verlief, machte mir Hoffnung, aber die Statistiken in meinem Kopf schrien gegen sie an.

Und dann und dann und dann wurde unser Baby geboren – ein gesunder Sohn. Wir fuhren ganz früh morgens im Dunkeln in die Klinik. Es war ein Montag und in der Aufnahme war es still und leer. Meine Wehen kamen heftig und in kurzen Abständen, weshalb es für eine Rückenmarksbetäubung schon zu spät war.

Die Schwester schrie nach der Ärztin: „Sofort! Wir brauchen Sie hier jetzt sofort!"

Daraufhin kam die Ärztin hereingerauscht und zog sich Handschuhe an. Aaron, meine Mutter und meine Schwiegermutter hielten abwechselnd meine Hand. Ich schrie, als würden mir alle Knochen gebrochen. Keine fünf Stunden nach unserer Ankunft in der Klinik wurde schließlich unser kleiner Sohn geboren – kräftig und gesund.

Immer wieder fragte ich den Kinderarzt: „Ist er gesund? Ist alles dran? Geht es ihm gut? Wie geht es ihm? Geht es ihm wirklich gut?“

Der Mann wusste gar nicht, was ich immer wieder wollte, bis ich ihm von den Testergebnissen erzählte. Nachdem ich ihm alles erklärt hatte, tat er meine Fragen und Bedenken ab mit den Worten: „Dieses Baby ist kerngesund.“ Und dann wiederholte er noch einmal: „Sie haben einen kerngesunden kleinen Jungen.“

Die Worte waren Musik in meinen Ohren.

Dann wurde unser Baby von den Schwestern gebadet, gewogen und gemessen. Unsere Väter kamen dazu und schauten den Schwestern über die Schulter, um ihren Enkel zu sehen. Während mein Vater William MacIntyre, seinen Namensvetter, zum ersten Mal auf dem Arm hielt, sprach Aarons Vater ein Gebet. Seine Stimme war tief und klar und ruhig, als er Gott dafür dankte, dass Mac gesund auf die Welt gekommen war. Unser Wunder, unser Baby Mac.

Teil 3

Gott hat nie gewollt, dass der Mensch ein rein geistliches Geschöpf ist. Deshalb benutzt er stoffliche Dinge wie Brot und Wein, um neues Leben in uns hineinzubringen. Wir mögen das als ziemlich banal und ungeistlich erachten, aber Gott tut das nicht: Er hat das Essen gemacht. Er mag Materie. Er hat sie schließlich erfunden.

C. S. Lewis, *Pardon, ich bin Christ*

Gegrüßet seist du, Maria

Mac war von Anfang an ein Traum – ein Kind, das kuschelte, gut schlief und gut aß.

Wir hatten an diesem ersten Tag im Krankenhaus fast zwanzig Besucher und am darauffolgenden noch einmal zehn. Unsere Eltern waren fast den ganzen Tag bei uns, Aarons Schwester kam mit Henry und seinem Cousin und die Mädels vom Kochclub brachten Babydecken und Babykleidung, selbst gebackene Cookies und Äpfel vorbei. Sie drängten sich um mein Bett und wollten alles bis ins Kleinste erfahren. Auch mein Bruder kam noch am selben Abend mit einer schicken Flasche Champagner in die Klinik, und nachdem der Lärm und das Chaos von so viel Besuch langsam abebbten, hatte er Mac in dem jetzt stillen Zimmer noch bis in den späten Abend hinein auf dem Arm.

Als wir dann aus dem Krankenhaus nach Hause kamen, waren meine Schwiegermutter und meine Mutter die ganze Zeit bei uns, und das Auto meines Vaters fuhr anscheinend automatisch nach der Arbeit zu uns statt zu sich nach Hause. Das Wetter war immer noch warm, die Nachmittagssonne schien golden zwischen den Bäumen hindurch, und wir gingen spazieren, bis gegen Abend die Schatten länger wurden.

Unsere Freunde und die Familie sorgten dafür, dass immer genug Suppe im Haus war, außerdem Äpfel, Salat, Enchiladas und Kürbisbrot. Sie brachten Strampelanzüge und Babydecken für Mac vorbei, literweise Apfelsaft und Berge von Cookies. Die Mädels vom Kochclub füllten Kühlschrank und Tiefkühler mit Shepherd's Pie, Bœuf bourguignon und scharfem Tomatillo-Hühnchen-Chili.

Die Tage verschwammen zu einem wunderschönen Gemisch aus Füttern und Besuch, aus Nickerchen mit dem Baby, Babysachen-Bestaunen und Äpfelschälen für Henry. Als Mac zehn Tage alt war, wurde er plötzlich ein bisschen quengelig. Er schlief nicht mehr so gut und wollte immer auf dem Arm sein, aber er war schließlich auch erst zehn Tage alt, und ich kannte ihn noch nicht so gut, dass ich wusste, was bei ihm normal war.

Am Abend machte ich mir dann schon ein bisschen Sorgen, denn jedes Mal, wenn ich seine Temperatur maß, hatte sie sich wieder verändert. Beim einen Mal 38,3, beim nächsten Mal 36,1, sodass ich überlegte, ihn zu pucken (ganz fest zu wickeln), ihn noch eine Weile im Arm zu wiegen und ihn dann ins Bettchen zu legen. Falls etwas sein sollte, war ich ja gleich bei ihm, denn ich schlief bei ihm im Kinderzimmer.

Ich rief dann trotzdem noch sicherheitshalber meine Nachbarin Pam an und fragte sie, wie sie die Sache einschätzte. Sie riet mir, die Kinderärztin anzurufen, weil ich mir sonst nur Sorgen machen und nicht schlafen würde, womit sie völlig recht hatte. Ich rief also bei unserer Kinderärztin an und war ziemlich sicher, dass sie mir raten würde, Mac vielleicht eine geringe Dosis Paracetamol zu geben, oder dass sie mich für den nächsten Morgen in die Praxis bestellen würde. Aber sie sagte, ich solle sofort mit ihm ins Krankenhaus in die Notaufnahme fahren, und ich solle mich darauf gefasst machen, dass dort vielleicht Blutuntersuchungen und eine Rückenmarkpunktion durchgeführt werden würden.

Sie bereite mich lieber schon jetzt darauf vor, damit ich nicht in der Notaufnahme die Nerven verlöre. Schon bevor ich den Hörer aufgelegt hatte, fing ich an zu schluchzen. Immer wieder sagte ich zu Aaron: „Wir haben eine Folge von ‚Das Büro' im Fernsehen geguckt. Ich wollte ihn gerade ins Bettchen legen. Ich hatte ihn schon fast hingelegt."

Als ich aufgelegt hatte, erhielt ich eine SMS von Pam, die mir anbot, zu kommen und sich während meiner Abwesenheit um Henry zu kümmern. Sie kannte sich mit Situationen wie dieser aus und wusste viel besser als ich, wie man sich verhielt. So kam es, dass sie bereits vor der Tür stand, noch bevor ich die Wickeltasche fertig gepackt hatte – ein Engel genau in dem Moment, in dem wir ihn brauchten.

Und plötzlich lag unser zehn Tage alter kleiner Sohn – unser Wunderbaby – in einem Krankenhausbett, um das sich eine ganze Mannschaft von Ärzten und Schwestern scharte, die ihm aus Armen und Füßen Blut abnahmen, ihm einen Katheter legten und mich aufforderten, die Einverständniserklärung für eine Rückenmarkpunktion zu unterschreiben. Macs Fieber war sehr viel höher, als wir gedacht hatten, und als ich die Zahl auf dem Display des Fieberthermometers sah, hätte ich beinah laut aufgeschrien.

Immer wieder sagte ich: „Wir wären fast nicht gekommen. Um ein Haar wäre ich ins Bett gegangen."

Ich wünschte, ich könnte sagen, dass irgendeine Art Mutterinstinkt mich in dem Augenblick stark und ruhig gemacht hätte, dass ich einen klaren Kopf behalten hätte und ruhig, gefasst und entschlossen gewesen wäre, aber ich weinte laut, versuchte, irgendwie Luft zu bekommen, und war völlig am Rande meiner Nerven.

Irgendwann hörte der Arzt in der Notaufnahme auf zu reden, tippte mir mit zwei Fingern ganz kurz aufs Knie und fragte: „Alles in Ordnung, Mama?"

Er erzählte mir, er und seine Frau, die ebenfalls Ärztin war, hätten drei kleine Söhne und einer davon hätte als Baby auch einmal sehr hohes Fieber gehabt, er könne meine Angst deshalb gut verstehen.

Nach einer Weile war dann auf einmal die Rede davon, dass Mac auf die Kinderintensivstation verlegt werden müsse, und erst da wurde mir klar, dass wir tatsächlich im Krankenhaus bleiben mussten. Man befürchte, Mac könne eine Hirnhautentzündung haben, und man müsse aufgrund des bloßen Verdachts mit der Behandlung beginnen. Es dauere achtundvierzig Stunden, bis die Untersuchungsergebnisse vorlägen, dann könne man mehr sagen. Ich war völlig durcheinander. Es war gerade etwas über eine Woche her, dass wir zu Macs Geburt im Krankenhaus gewesen waren. Wie konnte es sein, dass wir jetzt schon wieder hier waren? Wir hatten doch gerade noch *Das Büro* im Fernsehen geschaut und ich wäre beinah ins Bett gegangen. Ich wäre um ein Haar ins Bett gegangen.

Irgendwann zwischendurch riefen wir Aarons Mutter an und baten sie, Pam bei der Betreuung von Henry abzulösen. Nachdem die Ärzte mit allen Untersuchungen fertig waren, nachdem Mac mir gegen den Hals und mein ganzes T-Shirt vollgespuckt hatte, nachdem ihm an seinem winzigen Fuß ein Zugang gelegt und festgeklebt worden war, nachdem er endlich in Ruhe gelassen wurde und sich auf meinem Arm langsam beruhigte und trank, bekam Aaron einen Anruf von seiner Mutter.

Henry sei aufgewacht und weine und er habe einen heftigen, bellenden Husten. Außerdem bekäme er nicht gut Luft.

Henry hatte Angst und meine Schwiegermutter war beunruhigt. Sie bat Aaron, bitte nach Hause zu kommen. Wir sprachen beide nicht aus, was wir dachten, und sagten beide nicht: „Das kann einfach nicht sein."

Aaron beruhigte seine Mutter und versprach ihr, dass er gleich zu Hause sei. Derweil rief ich meinen Vater an und bat ihn, zu mir in die Klinik zu kommen. Meine Mutter war beruflich unterwegs, aber mein Vater hatte anscheinend nur auf die Einladung gewartet, denn fünf Minuten später war er bei mir – im schicken Hemd und marineblauen Blazer.

Er kam ins Zimmer, umarmte mich, gab Mac einen Kuss und begrüßte Aaron, der sich gleich auf den Heimweg zu Henry machte.

Der einzige etwas unbeschwerte Moment an diesem Abend war eine Situation noch in der Notaufnahme, als wir auf die Verlegung auf die Kinderintensivstation warteten und mein Vater in seinem schicken blauen Blazer unablässig vor dem Aufnahmetresen auf und ab tigerte. Irgendwann fragte ich ihn, wieso er die ganze Zeit auf und ab gehe – und, wo ich schon mal dabei sei, wieso er sich eigentlich so schick gemacht habe. Ob er gerade von einer Veranstaltung gekommen sei.

Nein, antwortete er, er sei zu Hause gewesen, aber er habe sich so angezogen, um Respekt einflößend zu wirken, und er gehe auf und ab, um überhaupt irgendetwas zu tun.

Wir tun wirklich die seltsamsten Dinge, wenn wir unter Stress stehen: Ich weine dann, als ob ein Wasserhahn aufgedreht würde, und mein Vater zieht sich schick an, um Respekt einzuflößen, und geht auf und ab, um überhaupt etwas zu tun.

Als Aaron zu Hause ankam, ging es Henry schon ein bisschen besser. Trotzdem wollte Aaron am nächsten Morgen sicherheitshalber noch mit ihm zum Kinderarzt gehen. Es sah jedenfalls nicht danach aus, dass er auch mit unserem älteren Sohn in die Klinik kommen musste.

Gegen 2:00 Uhr morgens bekamen wir endlich ein Zimmer auf der Kinderintensivstation. Bevor mein Vater ging, saßen wir einander schweigend gegenüber und schauten beide auf Mac, der in dem viel zu großen Kinderkrankenhausbett mit Gitterstäben wie in einem Käfig wirkte und winzig klein aussah.

Dann ging mein Vater nach Hause und ich war mit Mac allein. Ich saß in einem Schaukelstuhl neben dem schrecklichen Kinderbett, hielt sein winziges Händchen und war so erledigt, dass ich nicht einmal mehr weinen konnte. Stündlich kamen Schwestern und Laborpersonal, um die Infusion zu kontrollieren oder ihn mit anderen Medikamenten zu versorgen, und plötzlich wurde mir in der Stille des Zimmers bewusst, dass ich an Henrys fünftem Geburtstag, der am nächsten Tag sein würde, nicht zu Hause wäre. Ich hatte eigentlich gedacht, gar keine Tränen mehr zu haben, aber die Aussicht, an Henrys Geburtstag nicht bei ihm zu sein, fühlte sich an, als würde eine Wunde wieder aufgerissen, und dann liefen meine Tränen erneut.

Zu den Dingen, die ich in meinem Leben als berufstätige Mutter am meisten bedauere, gehört, dass ich an Henrys viertem Geburtstag nicht zu Hause sein konnte, weil ich auf Lesereise war. Man hatte mich gefragt, ob ich an einer großen Veranstaltung mitwirken wolle, und zwar an einer Veranstaltung, die so groß war, dass sie ganz sicher nicht wegen meines Terminkalenders verschoben werden konnte. Wir besprachen deshalb, dass Aaron an Henrys Geburtstag zu Hause sein würde, und ich ließ für jeden Tag, den ich weg war, ein verpacktes Geschenk da, sodass er jeden Tag der Woche, in der er Geburtstag hatte, etwas zum Auspacken hatte. Ich gratulierte ihm am Telefon und meine Schwiegermutter veranstaltete einen speziellen Festtag für ihn. Trotzdem war ich fix und fertig. Ich hatte die falsche Entscheidung getroffen.

Aus diesem Grund war ich wild entschlossen, dass Henrys fünfter Geburtstag etwas ganz Besonderes werden sollte. Ich wollte selbstverständlich an diesem Tag zu Hause sein und sein Geburtstag sollte wegen all der Aufregung über das neue Baby auf keinen Fall untergehen. Wir hatten bereits in der Woche vor Macs Geburt eine Party veranstaltet, also eine ganze Weile vor dem Tag, an dem Henry tatsächlich Geburtstag hatte, weil ich auf jeden Fall dabei sein wollte.

Auf dieser Party hatte Henry ein T-Shirt mit einer 5 darauf getragen und war mit seinen Freunden, Cousinen und Cousins in der Gegend herumgesaust. Ich aber war irgendwann so schwanger, so müde und so überfordert gewesen, dass ich mich einfach eine Weile allein in unserer Auffahrt ins Auto gesetzt hatte, um kurz meine Ruhe zu haben und einmal tief durchzuatmen.

Auch für den Tag, an dem Henry tatsächlich Geburtstag hatte, war etwas Besonderes geplant. Natürlich sollte es am Morgen als Erstes Luftballons und Geschenke geben, später Lunch in seinem Lieblingslokal und im Laufe des Tages alle möglichen Aktivitäten, damit er das Gefühl hatte, wichtig und etwas ganz Besonderes zu sein. Doch jetzt war ich mit dem Baby im Krankenhaus, und weil Henry selbst krank war, konnte er uns nicht einmal besuchen. Ich wiederum konnte das Baby nicht allein lassen und nach Hause fahren, um an seinem Geburtstag bei ihm zu sein.

Rückblickend weiß ich, dass ich in dieser Nacht nicht hätte allein sein dürfen, aber natürlich musste Aaron zu Henry nach Hause fahren, und natürlich musste mein Vater irgendwann ins Bett, um selbst ein bisschen Schlaf zu bekommen. Meine Mutter versuchte währenddessen verzweifelt, irgendwie ihre Flüge umzubuchen, damit sie möglichst schnell wieder zu Hause war, bis dahin allerdings ohne Erfolg.

Ich hatte meiner Cousine und ein paar Freundinnen mitten in der Nacht eine SMS geschickt in der Annahme, dass sie sie erst am nächsten Morgen lesen würden, aber meine Cousine hatte die SMS sofort gelesen und bot mir an, zu mir in die Klinik zu kommen. Ich lehnte ihr Angebot jedoch ab, weil sie Vollzeit arbeitet, eine kleine Tochter und ein Baby hat und ich ihr das wirklich nicht zumuten wollte. Rückblickend wünschte ich jedoch, ich hätte ihr Angebot angenommen, denn in dem Krankenhaus dort, mitten in der dunklen, kalten Nacht, fühlte ich mich so zerbrechlich und verängstigt wie noch nie zuvor in meinem ganzen Leben. Man hätte mich ohne Weiteres umpusten können.

Ich war nach der Geburt des Babys noch nicht wieder richtig hergestellt, blutete noch, hatte Schmerzen und nahm Medikamente. In der Aufregung hatte ich aber bei unserer Abfahrt in die Klinik nichts weiter mitgenommen als die Wickeltasche und mein Handy, weshalb mir einige wichtige Dinge fehlten. Außerdem war ich hungrig und wütend und verängstigt, und ich hatte irgendwie das Gefühl, reingelegt worden zu sein. Monatelang war für mich alles so schwer gewesen, ich hatte so viel Angst gehabt. Während der ganzen Schwangerschaft war mir schlecht gewesen und wir hatten uns so lange so schreckliche Sorgen um das Baby gemacht. Doch dann war alles gut geworden, sodass ich gerade angefangen hatte, mich daran zu gewöhnen, dass alles gut war. Unser Sohn war gesund auf die Welt gekommen. Wir hatten das Drama überstanden.

Und jetzt das! Was hatte das zu bedeuten? Warum mussten wir jetzt wieder Angst haben? Was passierte da eigentlich mit uns?

Es klingt vielleicht verrückt oder pathetisch, aber diese Nacht war wohl die finsterste und trostloseste meines Lebens – alles fühlte sich so unwirklich an, dass ich fast das Gefühl hatte, durchsichtig zu sein, so als bestünde ich nicht aus Blut und Knochen, sondern wäre eine Art Nebel, ein Geist in einem Schaukelstuhl. Ich fühlte mich unendlich allein. Dafür konnte natürlich niemand etwas außer vielleicht ich selbst, denn ich hätte schließlich jemanden aus der Familie oder dem Freundeskreis bitten können, zu kommen und bei mir zu sein. Es wäre mit Sicherheit jemand gekommen, aber ich war viel zu aufgelöst. Ich lief wie auf Autopilot, weshalb ich keine Ahnung hatte, was ich brauchte, und es natürlich auch nicht mitteilen konnte.

An Schlaf war gar nicht zu denken, weil stündlich jemand ins Zimmer kam, irgendetwas zu mir sagte, was ich nicht verstand. Es ging um Medikamente, die dem Baby verabreicht wurden, oder irgendwelche Blutentnahmen für weitere Tests, um gute Zeichen oder schlechte. Ich stellte so viele Fragen, wie mir einfielen, aber es gab nicht viel Neues, und ich konnte sowieso nicht klar genug denken, um etwas zu verstehen. Ich saß mit Mac auf dem Arm in dem Schaukelstuhl und schaute zu, wie über den Feldern vor dem Fenster bleich und kalt und farblos ganz langsam der neue Tag anbrach. Als es dann hell war, fühlte ich mich wie betäubt. Ich brauchte dringend meine Schmerzmittel und frische Kleidung. Meine Wäsche war mittlerweile durchgeblutet und ich hatte seit unserer Ankunft in der Klinik nichts gegessen. Ich brachte es aber einfach nicht fertig, Mac auch nur einen kurzen Augenblick hinzulegen.

Aaron war mittlerweile mit Henry beim Kinderarzt, meine Mutter versuchte immer noch, einen Flug nach Hause zu bekommen, und mein Vater hatte den ganzen Tag über Termine. Vor dem ersten Termin schaute er noch kurz in der Klinik vorbei und brachte mir frische Kleidung, die Aaron für mich zusammengepackt hatte.

Ich bin sicher, mein Vater merkte sofort, dass ich völlig fertig war und nicht mehr konnte, denn er sagte ganz ruhig und fast beiläufig: „Ich glaube, ich bleibe lieber hier." Dann rief er seine Assistentin an und sagte ihr, seine Termine für diesen Tag müssten alle verlegt werden, weil ich ihn im Krankenhaus bräuchte.

Selbst jetzt noch, Monate später, empfinde ich diesen Augenblick als einen seiner besten in seiner Rolle als Vater. Ich weiß nicht, was an jenem Morgen in meinem Gesicht geschrieben stand, aber ich weiß, dass ich auf keinen Fall allein sein wollte. Ich brauchte jemanden, der mit den Schwestern sprach, jemanden, der mir sagte, dass ich etwas trinken müsse, jemanden, der mir Mac kurz abnahm, jemanden, der meine Mails und SMS und Nachrichten durchsah. Ich brauchte jemanden, der an diesem Tag stärker war als ich.

Irgendwann schickte mich mein Vater aus dem Zimmer. Er sagte, ich müsse mir ein bisschen die Beine vertreten und etwas essen und ich solle in frühestens dreißig Minuten wieder da sein. Es gebe eine Kapelle auf dem Klinikgelände, ich könne ja einen Spaziergang dorthin machen und bei der Gelegenheit ein bisschen frische Luft schnappen.

Ich wollte Mac eigentlich nicht allein lassen – nicht einmal in eine andere Etage gehen –, und deshalb überlegte ich kurz, einfach nur eine halbe Stunde vor der Zimmertür stehen zu bleiben. Doch dann machte ich mich doch auf den Weg zu der Kapelle. Ich schrieb meiner Freundin Emily eine SMS, und sie schrieb zurück, dass immer, wenn sie Angst um ihr Baby habe, ihre Mutter ihr sage, sie solle zu Maria beten, der Mutter Gottes, die ganz bestimmt verstehen würde, wie es sich anfühlt, in Sorge um ein Kind zu sein. Emily versprach, sie werde für Mac und mich ein „Gegrüßet seist du, Maria" beten.

Durch diese SMS war Maria plötzlich wieder ganz neu in meinem Bewusstsein, und es überraschte mich dann auch nicht besonders, dass sich in der Kapelle eine hohe, schlanke

Marienstatue befand. Ich kniete mich ganz in ihrer Nähe hin, blickte auf zu ihrem Gesicht und betete für unser Baby: *Lieber Gott, wir brauchen deine Hilfe*, sagte ich. *Hilf meinem Baby. Hilf meinem Baby. Hilf meinem Baby. Hilf meinem Baby.* Das war jetzt kein Gebet mehr, sondern eher eine Klage, ein Schreien. *Hilf meinem Baby. Hilf meinem Baby.*

Die Marienfigur, die blass und schweigend dastand, erinnerte mich daran, dass ich nicht allein war, dass ich eine in einer langen Reihe von Müttern war, die ihr Kind der Fürsorge Gottes anvertrauen, so furchterregend das auch sein mag. Als ich wieder aufstand, stand ich ihr gegenüber und Licht strömte durch die Buntglasfenster in die Kapelle. Ich wischte mir die Tränen ab und ging wieder zurück zum Aufzug.

Als ich zurückkam, lagen die Ergebnisse der Blutuntersuchungen vor, und es gab keinerlei Hinweis darauf, dass Mac eine Hirnhautentzündung hatte. Das war wirklich die allerbeste Nachricht.

Die Ärzte erklärten jedoch, diese Tests hätten Ähnlichkeit mit Polaroidaufnahmen, auf denen man erst nach und nach alles deutlich erkennen könne, und so kam von jetzt an alle drei Stunden ein Arzt und erklärte mir die neuesten Laborergebnisse.

Wenn es so weitergehe, dann könnten wir am Sonntagmorgen nach Hause gehen, sagte man mir. Falls sich jedoch noch etwas ändere, das Fieber wieder stiege, Mac zu viel Flüssigkeit verlöre oder er abnähme, müssten wir noch bleiben. Ich konnte an fast nichts anderes mehr denken als an die dreistündlichen Berichte und an Macs Temperatur. Ich konnte den Schwestern zu jedem Moment genauestens seine Temperatur sagen, und ich stillte Mac eigentlich permanent, damit er auf keinen Fall austrocknete oder Gewicht verlor. Ich hielt das Zimmer kalt wie einen Kühlschrank, damit seine Temperatur möglichst niedrig blieb, egal, wie oft mir die Schwestern erklärten, dass das nichts nützen würde.

Die Ärztin hatte gesagt, die letzten Laborergebnisse kämen gegen zwei Uhr morgens. „Sie können dann gleich morgens früh nach Hause", sagte sie, „denn Sie möchten ja sicher nicht mitten in der Nacht aufbrechen."

„Doch, eigentlich schon", antwortete ich. „Ich möchte sofort aufbrechen, wenn feststeht, dass alles klar ist."

Ich hatte solche Angst, dass doch noch etwas dazwischenkommen könnte und wir vielleicht wegen irgendeiner Kleinigkeit auch nur eine Minute länger bleiben müssten.

Und deshalb weckte mich die freundliche Schwester dann mitten in der Nacht mit den Laborergebnissen in der Hand.

„Alles klar", sagte sie. „Sie können nach Hause."

Und dann half sie mir, die Taschen in die Eingangshalle zum Nachteingang hinunterzutragen, wo Aaron schon auf uns wartete.

Dieser seitliche Nachteingang war ganz in der Nähe der Kapelle und deshalb warf ich im Vorbeigehen noch schnell einen Blick auf das durch das Licht der Straßenlaterne beleuchtete blasse Gesicht der Marienfigur. Ich kann das „Gegrüßet seist du, Maria" nicht auswendig, aber für den Moment wusste ich genug. Ich nickte ihr zu, so wie man den Kopf neigt, wenn man vor einem König oder einer Königin steht. *Gegrüßet seist du, Maria, voller Gnaden.*

Die magische Weiße-Bohnen-Suppe

Ich liebe Speisen, die mit schönen Erinnerungen verbunden sind, die Sicherheit vermitteln, die einen an schweren Tagen in schöne Zeiten zurückversetzen. „Kindheitsgerichte“ könnte man solche Gerichte nennen, denn unsere Kindheitserinnerungen sind oft untrennbar mit bestimmten Speisen verbunden. Wenn man mit Leuten über Essen redet, gibt es meiner Beobachtung nach die Speisen, von denen *gesagt wird, dass man sie mag* – schicke, kultivierte, anspruchsvolle Speisen –, und dann gibt es die Speisen, *die man wirklich mag*, besonders an schweren Tagen.

Und anscheinend ist in solchen Zeiten Suppe das ultimative Trost- und Beruhigungsessen. Suppe ist warm und weich und rutscht wie von selbst hinunter. Wir essen Suppe, wenn wir krank sind, wenn wir eingeschneit sind, wenn wir Liebeskummer haben, wenn uns selbst das Zerschneiden und Zerkauen unserer Nahrung schon zu viel ist, wenn wir Trost brauchen.

Suppe ist Kaltes-Wetter-dunkler-Himmel-Essen. Suppe ist rustikales Essen, bei dem Reste verbraucht werden können, eine gute Möglichkeit, ein kleines Stück Fleisch oder eine Handvoll Reis zu strecken. Ich glaube, die besten Suppen kocht man, wenn man sie auch genau so betrachtet – als uriges, rustikales, einfaches, beruhigendes, langsames Gericht. Suppe ist der Wollpullover unter den Speisen, nicht das kleine Schwarze. Suppe ist die Strickjacke mit Ellbogenflicken, nicht das frisch gestärkte und gebügelte Hemd.

Mir persönlich macht es immer Spaß, meine Gäste zu überraschen, indem ich nicht das koche, was sie erwarten. Ich finde es spannend, wenn man eine schriftliche Einladung zu einem Essen bekommt, sich in Schale schmeißt, mit hochhackigen Schuhen beziehungsweise Krawatte anrückt und es dann zum Essen große dampfende Schüsseln mit Rinderschmorbraten gibt und dazu in Stücke gerissenes Brot statt ordentlich in Scheiben geschnittenes, eine Käseplatte auf einem rustikalen Brett und eine Schale mit Oliven – deftige Hausmannskost, Trost- und Beruhigungsessen statt komplizierte, schicke Gerichte, die elegant angerichtet und von Soßen eingerahmt sind. Ich möchte gerne, dass die Menschen sich hinsetzen und sich zu Hause fühlen. Sie sollen nicht den Eindruck haben, dass in der Küche ein Naturwissenschaftler am Werke ist, sondern eine Schwester, eine Frau, die sie lieb hat, die ihre Geschichte kennt und schöne Erinnerungen wecken und sich später gemeinsam mit ihren Gästen an schöne Zeiten erinnern möchte.

Letzten Winter kam mir die Idee zu einer kleinen Einladung zum Essen. Emily kam aus Michigan zu Besuch und ich wollte sie mit ein paar von meinen Freundinnen zusammenbringen; einigen, die sie schon kannte, und ein paar, die sie mit Sicherheit mögen würde. Kristi bot an, das Essen bei sich zu Hause zu veranstalten, wenn ich das Kochen übernähme. Auf diese Weise kam zu dem Essen eine reizende Gruppe von Frauen zusammen: zwei alte Freundinnen aus Chicago, eine von Kristis besten Freundinnen und eine meiner ältesten Freundinnen – insgesamt sieben Personen. Mit dieser Vielfalt von Personen ging ein ganzes Sortiment von ernährungsbedingten

Einschränkungen und Vorlieben einher: Unter den Gästen war eine Pescetarierin, eine Frau, die glutenfrei aß und keine Milchprodukte, sowie zwei Schwangere.

Also kein rotes Fleisch, nichts wohlig Käsiges wie beispielsweise Lasagne, und auch kein Sushi, weil ja Schwangere keinen rohen Fisch essen sollen. Ich dachte an Brathähnchen und hausgemachte Käsenudeln – also etwas, das eigentlich jeder mag, aber eigentlich schwebte mir etwas noch Einfacheres vor. Und außerdem wollte ich auch gern etwas finden, das wir mit minimalen Veränderungen und möglichst wenig Erklärungsbedarf alle essen konnten. Ich wollte, dass wir trotz der unterschiedlichen Ernährungsvoraussetzungen alle zusammen aus demselben Topf aßen und alle in etwa das gleiche Geschmackserlebnis hatten.

An dieser Stelle kam die magische Weiße-Bohnen-Suppe ins Spiel. Sie ist vegan, enthält keine Milchprodukte und ist nicht teuer, außerdem ist sie sättigend und aromatisch. Bei unserem kleinen gemeinsamen Essen servierte Kristi als Appetizer feine geräucherte Wurstwaren und Oliven, bevor wir am Tisch Platz nahmen. Zur Suppe aßen wir dann einen ganz schlichten gemischten grünen Salat mit Vinaigrette und knusprigem glutenfreiem Brot. Zum Dessert briet Brannon unterschiedliche Obstsorten, wozu es Eis aus Reismilch und in Schokolade getauchtes Shortbread gab.

Ich mag die Vertrautheit immer derselben Gesichter um denselben Tisch – die Insiderwitze und die gemeinsame Vergangenheit, die sich, Stein auf Stein, Erlebnis für Erlebnis, im Laufe von Jahren entwickelt hat. Aber genauso gern bringe ich auch Menschen aus unterschiedlichen Bereichen meines Lebens miteinander in Kontakt. Ich fand es großartig, wie Emily und Kristi sich über Design und Architektur unterhielten, und es war so lustig mitzuerleben, wie Christina und Brannon sich über ihre gemeinsame Vorliebe für natürliche Reinigungsmittel fanden – auch wenn sie uns irgendwie das Herz brachen, als sie verkündeten, dass fast all unsere Lieblingsputzmittel hochgiftig seien.

Wenn wir Menschen zusammenbringen, kommen dabei unweigerlich auch unsere Werte und unsere Einschränkungen ans Licht. Viele Köche und Food-Autoren finden Menschen, die nicht alles essen können oder wollen, ausschließlich negativ. Sie gehen dann oft so vor, dass sie einfach das zubereiten, was sie geplant haben, und dann davon ausgehen, dass schon für jeden etwas dabei sein wird, was ihm bekommt und auch schmeckt. Wenn es aber bei solchen Zusammenkünften zum Essen mehr darum geht, miteinander in Kontakt zu kommen, als die eigenen Kochkünste unter Beweis zu stellen, ist es dann nicht wichtig, so zu kochen, dass man die Vorlieben und Einschränkungen der Gäste in Bezug auf das Essen akzeptiert und möglichst berücksichtigt?

Wohl jeder, der kocht, findet es am schönsten und unkompliziertesten, für pflegeleichte Esser zu kochen. Ich habe schon von vielen Küchenchefs und so manchem Hobbykoch gehört, dass sie dieses Problem lösen, indem sie nur unkomplizierte Gäste ohne Lebensmittelunverträglichkeiten einladen. Für mich persönlich würde diese Einstellung bedeuten, dass ich einige meiner liebsten Freunde und einen Großteil meiner Verwandtschaft nicht mehr einladen könnte und stattdessen eine Art Casting für pflegeleichte Esser veranstalten müsste, damit bei Einladungen zum Essen alle Plätze an meinem Tisch besetzt wären – eine schreckliche Vorstellung.

Statt mich also über Vorlieben und Lebensmittelunverträglichkeiten meiner Freunde und Gäste zu ärgern, habe ich es mir im Laufe der Jahre angewöhnt zu versuchen, diese Besonderheiten als Herausforderung zu betrachten. Mit Grundzutaten wie Zucker und Mehl kochen kann schließlich jeder, und es zu erreichen, dass Gerichte mit so geschmacksintensiven Zutaten wie Speck und Sahne gut schmecken, ist kein Kunststück. Aber wie beköstige ich meine Gäste und gebe ihnen Gutes zu essen ohne rotes Fleisch oder Milchprodukte oder Gluten? Da beginnt die echte Herausforderung und da setzte ich diese Weiße-Bohnen-Suppe mit auf meine Isst-eigentlich-jeder-Liste.

Wir ließen die Suppe einfach auf dem Herd stehen und sachte weiter vor sich hin köcheln. Neben den Herd stellten wir Schälchen mit geriebenem Parmesan, knusprigen Speckstreifen und einen kleinen Krug mit einer sehr essiglastigen Vinaigrette. Während die Suppe also vor sich hin köchelte, wurde sie immer dicker und dadurch der Geschmack immer intensiver, und ein kleiner Klecks von der Vinaigrette glänzte satt auf der Erdigkeit der cremigen weißen Bohnen.

Bei Kerzenlicht lachten wir und erzählten uns Geschichten, unterhielten uns über unsere Rolle als Mütter, übers Reisen, berichteten uns gegenseitig von den Geburten unserer Kinder und tauschten Liebesgeschichten aus. So erfuhren wir mehr voneinander, stellten uns gegenseitig Fragen und fanden Gemeinsamkeiten. Wo wäre man wohl an einem kalten, dunklen Freitagabend lieber, als um einen großen Tisch versammelt?

Magische Weiße-Bohnen-Suppe

Dieses Rezept basiert auf dem Rezept für Tuscan White Bean Soup (Toskanische Weiße-Bohnen-Suppe) von Nancy Silverton, das sich in ihrem Kochbuch mit dem Titel *A Twist of the Wrist* (Im Handumdrehen) befindet. Mir gefiel die Idee einer dicken Weiße-Bohnen-Suppe mit Speckstreifen (für die Fleischesser), ein wenig geriebenem Parmesan darüber (für diejenigen, die Milchprodukte essen) und/oder einem Klecks Vinaigrette. Obwohl in dem Rezept von Nancy Silverton nur Olivenöl verwendet wird, bin ich gerade in einer heftigen Balsamicophase und tue ihn auf alles.

ZUTATEN

2 Schalotten, in Ringe geschnitten
250 g Karotten
1 Knolle Fenchel, in Ringe geschnitten
4 Stangen Sellerie, diagonal in Scheiben
6 Dosen weiße Bohnen mit Flüssigkeit
Salz und Pfeffer nach Geschmack

VINAIGRETTE

Dijonsenf
Balsamico
Olivenöl

ZUM ANRICHTEN

	in Streifen gerissener, gebratener Speck
	gehobelter Parmesan (geht gut mit dem Sparschäler)
1	Teelöffel Rosmarin, grob gehackt

ZUBEREITUNG

In einem Suppentopf zwei in feine Ringe geschnittene Schalotten bei mittlerer Hitze in Olivenöl anschwitzen.

Karotten, Fenchel und Sellerie dazugeben, ca. 10–15 Minuten mit anschwitzen.

Bohnen mit Flüssigkeit und dem gehackten Rosmarin hinzufügen.

Die Suppe zugedeckt 20 Minuten köcheln lassen.

Mit Salz und Pfeffer abschmecken, probieren, eventuell nachwürzen (dabei bedenken, dass sowohl der Speck als auch der Parmesan noch salzig sind).

Noch einmal 20 Minuten oder länger köcheln lassen, dann den Topf vom Herd nehmen und mit einem Kartoffelstampfer oder der Rückseite eines Holzlöffels die

Bohnen zerdrücken, sodass die Suppe eine rustikale, noch grobe Konsistenz hat. Wenn man lieber eine sämige, einheitliche, glatte Konsistenz mag, mit dem Pürierstab pürieren.

BALSAMICOVINAIGRETTE

Einen Löffel Dijonsenf, einige Esslöffel Balsamico, 1/4 Tasse Olivenöl, etwas Salz und Pfeffer in ein Marmeladenglas geben, gut verschließen und schütteln. Ich persönlich mag am liebsten ein Verhältnis von 2:1:1 von Öl zu Essig und Senf.

Nach Geschmack gebratene Speckstreifen, Parmesan, Vinaigrette und gehackten Rosmarin oben auf die Suppe geben.

Ergibt 6 bis 8 Portionen.

Nicht perfekt, aber dafür ganz anwesend

Es ist wieder so weit, die Weihnachtszeit ist da.

Ich bin sicher nicht die Erste, der auffällt, wie ironisch es ist, dass wir ausgerechnet in der Weihnachtszeit am ehesten versucht sind, Christus nicht besonders ähnlich zu sein, sondern stattdessen zu viel Geld ausgeben, zu viel tun, zu viel essen und ganz allgemein zu viel konsumieren. Der Teil des Jahres, in dem sich alles um die stille, heilige Nacht dreht, um das Kind im Stall und den Stern, wird ganz schnell zu der Phase im Jahr, in dem alles irgendwie zu viel ist – es wird zu viel eingekauft, zu viel geschlemmt und es ist zu viel los – und das alles im Namen von Weihnachten.

Auch mir geht es eigentlich jedes Jahr so und in diesem Jahr noch mehr als in den Jahren davor. Gründe dafür waren, dass wir einen Säugling hatten, mein Mann durch seine Beteiligung an der Gestaltung der Weihnachtsgottesdienste im Dezember eigentlich jeden Abend mit Planung und Proben beschäftigt war und ich als Referentin bei einigen Veranstaltungen in Atlanta und Dallas zugesagt hatte, obwohl das bedeutete, mit einem neun Wochen alten Säugling unterwegs zu sein.

Darüber hinaus waren unsere Wochen zum Bersten gefüllt mit Familienfeiern, der Weihnachtsfeier in Henrys Kindergarten und Verabredungen mit Freunden, die in der Zeit zwischen Thanksgiving Ende November und Weihnachten auf Stippvisite in ihrer alten Heimat waren. Die Weihnachtsgeschenke hatten wir zwar schon weitgehend zusammen, aber es war noch nichts verpackt, und die Großwäschelage nach einem ganz besonders vollgepackten Wochenende war düster bis hoffnungslos.

Stress und Chaos bahnten sich an, und es musste ganz schnell etwas passieren, weil ich sonst all das Schöne an der Vorweihnachtszeit ganz und gar verpassen würde. Mitten in all dem hektischen Treiben – dem Reisen, Geschenkeverpacken, dem Plätzchenbacken und den hohen Erwartungen – gebot ich mir selbst Einhalt und bat um Hilfe. Ich betete für einen neuen Blick auf das alles und um einen Ausweg aus meinem angespannten, tosenden Chaos, und als ich langsam das Tempo drosselte und hinhörte, legten sich fünf Worte wie eine Kuscheldecke auf meinen gehetzten und abgekämpften Geist: *Lieber ganz anwesend als perfekt.*

Ein paarmal im Jahr traue ich Paare. Es begann damit, dass ich von einer Freundin gefragt wurde, ob ich nicht bei ihrer ökumenischen Trauung den Part für ihre Glaubensrichtung übernehmen könne. Sie war zwar nach eigener Auskunft nicht religiös, doch wenn sie es wäre, so sagte sie, würde sie so glauben wie ich. Das betrachtete ich als großes Kompliment, und mir gefiel die Vorstellung, an ihrer Trauzeremonie aktiv beteiligt zu sein.

Wenn ich jetzt Trauungen durchführe, treffe ich mich normalerweise eine Woche vor der Hochzeit mit der Braut und dem Bräutigam und gebe ihnen noch ein paar konkrete Ratschläge für die letzten Tage vor dem großen Ereignis. Der erste Ratschlag lautet, von jetzt an nichts mehr auf die To-do-Liste für die Hochzeit zu setzen, sondern nur noch Punkte zu streichen – entweder weil sie erledigt sind oder ersatzlos gestrichen werden können. Es kommt von jetzt an jedenfalls nichts Neues mehr auf die Liste: keine Last-minute-Projekte mehr und keine genialen DIY-Deko-Ideen, die man auf Pinterest gesehen hat. Wenn es nicht schon auf der Liste steht, egal, wie wunderschön oder originell, macht es einen nur wahnsinnig, jetzt noch etwas Zusätzliches zu tun zu haben.

Und als Zweites sage ich dem Paar dann, dass es selbst zwar jetzt nichts mehr auf die To-do-Liste setzen darf, ich aber noch zwei wichtige Punkte auf ihre Liste setzen werde. Erstens: Ein Date einfach zum Reden, bei dem allerdings das Thema Hochzeit tabu ist. Und zweitens: ausruhen, was auch immer das bedeutet – schlafen, eine unverplante Stunde Nichtstun, ein Spaziergang oder ein Entspannungsbad. Wenn ich das sage, werde ich vom Brautpaar oft angeschaut, als wäre ich völlig verrückt geworden. Ich sehe förmlich, wie die beiden denken: *Wir stecken bis über beide Ohren in der Sitzordnung und dem Programm und versuchen, Familiendramen möglichst zu vermeiden, und da willst du von uns, dass wir noch ein Date ohne das Thema Hochzeit haben und uns ausruhen?*

Ja, genau! Denn das, was den Tag ihrer Hochzeit perfekt macht, sind nicht die Blumen oder die Glückwünsche und Geschenke, sondern ein Brautpaar, das glücklich ist, dem man anmerkt, dass es zusammengehört, das ganz und gar bei der Sache und möglichst entspannt ist.

Und dasselbe auch gilt für Weihnachten. Ich kann mit meinem *perfekt* verpackten Geschenk und meinen *perfekten* Weihnachtsplätzchen ankommen … und meinem perfekt gereizten und erschöpften Selbst, jederzeit bereit, das erste Familienmitglied, das in meine Richtung schaut, zusammenzufalten – oder ich kann die Entscheidung treffen, meinem Körper Ruhe zu gönnen und für meinen Geist zu sorgen in dem Wissen, dass ein geerdetes und ausgeruhtes Selbst wichtiger ist als jedes Geschenk, das ich mitbringen könnte.

Und so beschloss ich also, nichts mehr auf die To-do-Liste zu setzen. Ich strich gut gemeinte, aber zeitraubende Projekte ersatzlos und setzte Ausruhen als Priorität an ihre Stelle, damit ich meiner Familie mehr zu bieten habe als eine bröckelnde Maske über einer angespannten und ausgelaugten Seele. Mein Vorsatz dieses Jahr zu Weihnachten ist: *Nicht perfekt, aber dafür ganz anwesend.*

Und in der Zeit zwischen Thanksgiving Ende November und Weihnachten hatte ich dann eine Gelegenheit nach der anderen, das auch wirklich in die Tat umzusetzen. Ich bekam beispielsweise von einer neuen Freundin eine Einladung zu einem gemütlichen Abend, und zwar an dem einzigen freien Abend, den Aaron vor Weihnachten noch hatte. Wir hatten zwar an diesem Abend nichts Konkretes vor, aber ich hatte das Gefühl, dass es uns beiden guttun würde, einfach gemeinsam zu Hause zu bleiben. Ich sagte also die Einladung der Freundin ab, was mir wirklich schwerfiel, und unsere kleine Familie tat an diesem Abend eigentlich gar nichts – genau das, was wir brauchten.

Außerdem war ich in dieser Zeit eine von mehreren Gastgeberinnen einer Party, und zu den Speisen, die ich mitbrachte, gehörten unter anderem gekaufte tiefgefrorene Fleischbällchen. Natürlich hatte ich vorgehabt, sie selbst zu machen, aber das wäre einfach zu viel gewesen: zu viel Zeit, zu viel Aufwand, zu viel Kraft in dieser Phase.

Und am Ende interessierte es wirklich niemanden, ob die Fleischbällchen selbst gemacht waren oder gekauft. Folgende Erfahrung machen viele Menschen wie ich, die sich völlig verausgaben, um alles perfekt zu machen: 90 Prozent der Menschen in Ihrem Leben erkennen den Unterschied zwischen selbst gemachten und tiefgefrorenen Speisen gar nicht, und die 10 Prozent, die ihn bemerken, sind genauso gestresst wie Sie und bekommen durch Ihre Entscheidung für den entspannteren Weg die Freiheit, ihn ebenfalls einzuschlagen.

In der Vorweihnachtszeit findet jedes Jahr ein Treffen mit alten Freundinnen aus der Highschool statt, und dabei ist es zur Tradition geworden, dass wir zusammen mit unseren Kindern Lebkuchenhäuser backen. In diesem Jahr waren die Kinder von zweien von uns krank, ich hatte einen Säugling, eine der Freundinnen arbeitet Vollzeit in einer ganz neuen Stelle und eine war im neunten Monat schwanger. Unzählige E-Mails gingen hin und her, um einen Termin für dieses Jahr zu finden, bis Courtney schließlich schrieb: „Ich mag euch wirklich alle sehr, so sehr, dass ich vorschlage, wir setzen mit unserer Tradition in diesem Jahr einmal aus, um es uns ein bisschen leichter zu machen." Hurra – Gott sei Dank!

Eines steht fest: Wenn Sie beschließen, mutig zu sein und bei Verstand zu bleiben, wenn Sie beschließen, nicht zu viel Geld auszugeben, nicht zu viel zu machen und nicht den Terminkalender überzustrapazieren, dann werden die vernünftigen Menschen in Ihrem Leben diese Entscheidungen respektieren. Und die unvernünftigen werden ausflippen, weil Sie eine gesunde Entscheidung treffen, zu der sie selbst im Moment vielleicht nicht in der Lage sind. Doch lassen Sie sich dadurch keine Sekunde lang aus dem Konzept bringen und bleiben Sie bei Ihrem Entschluss.

Entweder ich kann hier sein, und zwar ganz anwesend, so unvollkommen, chaotisch und müde, wie ich bin, oder ich kann diesen Moment – dieses Gespräch, diese Zeit um den Esstisch herum oder was es auch sein mag – verpassen, weil ich vergeblich versuche, den Haushalt perfekt hinzubekommen, ein perfektes Essen zuzubereiten, perfekte Geschenke zu besorgen, kurz – perfekt zu sein. Aber dieses Jahr versuche ich nicht, perfekt zu sein. Ich versuche, einfach nur dabei zu sein, und zwar wirklich dabei und nicht nur körperlich anwesend.

In einer Zeit im Jahr, in der es im Grunde um eine Liebesgeschichte geht – eine Geschichte über Glauben und Zartheit, über Engel, ein Neugeborenes, einen Stern –, geht diese schöne, schlichte Geschichte in einer schrillen, schädlichen Mischung aus Süßigkeiten und Hektik, überfüllten Parkplätzen und Erwartungen leicht unter.

In den schlimmsten Momenten in dieser Zeit, wenn wir uns nur noch in alle Richtungen gezerrt und völlig zerrissen fühlen, haben wir nicht nur den Eindruck, völlig die Kontrolle zu verlieren, sondern von Erwartungen und To-do-Listen, Verpflichtungen und Traditionen sogar kontrolliert zu werden. Es ist die Zeit im Jahr, in der wir es gewohnt sind, nur mit den Achseln zu zucken, wenn alles ein bisschen wahnsinnig ist. Wir tun so, als wäre das unser unabänderliches Schicksal.

Aber das stimmt nicht, denn so zu reagieren bedeutet, die Verantwortung abzuwälzen. Jedem von uns ist ein Leben anvertraut, das aus Tagen, Stunden und Minuten besteht, und diese Zeit verwenden wir unseren eigenen Werten und Prioritäten entsprechend.

Wenn alles zu wild und hektisch wird, dann höre ich die Stimme Gottes nicht mehr, die Stimme der Ruhe, der Hoffnung, der Wiederherstellung und Heilung, die Stimme, die meinen müden Knochen wieder neues Leben einhaucht. Die einzigen Stimmen, die ich dann noch höre, sind die Stimmen der Angst und der Scham. Ich höre das alte Lied, das ich schon mein Leben lang kenne: *Du bist nicht gut genug. Du bist nicht gut genug.*

Aber diese Stimmen lügen. Deshalb darf man auf keinen Fall auf sie hören, denn sie führen einen in die Irre. Wenn ich auf diese Stimmen höre, dann ist das, als ob ich eine Kerze an beiden Seiten anzünde. Die Stimme Gottes lädt uns ein zu einem Leben in der Fülle – lädt ein zur Ruhe, zum Genug. Sie lädt uns ein, auch Nein zu sagen, weil es reicht. Die Stimme Gottes lädt uns ein, ganz und gar in der Gegenwart zu leben, auch wenn diese erschöpfte und ausgepowerte Person, die ich zurzeit bin, alles andere als perfekt ist.

Lassen Sie uns in dieser Zeit des Jahres mutig sein. Lassen Sie uns eine Entscheidung für Liebe, Ruhe und Barmherzigkeit treffen. Lassen Sie uns unsere Minuten und Stunden dazu nutzen, gemeinsame Erinnerungen mit unseren Lieben zu schaffen, statt sie zu noch einer Besorgung mitzuschleppen oder sie herumzuscheuchen, während wir noch etwas angeblich Wichtiges zu erledigen haben. Lassen Sie uns mit jeder Entscheidung, die wir treffen, dieser Geschichte die Ehre geben – der stillen Nacht, den Engeln, dem Wunder dieses Kindes und seiner Geburt im Stall.

Ich bete dafür, dass wir dann merken, wie wir uns immer mehr dem Kern dieser Geschichte nähern, dem Herzen, das hinter alldem schlägt. Ich bete, dass das Chaos um uns und in uns abebbt und klar und deutlich wird, was wichtig und schön ist. Ich bete, dass wir begreifen, was für eine verändernde Kraft im Neinsagen liegt, weil es ein Glaubensakt ist, eine greifbare Demonstration der Überzeugung, dass man so viel mehr ist als das, was man tut. Ich bete dafür, dass wir in dieser Zeit des Jahres und in jeder anderen auch mit diesem Vorsatz, mit Liebe und mit Hoffnung leben und dass der Gott, der uns liebt, neues Leben in unsere abgekämpften Herzen bringt – dieses Jahr und jedes weitere auch. Ich bete, dass wir wahrhaft und zutiefst in der Gegenwart leben, statt auf das Perfekte zu warten und zu warten und zu warten.

Datteln im Speckmantel

Ganz im Geiste des Mottos „Lieber ganz anwesend als perfekt“ möchte ich Ihnen das Rezept für Datteln im Speckmantel weitergeben. Datteln im Speckmantel sind eine sichere Bank, weil man sie bei jedem Treffen und bei jeder kleinen Feier anbieten und zu jeder Party als kleine Leckerei mitbringen kann. Es sind nur drei Zutaten nötig, man kann sie gut vorbereiten und so ziemlich jeder mag sie. Mir geht es oft so, dass ich etwas richtig Schickes, Ausgefallenes machen möchte – eine Tarte aus selbst gemachtem Teig mit einer komplizierten Füllung zum Beispiel oder etwas, wofür man einen Gemüsehobel oder ein Thermometer braucht, aber dann ist mir das alles doch viel zu kompliziert, und ich greife wieder auf die Datteln, den Ziegenkäse und den Speck zurück. Das alles habe ich nämlich immer in der Tiefkühltruhe für solche Momente, in denen drei Zutaten und etwas entspannende Küchenarbeit die Stimmung ein wenig aufhellen sollen.

Ich weiß, für mache klingt die Zusammenstellung abschreckend, aber schalten Sie noch nicht gleich ab. Zum ersten Mal habe ich Datteln im Speckmantel mit meinen Freunden Laura und Jeff in einer Tapasbar in Los Angeles gegessen und das erste Mal selbst zubereitet habe ich sie dann für einen Tapasabend des Kochclubs bei Amanda. Das war ganz am Anfang, kurz nach der Gründung unseres Clubs.

Als ich irgendwann an dem besagten Abend von der Toilette zurückkam, hörte ich die anderen am Tisch miteinander flüstern: „Die sind gut!“

„Ja, richtig, richtig gut! Und ich konnte mir erst gar nicht vorstellen, dass so etwas schmecken soll!“

„Ich kann euch hören!“, rief ich ihnen vom Flur aus zu. „Und ich wusste, dass sie euch schmecken würden.“

Drei Monate später gestand mir Brannon, dass sie es sich angewöhnt hatte, drei oder vier von den Datteln zuzubereiten und sie dann spätabends in der Badewanne genussvoll zu verputzen. Im Laufe der Zeit bekam ich dann sogar SMS von Leuten, die ich kaum kannte, mit der Anfrage: „Wie macht man noch mal diese Datteln?“

Als mein Freund Matt das erste Mal Datteln im Speckmantel probierte, sagte er: „Datteln im Speckmantel heißen die? Das sind doch eher himmlische Wölkchen im Speckmantel!“

Und recht hat er!

Ich würde jetzt nicht so weit gehen zu behaupten, dass sie gesund sind oder dass man sich dieses Rezept aussuchen sollte, wenn man sich für das praktischste Rezept aus diesem Buch entscheiden müsste (das praktischste ist nämlich meiner Meinung nach das Risotto oder das Ziegenkäserührei). Aber das Praktische ist noch nie meine starke Seite gewesen, also finde ich, dass Sie auf jeden Fall die Datteln machen sollten. Perfektionieren Sie die Zubereitung immer mehr, und die anderen Gäste werden sich jedes Mal freuen, wenn Sie damit auf einer Party aufkreuzen. Es ist fast so, als würde man einen kleinen Hund oder ein Baby mitbringen, denn man hat plötzlich eine unglaubliche Anziehungskraft, was ein tolles Gefühl ist, selbst wenn der Grund dafür nur der ist, dass man Speck dabeihat.

Manche Leute verwenden statt Ziegenkäse für die Füllung der Datteln Blauschimmelkäse und geben außerdem eine Walnuss mit hinein. Andere nehmen auch eine Mandel, die ja einem Dattelkern sehr ähnlich ist. Ich finde, dass wenn man schon unbedingt eine Nuss nehmen will, es eine Pekannuss sein sollte, aber eigentlich ist gar keine Nuss nötig. Manche Leute servieren Mango-Chutney als Dipp zu den Datteln. Ich mag unglaublich gern Mango-Chutney, aber mal im Ernst – alles, was man braucht, sind Speck, Datteln und Käse.

Ich bereite die Datteln am Abend vorher vor und lege sie dann in einer Grillform aus Alu, die man hinterher entsorgen kann, in den Kühlschrank. Am Nachmittag des Tages, an dem ich sie brauche, stelle ich dann die Aluform direkt in den Ofen. Wenn die Datteln fertig sind, lasse ich sie zunächst auf Küchenkrepp auf Zimmertemperatur abkühlen, bevor ich sie auf einen Teller lege.

Seien Sie darauf gefasst, geliebt zu werden!

ZUTATEN

1 Packung entsteinte Datteln
100 g Ziegenkäse
400 g Frühstücksspeck

ZUBEREITUNG

Die Datteln einmal seitlich von oben nach unten einschneiden, sodass man sie aufklappen kann. Etwas Ziegenkäse in die Mitte geben und wieder zuklappen.

Die Speckstreifen in der Mitte durchschneiden, die halbierten Streifen außen um die Datteln herumwickeln.

Mit der Seite, an der die Enden des Speckstreifens übereinanderlappen, die

Datteln in eine Auflaufform oder auf ein Blech legen. (Die Aluform ist keine umweltfreundliche, aber praktische Alternative.)

Die Datteln bei 200 Grad 20–25 Minuten im Ofen backen, bis der Speck gebräunt und knusprig ist. Danach die Datteln auf Küchenkrepp entfetten und warm oder abgekühlt – nicht heiß – servieren, es sei denn, Sie möchten sich so heftig den Mund verbrennen, dass Sie tagelang nichts schmecken können.

Von Rührei und richtig schweren Sachen

Nach Macs Geburt brachte mir meine Nachbarin Lindsay eine Auflaufform mit Enchiladas und Jessie kam mit einem fantastischen Kürbis-Apfel-Kuchen. Jenny spendierte eine Kartoffelsuppe und Brannon brachte das Bœuf bourguignon, das sie auf der Homepage der *Barefoot Contessa* entdeckt hatte. Außerdem gingen wir auch regelmäßig essen, und – oh Wunder – ich nahm die Babypfunde, die sich angesammelt hatten, nicht so schnell wieder ab, wie ich es erwartet hatte.

Ich möchte zwar immer mehr ein Mensch werden, der mit seinem Körper versöhnt ist, aber ich möchte auch in meine Hosen passen. Damit meine ich nicht Hosen in Größe 36, Barbie-Hosen, sondern einfach – Sie wissen schon – ganz normale Jeans von Esprit. Ich möchte zufrieden und mit mir selbst im Reinen leben, ohne Entbehrungen und ohne Scham. Und wo ich jetzt schon mal dabei bin, so ganz und gar offen zu sein, gebe ich zu, dass ich meine Yoga-Umstandshosen endlich in den Ruhestand schicken möchte, die ich – leider – immer noch trage, weil es die einzige Art von Hose ist, die mir passt. Ich möchte nicht permanent mein Essen kontrollieren und nach Regeln und Vorschriften leben, aber ich möchte auch nicht von meinem Appetit beherrscht werden.

Bei mir ist es so, dass ich mich innerlich sträube und in Abwehrhaltung gehe, sobald ich irgendetwas tun soll, was Disziplin erfordert. Wenn ich dann aber meinen Widerstand aufgebe und etwas tue, was mir wirklich schwerfällt, dann merke ich, dass ich stärker werde, und zwar nicht nur auf dem Gebiet, um das es gerade konkret geht, sondern auf ganz vielen Gebieten. Ich habe jahrelang immer wieder nach irgendeiner Diät gelebt, habe mich aus Scham versteckt und war ständig von Angst und Selbstablehnung beherrscht. Irgendwann konnte ich endlich wieder „normal“ essen und mit meinem Appetit Frieden schließen. Von da an war ich bei jedem Versuch – egal, welcher Art –, mich beim Essen einzuschränken oder meinen Appetit zu kontrollieren, misstrauisch und ablehnend.

Zurzeit merke ich, dass sich bei mir auf diesem Gebiet wieder etwas ändert. Es ist etwas Neues entstanden. Ich versuche, mich mit Sorgfalt und Achtsamkeit zu ernähren, ohne mich selbst zu bestrafen. Es gibt Phasen, da entscheide ich mich dafür, diszipliniert zu essen, aber nicht, um mein Essen zu kontrollieren, und auch nicht als Strafe, sondern weil es mir körperlich guttut und in mir etwas Gutes in Gang setzt … und weil ich das Gefühl hatte, den Verstand zu verlieren, wenn ich diese Umstandshose auch nur noch einen Tag länger tragen müsste.

Ich glaube an den wechselnden Rhythmus von Schlemmen und Fasten, aber es bereitete mir manchmal einige Schwierigkeiten, den Doppelklick zum Fasten zu vollziehen, weil ich etwas zu lange im Schlemmenmodus gewesen bin. Aus diesem Grund meldete ich mich bei einer Freundin zu einem sechswöchigen Ernährungs- und Bewegungsprogramm an. Diese Freundin ist Pilatestrainerin und verfolgt einen ganzheitlichen Ansatz. Sie legt viel Wert auf Ausgewogenheit und möchte ganz bewusst vermeiden, dass ihre Klienten in Bezug auf Ernährung und Fitness Schuldgefühle entwickeln. Das gefällt mir sehr.

Wie Sie sich nach dem, was Sie bisher über mich erfahren haben, sicher vorstellen können, gibt es Sport- und Bewegungsarten – ehrlich gesagt die meisten –, zu denen ich keinen rechten Zugang finde. Ich mag beim Sport nicht von irgendjemandem angeschrien werden, ich trinke nicht gerne Eiweißshakes, und wenn ich Verzicht und Entsagung üben muss, werde ich leicht aufmüpfig.

Aber ich brauchte Hilfe. Deshalb verließ ich mich auf Robins ganzheitlichen Ansatz und meldete mich an. Ich machte Pilates nach Videos, aß viel Quinoa und weiße Bohnen und sehr viel frisches Obst und Gemüse. Jedes Mal, wenn ich das Gefühl hatte, dass das, was ich eigentlich zu mir nehmen wollte, eine Wagenladung Nachos war und das wirklich Allerletzte, was ich um Mitternacht im Hotelzimmer einer fremden Stadt tun wollte, Pilatesübungen waren, schrieb ich ihr eine E-Mail.

In der vierten Woche des sechswöchigen Programms jedoch – es war ein herrlicher Frühlingstag – kam der Moment, in dem ich nicht mehr wollte. Wenn Sie jemals in Ihrem Leben etwas ändern wollten – wenn Sie eine Diät gemacht oder mit dem Rauchen aufgehört oder während der Fastenzeit auf etwas verzichtet haben –, dann kennen Sie diesen Moment, in dem Sie aufgeben wollen, in dem Sie absolut sicher sind, dass Sie sich unendlich viel besser fühlen werden, wenn Sie jetzt genau das bekommen, was Sie eigentlich möchten, statt sich mit diesem ganzen tugendhaften Quatsch abzuquälen.

Ich weiß bis heute nicht so genau, was mich in diesem Moment geritten hat, obwohl es sicher in erster Linie damit zu tun hatte, dass mein süßer sechs Monate alter Sohn nachts nicht durchschlief. Mac kann schon so viele tolle Sachen wie beispielsweise lächeln und ganz niedlich sein, aber schlafen befand sich zu diesem Zeitpunkt noch nicht in seinem Repertoire. Außerdem lag vor mir ein Abgabetermin für ein Projekt, das mir sehr am Herzen lag, mit dem ich aber nicht annähernd so weit war, wie ich hätte sein sollen, und in meinem Kalender brach plötzlich der Wahnsinn los, weil ich vor dem besagten Abgabetermin bei nicht weniger als neun Veranstaltungen sprechen sollte – natürlich immer zu einem anderen Thema.

Zu all dem kam erschwerend hinzu, dass Aarons Terminkalender voll bis zum Gehtnichtmehr war und dass Henry die Energie eines Labradorwelpen hatte mit dem gleichen Hang, Chaos zu verbreiten.

Eigentlich ging an dem besagten schönen Frühlingstag alles ganz normal und gut los, aber schon bald zeigten sich die ersten Risse in der perfekten Fassade.

Henry bestand darauf, sein Laserschwert, das er immer in seinen Gürtel steckte, mit in den Supermarkt zu nehmen, sodass es mir bei jedem Schritt, den er neben mir herging, gegen die Knöchel schlug. Ich musste mich auf dem Weg durch den Supermarkt die ganze Zeit beherrschen, nicht einfach das Schwert zu schnappen und so weit wegzuschleudern, wie ich konnte. Als wir wieder zu Hause waren, setzte ich Henry vor einen Film und stillte Mac, während ich gleichzeitig eine Telefonkonferenz hatte. Anschließend schlief Mac eine ganze Weile und ich konnte ein wenig arbeiten. Anschließend machten wir uns auf den Weg zu Casey, weil unsere Kinder miteinander spielen wollten.

Es hätte eigentlich herrlich sein müssen – und ich glaube, für alle anderen war es das auch. Die Babys kugelten auf einer Decke herum, die größeren Kinder spielten auf der Schaukel und

Casey besorgte einige leckere texanische Gerichte – gegrillten Truthahn, scharfe Bohnen und Krautsalat für uns und Hotdogs und Trauben für die Kinder.

Doch leider quengelte Mac herum, weil er zahnte, und Henry hatte jede Menge Frust wegen seines Laserschwertes. Weil er es nicht mal kurz Jack geben wollte, wurde er dafür derb von ihm geschlagen, und als dann in einer katastrophalen Wendung der Ereignisse das lebenswichtige Laserschwert auch noch kaputtging, reagierte Henry absolut hysterisch. Erst weinte er, und dann setzte er sich unter einen Baum im Nachbargarten, sodass ich das quengelnde und schreiende Baby ganz dorthin mitschleppen musste, um festzustellen, ob ich ihm irgendwie helfen konnte.

Als ich bei ihm angekommen war, hatte Jack Henry bereits davon überzeugt weiterzuspielen, sodass doch noch Hoffnung auf einen etwas harmonischeren weiteren Verlauf bestand. Nur als wir nach Hause fahren wollten, hörte Henry nicht auf mich und rannte einfach los, mitten auf die Straße, während ich immer noch versuchte, dass kaputte Laserschwert irgendwie wieder in Gang zu bringen.

Ich schrie ihm zu, er solle sofort von der Straße weggehen, und dann schrie ich ihn im Auto noch mal an: „Hör endlich auf mit dem Laserschwert, ich will davon jetzt nichts mehr hören. Es tut mir leid, dass es kaputt ist und dass ich es nicht heil machen kann, aber jetzt hör sofort auf, davon zu reden."

Einen Moment lang war er tatsächlich still, bis er mit zaghafter Stimme fragte, so als wollte er testen, wie inzwischen die Stimmung war: „Kann ich denn von einem anderen Laserschwert reden, Mama?"

An dem Punkt hatte er mich dann natürlich, aber ich war so frustriert, dass ich am liebsten am Straßenrand angehalten und laut geschrien hätte. Wieder zu Hause angekommen, war ich den Tränen nah und so müde, dass ich mich völlig ausgeleiert fühlte.

Folgendes ist der springende Punkt an dieser Geschichte: Was ich in diesem frustrierten, erschöpften und verzweifelten Moment brauchte, war Erleichterung. Vor fünfzehn Jahren wäre das eine Schachtel Zigaretten gewesen, eine nach der anderen, jeder Zug tief inhaliert und mit Wucht wieder ausgeatmet. Dabei hätte ich gedankenverloren Steinchen geworfen oder Gras aus Gehsteigfugen gerissen.

Vor zehn Jahren – oder vielleicht eher acht – wäre es ein extrem starker Cocktail gewesen, so stark, dass er mich schwindelig gemacht hätte. Ein Wodka Soda vielleicht – aber ohne Soda. In letzter Zeit – an diesem Tag war es jedenfalls so – wollte ich in solchen Situationen etwas zu essen, aber keine erlaubte, gesunde, kleine Portion – sagen wir Lachs mit Brokkoli oder Mangold. Ich wollte nicht Mandeln knabbern und dabei Gemüse schnippeln, sondern ich wollte etwas richtig Ungesundes und Unvernünftiges – Pizza zum Beispiel oder einen Burger mit geschmolzenem Käse und Süßkartoffelpommes oder ein Club Sandwich. Ich wollte Nudeln, Brot und Käse und Tortilla-Chips mit Käsesoße.

Es machte mir beinah Angst, wie dringend ich einen Fluchtweg brauchte, auf dem ich meinen Gefühlen entkommen konnte. Ich hatte das Gefühl, in der Falle zu sitzen, und es machte mich richtig wütend, dass mein schicker kleiner Pilatesplan mir das, was ich jetzt unbedingt tun wollte, nicht erlaubte. Am liebsten hätte ich jemandem ganz fest gegen das Schienbein getreten, um das befriedigende, dumpfe Geräusch des Aufpralls zu hören.

Was ich dann aber tatsächlich tat, als wir nach Hause kamen, war Folgendes: Ich bat Aaron darum, das Baby zu halten, während ich ein paar Eier verquirlte, sie in die Pfanne gab und mit einem Holzlöffel das Ei in der Pfanne hin und her schob. Ich gab Ziegenkäse dazu und Rosmarinsalz und füllte das Ganze dann aus der Pfanne auf einen Berg Quinoa. Dann holte ich mir noch ein großes Glas Wasser, setzte mich auf den Wohnzimmerboden und aß mein Rührei.

Anschließend spülte ich das schmutzige Geschirr, las noch ein bisschen und erlaubte meinem Mann, mich um neun ins Bett zu schicken. Beim Einschlafen wurde mir bewusst, dass ich etwas geschafft hatte, denn wenn es je einen Moment gegeben hatte, in dem ich meinen Gesundheitsplan aufgegeben hätte, dann wäre es dieser gewesen.

Ich neige zu der Überzeugung, dass ich nur schwere Dinge schaffen und gute Entscheidungen treffen kann, wenn alles gut läuft, dass ich dann lesen kann, statt fernzusehen, dass ich dann gut und gesund essen kann, statt mich schlecht zu ernähren, dass ich dann tiefgründige Gespräche führen kann, statt über andere Leute herzuziehen.

Aber in Wirklichkeit ist es doch umgekehrt, oder? Wenn man diese schwereren, besseren Entscheidungen mitten im Chaos treffen kann, dann wird dadurch das Chaos ein bisschen gelichtet. Gestern Abend hätte ich am liebsten jede im Bundesstaat Illinois vorhandene Pizza verschlungen, aber heute Morgen wäre dann zu meiner ohnehin schon lädierten Stimmung auch noch das Gefühl gekommen, eine absolute Versagerin zu sein. Ich will damit gar nicht sagen, dass es mir beim Aufwachen besser ging, aber ich weiß genau, dass ich alles noch viel schlimmer hätte machen können, dass ich meiner Müdigkeit auch noch Selbsthass hätte hinzufügen können, und dadurch wäre die Situation ganz sicher nicht leichter zu ertragen gewesen.

Das wird mir jetzt klar, nachdem ich mein Leben lang immer zu mir selbst gesagt habe: „Also, man kann ja wohl nicht von mir erwarten, dass ich an so einem Tag auch noch etwas Schweres schaffe, oder?“ Ich habe mehr von mir erwartet und etwas Schweres geschafft und dafür bin ich sehr dankbar.

Rührei mit Ziegenkäse

Ich bin im Allgemeinen eine ziemlich zwanglose Pi-mal-Daumen-Köchin, aber bei Rührei ist das anders. Rührei gehört zu den wenigen Dingen, bei denen ich wirklich pingelig und absolut nicht pflegeleicht bin. Wenn mit Rührei kaltes, gummiartiges Ei gemeint ist, dann esse ich lieber nur Toast, aber es gibt nur wenige Dinge, die mich glücklicher machen als eine Pfanne gehaltvolles, noch glasiges, perfekt lockeres, köstliches Ei.

Ich habe im Laufe der Zeit gelernt, dass das Geheimnis dabei eine kalte Pfanne und nicht zu hohe Temperatur ist. Als ein Freund von uns seiner Frau das Bootfahren beibrachte, sagte er: „Du brauchst nur Folgendes zu wissen: Langsam ist billig.“ Und dasselbe gilt für Rührei. Die einzige Möglichkeit, es zu vermasseln, besteht darin, es bei zu starker Hitze zu schnell zuzubereiten.

ZUTATEN

12 Eier, gut geschlagen
100 g krümeliger Ziegenkäse

ZUBEREITUNG

Ich warte, bis alles andere fertig ist – die Quinoa gar, die Würstchen gebraten, der Tee fertig und der Saft eingeschenkt. Das Rührei wird erst im letzten Moment zubereitet.

Die geschlagenen Eier in eine kalte Pfanne mit Antihaftbeschichtung geben. Die Platte auf niedrigste Temperatur schalten, sodass man das Gefühl hat, es passiert absolut gar nichts.

Ab und zu den Pfannenwender durch die Mitte der Pfanne ziehen, bis sich fluffige Klumpen zu bilden beginnen. Langsam und gleichmäßig am Pfannenboden entlangschaben. *Langsam ist billig*.

Es bilden sich nach und nach immer mehr fluffige, goldene Klumpen. Weiter mit dem Pfannenwender auf dem

Pfannenboden und am Rand entlangfahren. Wenn das Rührei fast fertig ist – nicht mehr flüssig, aber auch nur eben gerade etwas fest –, den Herd ausschalten und eine Handvoll zerkrümelten Ziegenkäse dazugeben. Noch etwas von dem Käse zurückbehalten, um ihn ganz zum Schluss über das Ei zu streuen.

Das Rührei sofort servieren.

Ergibt 4 Portionen.

Frohes neues Jahr

Ich habe mein Leben lang von einer richtig tollen Silvesterparty geträumt – schick, mit viel Spaß, Glamour und Stil und mit Champagner und Küssen um Mitternacht. Und dann sind wir wie jedes Jahr mit meiner Familie verreist. Ich will mich gar nicht beklagen, denn ich mag unsere schrulligen kleinen Traditionen, aber es ist so gar nicht glamourös, sondern eher eine „Schlecht-Wetter-Klamotten-und-Gummistiefel-Angelegenheit". Jedenfalls kommen dabei auf gar keinen Fall schicke Kleider, funkelnder Schmuck und endlos hohe Highheels vor.

Ich habe deshalb beschlossen, dem Kalender dieses Jahr ein Schnippchen zu schlagen und eine Silvesterparty zu veranstalten – und zwar am 21. Januar. Ich habe Freunde dazu eingeladen und mir anschließend wie wahnsinnig Gedanken über das Menü gemacht, meine Lieblingsbeschäftigung beim Planen von Partys. Ich habe elf Kochbücher gleichzeitig gelesen und mir Unmengen von Rezepten im Internet angeschaut. Schließlich kam mir die ganze Sache unglaublich komplex vor: *Wenn es dieses gibt, dann muss jenes dazu. Diese Vorspeise mit dem Gemüse? Nein, das kann man streichen, denn diese Aromen passen perfekt zu dieser Vorspeise. Also noch mal von vorn.*

Nachdem ich meinen Mann zum x-ten Mal gefragt hatte, was er von Feigen oder so hielte, sagte er: „Ich wünschte, für solche Planereien würdest du nach Stunden bezahlt."

Anfang Januar, also einige Wochen vor besagter Party, hatten wir beschlossen, unser Haus von innen frisch streichen zu lassen, und es sollte – höchstens – eine Woche dauern. Doch dann stellte sich heraus, dass unser Anstreicher viele tolle Ideen hatte und unglaublich fähig war, und was als Streichen und Tapezieren begann, entwickelte sich immer mehr zu einer Art Komplettsanierung, bei der auch vor dem Abbauen von Hängeschränke und dem Entfernen von Holzbalken nicht haltgemacht wurde. Darüber hinaus wurden die Decken völlig erneuert, maßgefertigte Einbauschränke eingebaut, eine Spiegelwand entfernt und eine komplett neue Beleuchtungsanlage installiert.

Tom – so hieß unser zum Bauunternehmer avancierter Anstreicher – wurde quasi zum lebenden Inventar bei uns, und einmal blieb er sogar die ganze Nacht, um mit dem Tapezieren fertig zu werden. Manchmal stellte ich ihm Milch und Plätzchen hin und auch schon mal ein Tiramisu. Man hatte den Eindruck, dass er klassische Rockmusik hörte, wenn alles gut lief, und wenn es ein bisschen haarig wurde, schaltete er auf Lobpreismusik um, was ich absolut nachvollziehbar fand.

Als der Partytermin näher rückte, arbeitete Tom immer schneller und immer länger. Am Nachmittag der Party war die eine Hälfte der Arbeitsflächen in der Küche noch mit Farbtöpfen und -eimern vollgestellt, während in der anderen Hälfte Schneidebretter, Messer und Schüsseln zum Einsatz gebracht wurden. Irgendwann an diesem Nachmittag brachte Lindsey, die auch die Einladungskarten entworfen hatte, die Menükarten vorbei und half schließlich Tom, die Steckdosenabdeckungen anzuschrauben, während ich ein halbes Dutzend Hummer auslöste. Es übersteigt wirklich alle Erwartungen, wenn die Grafikerin, der man bisher erst zweimal begegnet ist, eine Stunde Autofahrt in Kauf nimmt, um einem die Karten mit der

Speisefolge zu bringen, und dann noch so lange bleibt, bis die letzten Renovierungsarbeiten beendet sind.

Die Party sollte um 19:00 Uhr beginnen und um 16:00 Uhr arbeitete Tom immer noch, während in meiner Hälfte der Küche das Möhrensoufflé zusammenfiel und die Hummerschwänze durch die Gegend flogen. Ich setzte einen Notruf an meinen Bruder ab, der zwei Stunden vor Beginn der Party zur Stelle war, um Aaron zu helfen, die Vorhänge wieder aufzuhängen und anschließend mir beim Spülen. Er ist wirklich der weltbeste Bruder!

Bei mir ist es normal, dass ich neue Rezepte ausprobiere, wenn ich Gäste zum Essen einlade, denn so ein Essen ist schließlich keine Show, sondern eine Mahlzeit, und ich probiere einfach gern Neues aus. Diese Einstellung wirkt sich meistens zu meinen Gunsten aus, aber ich hatte die Vorbereitungszeit für mein Menü grob unterschätzt und war ziemlich in der Klemme.

Ich wollte einen Hummer-Mango-Salat auf thailändische Art zubereiten, für den ich die Hummer verwendete, die Aaron und Todd auf unserer letzten Reise gefangen hatten – mit viel Ingwer und Chili, einem ordentlichen Schuss Fischsoße und sehr zeitaufwendigen Julienne aus Gurken. Gibt es schwierigere Zutaten vorzubereiten als Mangos und Hummer? Glitschige Schale und Kerne, dazu viele Schalen und Adern. Ich hatte jedenfalls meine liebe Mühe damit und schaute dabei ständig auf die Uhr.

Ich bin ja nicht die pingeligste Köchin, aber selbst für meine Verhältnisse lieferte ich dabei eine erbärmliche Vorstellung. Als Hauptgang bereitete ich ein indonesisches Ingwerhähnchen nach einem Rezept der *Barefoot Contessa* zu. Ich hatte Visionen von satt glänzenden Hähnchenteilen, die aussahen wie lackiert, aber dann legte ich zu viele Teile auf einmal in die

Pfanne, und sie wurden deshalb eher mehlig und blass. Dazu gab es Curry-Jasminreis, den ich ungefähr eine halbe Stunde zu lange kochte, und ein Möhrensoufflé, das eher aussah wie ein Blech Brownies. Außerdem gab es noch Zuckerschoten mit schwarzem Sesam und dunklem Sesamöl, eine Beilage, die nicht einmal ich verhunzen konnte. Zum Nachtisch sollte es selbst gemachtes Vanilleeis geben mit Splittern von Schokoladenkaramell mit Meersalz, ein Dessert, das mit zu den Dingen gehört, die ich am meisten liebe. Und weil ich das schon vorbereitet hatte, konnte dabei – juhu – an diesem Nachmittag nichts mehr schiefgehen.

Zur Ankunft der Gäste gab es Champagner mit Ziegenkäse, Feigenmarmelade und Schinken auf knusprigem Brot. Das ist meine ewige Lieblingskombination – scharf, prickelnd, mächtig und salzig. Am frühen Abend war ich gezwungen gewesen, die Möglichkeit in Betracht zu ziehen, dass der gesamte Hauptgang ungenießbar sein würde, aber ich beruhigte mich selbst mit dem Wissen, dass wir ja reichlich Champagner im Haus hatten und eine wunderschöne Schinken-Käse-Platte. Verhungern würden wir also auf keinen Fall.

Wenn man Partys mag und gerne plant, dann sieht man sie irgendwann wie eine Art kleine Bühnenshow vor sich, und zwar jeden einzelnen Augenblick. Meine Vorstellung war folgendermaßen: Wir würden zu zwölft an meinem perfekt gedeckten Tisch sitzen, alle würden pünktlich kommen, jede Menge Spaß haben und ein perfekt zubereitetes Essen genießen.

Doch weil mein Bruder mir zur Rettung geeilt war, wollte ich gern, dass auch er dablieb, wodurch wir unelegante dreizehn Personen waren. Dann riefen Brian und Jorie an und gaben Bescheid, dass sie später kämen und dazu noch zu unterschiedlichen Zeiten. Matt und Kristi mussten erst zu einer Beerdigung, bevor sie kommen konnten, und das Haus war wegen all der letzten kleinen Renovierungshandgriffe ein einziges Chaos. Ich hatte – wie gesagt – den Reis eine halbe Stunde zu lange gekocht, das Hühnchen sah nicht so aus, wie es sollte, und das Soufflé war misslungen. Und dann kam unser erster Gast ohne seine Frau, dafür mit einem ganz frischen, tiefen Kummer.

Paul ist ein ebenso herzlicher wie temperamentvoller Südafrikaner. Er trug dem Anlass gemäß ein dunkles Jackett und überreichte mir eine Flasche Champagner, nachdem er mich umarmt hatte. Wir fragten ihn, wo denn seine Frau Deirdre sei, woraufhin er beide Hände auf den Küchentresen legte und eine ganze Weile einfach schweigend zu Boden schaute, wie um sich zu sammeln, bevor er wieder aufblickte. In der Woche zuvor hatte er uns erzählt, dass Deirdre schwanger sei. Nach vielen, vielen Jahren und einer Tochter, die die beiden durch In-vitro-Fertilisation bekommen hatten, war seine Frau jetzt überraschend auf natürlichem Wege schwanger geworden, und die beiden waren absolut glücklich gewesen. Sie waren gerade vom Arzt gekommen, der eine sehr schlimme Nachricht für sie gehabt hatte. Es sah ganz so aus, als ob der Fötus nicht überlebensfähig wäre. Genaueres würden sie aber erst in der folgenden Woche erfahren.

Deirdre hatte nur nach Hause fahren, niemanden sehen und nur noch weinen wollen. Paul dagegen musste in dieser Situation unter Menschen, die ihn lieb hatten und die auch in diesem richtig finsteren Moment bei ihm blieben. Er sagte, er müsse weinen, aber er müsse auch lachen, und er sei so dankbar, bei uns sein zu können.

Bevor wir vor dem Essen beteten, berichtete Paul dann allen Anwesenden von dem Arzttermin, und wir beteten für seine Familie und dankten Gott für das Essen und für das Geschenk, uns als Freunde um den Tisch herum versammeln zu können.

In der Einladung hatten wir darum gebeten, dass jeder bitte überlegen und in der Runde austauschen solle, wofür er im vergangenen Jahr besonders dankbar sei, und einen Vorsatz für das nächste Jahr nennen. Lindsey hatte kleine Kärtchen ausgedruckt, die in ebenso kleinen Briefumschlägen auf der Rückseite der Einladung geklebt hatten: einer für den Dank, einer für den Vorsatz. Ich hatte mir einen intensiven, langen Austausch vorgestellt über das, was wir aufgeschrieben hatten, aber weil wir viel später als geplant beginnen konnten, mussten mitten in unserem Gespräch bereits zwei Paare wieder aufbrechen, um die Babysitter abzulösen. Ich kann mich gar nicht mehr so genau erinnern, weshalb, aber wir fingen ausgerechnet mit den Vorsätzen an statt mit dem, wofür wir besonders dankbar waren, sodass wir dazu am Ende gar nicht mehr kamen.

Jorie traf ein, als wir schon mitten beim Essen waren, und Brian kam sogar noch später, direkt aus einer Vorlesung am theologischen Seminar. Die beiden rutschten direkt mit in das Gespräch hinein, während ich ihnen Essen warm machte und die Tischkarten und Menükarten beiseiteschob, um für sie Platz zu machen. Matt und Kristi kamen erst nach elf von der Beerdigung, und wir rückten ein zweites Mal zusammen, und ich machte ihnen Essen warm, während sie uns von dem Trauergottesdienst erzählten.

Der Abend war nicht annähernd so, wie ich ihn mir vorgestellt hatte, und der Tisch war ein einziges Durcheinander, wie bei der Reise nach Jerusalem, bei dem die Leute kommen und gehen und den ganzen Abend Plätze getauscht werden, aber es war perfekt.

Es war alles genauso, wie es sein sollte und wie ich es niemals hätte planen können. Und gerade das macht doch eine gute Party aus, dass der Abend und die Menschen und die

Gespräche und die Atmosphäre im Raum genauso sein dürfen, wie sie sind und an diesem Abend auch sein sollen.

Wir haben einen Freund, dem es immer sehr wichtig ist, Spaß zu haben, und zwar so wichtig, dass er seine Gäste regelrecht dazu zwingt. Das macht dann wiederum mir keinen Spaß. Ich glaube, sein Verhalten regt mich so auf, weil es mich wie alles, was uns aufregt, zu sehr an mich selbst erinnert. Ich habe schon bei so vielen Feiern und Essenseinladungen bei uns viel zu viel und zu genau geplant und dadurch Leute zu meiner Vorstellung von Spaß gezwungen.

Ich erinnere mich noch gut an das Osterfest in dem ersten Jahr, in dem wir in Michigan lebten. Ich hatte die Familie meines Mannes eingeladen und mir wochenlang über das Menü, die Sitzordnung und das Geschirr den Kopf zerbrochen. Ich bereitete einen mit Honig glasierten Schinken zu, obwohl ich das noch nie zuvor gemacht hatte und ehrlich gesagt nicht wusste, wie es ging. Ich scheuchte alle an den Tisch, servierte alle Beilagen, die ich zu dem Fleisch zubereitet hatte, und als ich dann den Schinken aus dem Backofen holte und auf eine Platte legte, merkte ich, dass er in der Mitte noch eiskalt war. In dem Augenblick, in dem ich mit diesem gewaltigen Schinken in meiner Küche stand und in mein voll besetztes Esszimmer blickte, brach ich in Tränen aus.

Der beste Teil dieser Geschichte ist, dass die Familie meines Mannes in solchen Dingen absolut locker und entspannt ist. Ich hätte also auch einfach sagen können: „Tut mir leid, es dauert leider noch eine halbe Stunde“, dann hätten sie den Fernseher eingeschaltet oder sich einfach munter unterhalten. Ich glaube, ich kenne nur sehr wenige Menschen, die so entspannt mit Zeit umgehen wie sie. Aber ich war unglaublich angespannt und wollte ihnen gefallen und sie beeindrucken, indem ich perfekt war.

Auch unter Gastgebern gibt es – wie in jedem anderen Lebensbereich – Könner und Stars, Menschen, die uns einschüchtern und uns richtig Komplexe machen. Es sind Menschen mit unglaublich hohen Erwartungen, die einen entsprechend hohen Maßstab anlegen, sodass die meisten Leute aufgeben und die übrigen sich einfach nur mies fühlen, wenn sie dem von solchen Menschen gesetzten Maßstab nicht gerecht werden können.

Aber Gäste zu haben, ist kein Sport und auch kein Wettbewerb, sondern richtig verstanden ist es ein Akt der Liebe. Wenn man will, kann man eine Feier zu allem Möglichen verzerren und manipulieren. Man kann sie benutzen, um mit dem Haus und dem eigenen guten Geschmack Eindruck zu schinden, man kann versuchen, damit in Konkurrenz zu Freunden zu treten, oder um Liebe und Anerkennung zu gewinnen. Man kann aber auch zu dem Schluss gelangen, dass es ein Akt der Liebe ist und kein Auftritt oder Wettbewerb, wenn man Menschen um seinen Tisch versammelt. Man kann beschließen, dass bei jeder Einladung das Ziel darin bestehen soll, für die Gäste zu sorgen und ihnen wohlzutun.

Ich bekomme das oft nicht hin, und die Vorstellung, die ich im Kopf habe, ragt überlebensgroß empor und überragt dann oft all das Schöne, das sich da gerade direkt vor meinen Augen abspielt. Die besagte Silvesterparty entwickelte sich jedenfalls zu einer gigantischen Inszenierung meinerseits – mit schicken Einladungskarten, Hummer und Champagner und cooler neuer Tapete an den Wänden. Ich merkte sehr wohl, wie der Druck zunahm und die Sache immer mehr zu einer Vorstellung wurde. Es hätte eine richtige Show werden können – mit angestrengtem Lächeln, strapazierten Nerven, der Versuchung, die Gäste zum Spaß zu zwingen und Druck auszuüben, damit sie sich so verhielten, wie es meine Show vorsah. Aber so kam es dann ja doch nicht. Vielleicht war es einzig das Ausmaß an

Chaos, das mich wieder zu Liebe und Freundschaft herunterholte. Vielleicht war es die Reue am Ende des Abends, als ich wusste, dass die Party nicht viel mehr gewesen war als der Versuch, die Sache im Griff zu haben, aber keine echte, von Herzen kommende Gastfreundschaft.

Doch aus welchen Gründen auch immer fühlte ich mich an diesem Abend eher wie eine Schauspielerin als wie eine Marionettenspielerin. Ich lachte und hörte zu und entschuldigte mich für das Essen, obwohl das niemanden wirklich interessierte. Es war ein perfekt unvollkommener Abend, ein wunderschöner und besonderer Beginn eines neuen Jahres – nur mit ein paar Wochen Verspätung.

Dunkler Schokoladenkaramell mit Meersalz

In jedem Karamellrezept, das ich bisher gelesen habe, steht, dass man dazu unbedingt ein Thermometer braucht. Ich habe keines. Ich wollte mir deshalb eigentlich eins leihen, aber gestern Abend war ich ungeduldig und habe diesen Karamell einfach so gemacht – ohne Thermometer. Und was soll ich Ihnen sagen – es hat auch ohne gut funktioniert. Man muss den Karamell nur immer gut im Auge behalten und einfach rühren, so als ob man sich um ein besonders kniffliges Risotto kümmert. Eine Zeit lang ist der Karamell gelb wie geschmolzene Butter, aber dann ändert sich so um die achte bis neunte Minute etwas. Aus dem hellen Gelb wird ein Bernsteinton. Genau das ist Ihr Moment. Wenn die Masse karamellfarben wird, fast wie Cappuccino, schalten Sie die Hitze aus und gießen ihn aus. Und versuchen Sie jetzt auf keinen Fall, es vom Löffel zu probieren. Da spreche ich natürlich aus Erfahrung.

Ich finde, dass der Karamell etwas zu weich wird, wenn man ihn bei Zimmertemperatur stehen lässt, deshalb bewahre ich ihn im Kühlschrank auf und serviere einen kleinen Teller davon mit Vanilleeis und Kaffee.

ZUTATEN

250 g Butter
2 Cups (400 g) Zucker
1 Cup (120 g) dunkle Schokolade, gehackt
1 Teelöffel grobes Meersalz

ZUBEREITUNG

Zucker und Butter zusammen in eine Pfanne geben und zum Kochen bringen. Die Masse bei mittlerer Hitze rühren, bis sie dunkelbernsteinfarben ist.

Dann die Pfanne von der Platte nehmen und den Karamell auf ein mit Backpapier ausgelegtes Backblech gießen. Das Blech für mindestens 30 Minuten in den Kühlschrank stellen – bis der Karamell abgekühlt und fest ist.

Nun die Schokolade über kochendem Wasser schmelzen. Wenn sie weich ist, über den Karamell gießen und mit einem Spachtel darauf verteilen. Mit Meersalz bestreuen und wieder kalt stellen, bis die Schokolade hart geworden ist. Dann den Karamell in ungleichmäßige Stücke zerbrechen.

In der Stille baden

Mitte Februar, also zu der Zeit, in der man in Chicago anfängt zu glauben, dass es nie wieder warm wird, luden uns Ryan und Emily ein, mit ihnen nach Mexiko zu reisen – sieben Erwachsene, fünf Kinder, ein Pool direkt am Haus. Was konnte schöner sein?

Nichts, sagt eine gewisse Dame aus Chicago. Absolut gar nichts.

So brachen wir sehr früh an einem Mittwochmorgen auf. Irgendwie hatte ich unsere Abflugzeit falsch im Kopf gehabt, sodass unser Start von zu Hause etwas von einem Feueralarm hatte. Wir warfen eilig unsere Sachen ins Auto, und am Ticketschalter mussten wir die Angestellte inständig bitten, uns an der Schlange vorbei abzufertigen. Wie durch ein Wunder kamen wir noch rechtzeitig am Gate an, wo wir mit Baby und Handgepäck jonglierend unsere Freunde zur Begrüßung umarmten. Als unser Flieger ein paar Stunden später landete und wir hinausschauten, sahen wir Berge und Wildnis, so weit das Auge reichte, und dann war da plötzlich das Meer, herb und tiefblau.

Unterwegs zu unserem Ferienhaus hielten wir an, um eiskalte, supersüße mexikanische Cola zu trinken und Erdnüsse mit Salz und Limette zu essen, das Erste, was wir in Mexiko verzehrten. Nachdem wir uns eingerichtet hatten, gingen wir auf den Markt und füllten unsere Einkaufskörbe: Saft für die

Kinder, Pacifico-Bier für die Erwachsenen, Salsa mit Unmengen von Zwiebeln darin und ein dickes Bund Koriander – wie das Rot, Weiß und Grün der mexikanischen Flagge.

An den meisten Abenden gingen wir früh ins Bett. Irgendwie spielte sich wie von selbst eine Art Abendritual ein, bei dem die Kinder gebadet wurden, etwas zu essen bekamen und ins Bett gebracht wurden, erst danach aßen wir Erwachsenen. Dann war es meist so, dass wir nur irgendetwas Kleines knabberten und schließlich müde von der Sonne, vom Baden und von den Kindern ins Bett gingen. Wir verbrachten die Tage mit den unterschiedlichsten Dingen:

An einem besonders klaren Tag aßen wir am Jachthafen Fisch-Tacos und tranken eimerweise Bier, während wir die Boote beobachteten. An einem heißen, wolkenlosen Morgen gingen wir Wale beobachten. Der Moment, in dem die glatten, glänzenden Körper dieser faszinierenden Tiere über der Wasseroberfläche auftauchten, war atemberaubend. An einem anderen Morgen gingen die Jungs schon ganz früh zum Angeln und kamen mit einer Sierra-Makrele nach Hause, aus der Ryan mit Grapefruitsaft, gewürfelten Tomaten, Ananas und ganz viel Salz ein köstliches Ceviche improvisierte.

Von ein paar Freunden bekamen wir den Tipp, dass es in der Gegend einen schönen Bauernmarkt gebe, so machten wir uns eines Morgens auf die Suche danach. Wir bekamen viele unterschiedliche, widersprüchliche, sehr ungenaue, verwirrende und manchmal auch richtig falsche Wegbeschreibungen, die uns durch die ganze Stadt führten – zu einem Flohmarkt, einem Supermarkt, einer Kirche und zu beiden Seiten des Jachthafens, bis wir schließlich ein Ehepaar mit einer Einkaufstasche anhielten, das uns gezielt in eine Wohngegend in den Hügeln schickte.

Den Kindern war heiß, es war unglaublich staubig, und wir waren müde, sodass sich die Kinder nur noch widerwillig mitschleppen ließen. Als wir dann aber feststellten, dass der Markt auf dem Platz vor einer Salat- und Kaffeebar stattfand, besetzten wir dort sofort den größten Tisch und ließen uns glücklich bei Gurken-Grapefruit-Saft, Mandel-Kokos-Muffins und Milchkaffee nieder.

Wir kauften knusprige, runde Brotlaibe und Knuspermüsli, Tamales und wunderbar cremigen Sauerrahm sowie absolut fantastischen Thunfisch. Bei mir war es wie immer auf solchen Bauernmärkten: Eigentlich wollte ich auf jeden Fall Kräuter und Salate kaufen, ging dann am Ende aber mit Brot und Käse nach Hause. Aber so ist nun mal das Leben – auf jeden Fall ist Urlaub so.

Zum Abendessen verzehrten wir an diesem Abend den Thunfisch – auf weißem Reis, den ich mit einer würzigen Creme aus pürierten grünen Peperoni und dem Sauerrahm zubereitet hatte. Am nächsten Abend aßen wir dann die Tamales – manche gefüllt mit dem Sauerrahm, andere mit schwarzen Bohnen oder mit scharfem Schweinefleisch, wobei die deftige Füllung einen schönen Kontrast zu dem süßen Mais bildete.

Die Nächte waren mild und kühl, und weil wir müde waren vom Tag und natürlich von den Kindern, schliefen wir gut.

Morgens schlichen wir auf Zehenspitzen durch das Haus in der Hoffnung, die Kinder der jeweils anderen Familie nicht zu wecken. Ich schlich dann in die Küche, um schon Kaffee zu kochen und das Frühstück in unser Bett zu holen. Dafür schnitt ich das feste Brot auf, das wir auf dem Markt gekauft hatten, nahm einen Klecks Butter aus dem Kühlschrank, erwärmte Mandelmilch für den dunklen mexikanischen Kaffee und so begann der Tag langsam und gemütlich.

An manchen Vormittagen machte sich unsere Familie auf den Weg zu einem anderen Markt, der nahe am Meer veranstaltet wurde. In dessen Nähe befand sich eine kleine Kapelle, aus der die gleichermaßen vertrauten wie fremden Geräusche einer katholischen Messe drangen. Um den ganzen Platz herum standen Schaukelstühle mit Ledersitzen. Mac machte meistens ein Nickerchen auf meinem oder Aarons Schoß, während wir schaukelten, die Leute beobachteten, starken Caffè Latte tranken und Henry sich seine neue Lieblingssüßigkeit kaufte – ein Überraschungsei.

Die Schokolade interessierte ihn dabei gar nicht so besonders, aber das Spielzeug darin umso mehr. Er ging ebenso vorsichtig wie zielstrebig mit einer Handvoll Kleingeld quer über den Platz, stellte sich dann wie ein richtig großer Junge hinten in der Schlange am Kiosk an und wartete, bis er an der Reihe war. Als er sich das erste Mal allein dorthin traute, blieb ich noch in der Nähe, um notfalls eingreifen zu können, aber im Laufe der Woche wurde er immer sicherer. Nach ein paar Tagen blieb ich auf meinem Schaukelstuhl sitzen, wenn er ganz wie ein Großer loszog, und schaute nur hinter ihm her.

Bei unserer Ankunft in Mexiko hatten wir festgestellt, dass unsere Handys nicht funktionierten, es sei denn, wir waren bereit, ein Vermögen für Roaminggebühren springen zu lassen. Auch unsere E-Mails konnten wir an dem Computer in unserem Haus nicht abrufen. Das bedeutete, dass ich jeden Morgen für teures Geld ein paar Minuten lang meine E-Mails auf dem Handy lesen musste, nur um zu sehen, ob etwas Dringendes dabei war, aber abgesehen davon kommunizierten wir auf die altmodische Art und Weise: Wir schrieben uns Zettel und vereinbarten Treffpunkte.

Manchmal verpassten wir uns zwar, aber es hatte etwas absolut Großartiges, beispielsweise zu sagen: „Wir sehen uns dann, wenn ich wieder da bin." Oder: „Sie machen gerade einen Spaziergang und sind in ungefähr einer Stunde wieder da." Keine ständigen SMS, keine Anrufe hin und her aus dem Supermarkt, kein kurzes Nachfragen, ob das Baby noch schläft – und abgesehen davon auch kein Facebook, kein Twitter, keine Blogs.

Vor dieser Reise hatte ich mehrere Wochen mit meinem Laptop im Coffeeshop verbracht, ständig in Verbindung mit allem und jedem, sodass sich die Stille Mexikos und meines nutzlosen Handys zunächst ein bisschen höhlenartig anfühlte. Ich war immer irgendwie ein bisschen auf dem Sprung, so als könnte jeden Moment etwas passieren, das ich vielleicht verpassen würde, aber mit der Zeit wurde mir klar, dass das wirklich Wichtige direkt um mich herum geschah und dass ich manches davon verpasste, weil mein Handy schon beinah an meiner Hand festgewachsen war und ich dadurch den Menschen in meiner Nähe signalisierte, dass allein ihre Anwesenheit mir nicht genügte. Dieser Blick aufs Meer? Nicht genug. Die Geschichte, die du mir gerade erzählst? Nicht genug.

Ich bin absolut kein Gegner der modernen Kommunikationstechnologie, aber in dieser Woche in Mexiko wurde mir klar, dass Urlaub in der heutigen Zeit fast immer auch einen Ortswechsel bedeutet. Wir reisen viel, und zwar sowohl zum Vergnügen als auch beruflich, und das gefällt uns, aber wir haben immer, immer Laptops, iPads und Handys dabei. Egal, wo wir uns aufhalten, wir sind im Urlaub mit allen und allem genauso in Verbindung wie zu Hause, manchmal sogar noch intensiver, weil wir mehr Zeit haben.

Bei uns kommt noch dazu, dass wir nicht zu festgelegten Zeiten in einer Firma arbeiten. Das hat zwar unglaublich viele Vorteile. Man ist viel flexibler, hat mehr Freiheit und kann mehr bei den Kindern sein, aber gleichzeitig merken Aaron und ich auch, dass wir dadurch eigentlich immer arbeiten. Es gibt keinen regelmäßigen richtigen Feierabend. Aaron steht morgens auf und geht oftmals sofort ins Studio, um sich etwas anzuhören, was ein Produzent ihm geschickt hat, und ich bekomme

E-Mails über anstehende Veranstaltungen, während ich Mac stille, in einem Museum bin oder Henry beim Fußballtraining zuschaue.

Das Beste daran, dass diese Grenzen zwischen Beruf und Privatleben immer mehr verschwimmen, ist gleichzeitig auch das Schlimmste daran: Wir sind immer und überall mit allen und allem in Verbindung. Während ich meiner Großmutter gegenübersitze, piepst mein Handy und signalisiert neue Kommentare auf Facebook oder E-Mails von Zalando. Wenn ich in Dallas bin, schreibe ich einer Freundin in Reno, beantworte eine Frage, die mir meine Lektorin aus Eugene stellt, und schicke meiner Schwiegermutter ein Foto nach Hause.

Das ist gut, und zwar aus einer Vielzahl von Gründen, aber in Mexiko habe ich gemerkt, dass es mich daran hindert, wirklich ganz und gar an einem Ort zu sein, wenn ich überall gleichzeitig und mit allen in Verbindung bin. Ganz plötzlich sorgte diese Stille dafür – diese herrliche, wunderbare, seltsame Stille –, dass ich ganz und gar und ausschließlich an einem Ort war. Ich war ganz und gar da, ganz und gar dabei, ohne das Gefühl zu haben, mein Kopf wäre in Tausende kleine Teilchen zersplittert, die in die ganze Welt hinausgeschleudert werden und nichts hinterlassen als ein glasiges Starren und nervös zuckende Finger, die ständig nach dem Handy greifen.

Die Woche in Mexiko war fantastisch – natürlich war sie das: die endlose Weite des Meeres, Babys und Kinder, Schwimmen und Tacos und Limetten und Lachen und Menschen, die wir lieben. Aber auch auf einer viel grundlegenderen Ebene war diese Zeit magisch, weil sie bei mir die Lust auf Stille weckte, die ich schon seit Jahren nicht mehr richtig erlebt hatte. Es war wie Fasten, nur in diesem Fall für mein Gehirn. Beim Fasten ist es ja so, dass, so groß der Hunger auch sein mag, man sich doch so stark und heil, gesund und klar fühlt wie seit Langem nicht.

Diese Zeit war für mich total anders, ja sogar unnormal, und es gefiel mir. Ich denke immer noch hin und wieder an diese Woche zurück und daran, wie nicht zerfasert und intakt sich mein Gehirn und mein Geist anfühlten, wie wenig ich Pinterest und Facebook vermisste. Mir wurde bewusst, wie kostbar es ist, das Leben zu leben, das man direkt vor der Nase und vor den Händen hat, so verlockend es auch sein mag, sich die Nase an den Schaufenstern zum Onlineleben platt zu drücken.

Vielleicht lag es am Meer, dem Golf von Kalifornien, so dunkelblau und tief, wo Wale ziehen und Sportangler in schnittigen Motorbooten im Zickzack am Ufer entlangzischen. Vielleicht lag es an der Mittagshitze und der sanften Kühle morgens und abends. Vielleicht lag es an dem Bier mit dicken Limettenscheiben darin, an der Salsa vom Markt, vielleicht lag es an den Geräuschen, die unsere Kinder im Pool machten, wie sie jauchzten und planschten, vielleicht lag es an dem Thunfisch auf Reis und vielleicht an dem intensiv schmeckenden, fast bitteren Caffè Latte, den wir morgens auf den Schaukelstühlen auf dem Platz tranken, während die Sonne still und langsam zum Zenit aufstieg. An all dem hätte es liegen können, dass dieser Urlaub so viel erholsamer war als jede andere Reise, an die ich mich erinnere, aber letztlich lag es wohl daran, dass das permanente Geplapper und das geistige Gerümpel, das wir durch Twitter, Facebook und Blogs anhäufen, einmal eine Woche lang nicht da war.

Für beides bin ich mitverantwortlich – für das Produzieren und Konsumieren all dieses geistigen Mülls und Lärms. Ich bin ein lauter Mensch, und zwar sowohl im wörtlichen als auch im übertragenen Sinne. Ich mache fast immer mehrere Dinge gleichzeitig: Der Fernseher läuft. Es liegen aufgeschlagene Zeitschriften herum. Die Kinder plappern. Ich schreibe einer Freundin eine SMS und gleichzeitig einer anderen eine E-Mail. Währenddessen erhitze ich etwas in der Mikrowelle, es brutzelt etwas auf dem Herd, und meine Mutter kommt vorbei, während gerade der Trockner piepst, weil die Wäsche trocken ist. Genauso mag ich es eigentlich.

Aber auf dieser Reise war plötzlich der Lärm weg. Es gab kein anderes Gespräch außerhalb der eigenen vier Wände mehr, an dem man sich hätte beteiligen können. Ich erfuhr nichts aus dem Leben meiner Freunde, wodurch das, was wir gerade taten, hätte überschattet oder sogar eingeholt werden können. Und das, was wir gerade taten, war nichts – und zwar im besten Sinne. Nach ein paar Tagen merkte ich, wie sehr mir das gefiel. Ich merkte, dass diese Stille wie Musik war und wie viel besser mir mein eigenes Leben in dieser Stille gefiel.

Es ist natürlich leichter zuzulassen, da und nur da und ganz bei der Sache zu sein, wenn man aufs Meer schauen und es nach Walrücken absuchen kann und – ich gebe es zu – wenn das Handy sowieso nicht funktioniert. Es ist viel schwerer, wenn man wieder zu Hause ist, wenn im Alltag die Kinder wieder um einen herumwuseln, wenn sie mal wieder nicht schlafen wollen und wenn sie wieder *Die Hinterhofzwerge* gucken. Ich würde fast alles dafür geben, nicht bei der Sache sein zu müssen (oder überhaupt anwesend), wenn ich von Wäschebergen umgeben bin und von einem Baby, das nicht schlafen will. Ich möchte nicht einmal ansatzweise anwesend und bei der Sache sein, wenn ich wie das Kaninchen vor der Schlange vor einem Manuskriptabgabetermin stehe, mit hochgezogenen Schultern, verspannten Muskeln und so viel Koffein im Blut, dass es mich gleichzeitig schwindelig und aufgekratzt macht. Natürlich hat es einen Grund, warum wir das, was in unserem Kopf los ist, so fragmentieren, und zwar, dass uns die Vorstellung gefällt, an siebenundsechzig anderen Orten zu sein statt an diesem einen unspektakulären, öden, einsamen Ort, an dem wir uns an manchen Tagen befinden.

Aber wenn ich an Mexiko zurückdenke, dann zwinge ich mich, mein Handy eine Weile beiseitezulegen, und ich vertraue darauf, dass ein Teil dessen, was die Zeit dort so zauberhaft gemacht hat, nichts mit den Limetten und dem Koriander und den Walen zu tun hatte, sondern mit der Bereitschaft, wirklich ganz und gar da zu sein, wo wir gerade waren. Seit dieser Reise übe ich, ganz und gar dort zu sein, wo ich gerade bin, egal, ob es dort schick ist oder nicht, und dabei stelle ich immer wieder fest, dass es besser ist, völlig und mit ganzem Herzen an einem Ort zu sein als an tausend zersplitterten Orten nur halb – so schick und spektakulär sie auch sein mögen.

Teil 4

Essen und Kochen gehören zu den vielfältigsten Themen der Welt. Jeden Tag unseres Lebens beschäftigen, erfreuen und erfrischen sie uns. Essen ist nicht nur der Treibstoff, den wir brauchen, um Höheres zu erreichen. Kochen ist keine Plackerei, die wir auf uns nehmen, um irgendwie unseren Treibstoff zu bekommen. Nein, beides lässt uns eher staunend innehalten. Ja mehr noch, beides sorgt dafür, dass wir Abend für Abend an einem Tisch Platz nehmen, um in der Gesellschaft, die sich um unsere Tische herum bildet, unser Menschsein zu leben.

Robert Farrar Capon, *The Supper of the Lamb* (Das Abendmahl des Lammes)

Was man für Geld nicht kaufen kann

An einem klaren, kalten Samstagmorgen trafen wir Mädels vom Kochclub uns in Caseys Haus. Es war noch früh und Nebel hing schwer über den Wiesen. Wir hielten uns an unseren Kaffeebechern fest, brummelten uns zur Begrüßung ein Hallo zu und fingen an, Klapptische aus der Garage zu holen, Spielsachen aufzubauen und Kleiderständer mit Kleidern auf die Auffahrt zu schieben, immer noch müde und mit der Frage im Kopf, auf was um Himmels willen wir uns da eingelassen hatten.

Genauer gesagt, in was ich uns da hineinmanövriert hatte. Die Idee, einen riesigen Garagenflohmarkt mit Kaffee- und Kuchenbüfett zugunsten der Tafel unserer Gemeinde zu veranstalten, war nämlich auf meinem Mist gewachsen. Ich war diejenige, die hartnäckig den Standpunkt vertrat, dass es gut ist, mit weniger Ballast zu leben und sich zugunsten eines guten Zweckes von einem Teil seines Krempels zu trennen. Ich war diejenige, die einen Termin festgesetzt hatte, und jetzt war ich diejenige, über die die anderen grummelnd schimpften, weil sie nun die Suppe auslöffeln mussten, die ich ihnen eingebrockt hatte.

Wir hatten uns am Anfang der Woche schon einmal bei Casey getroffen, um die Berge von Sachen zu sortieren, die seit einem Monat bei ihr abgegeben und in ihrem Keller gesammelt worden waren. Irgendwann hatte Margaret, die mit Bergen von Tüten und Kisten völlig zugebaut war, gesagt: „Ich mache zwar jetzt mit, aber ich sage ganz klar: Das ist echt nicht mein Ding."

Meines ganz sicher auch nicht. Ich hatte schon einmal in Grand Rapids einen Flohmarkt veranstaltet und mir danach eigentlich geschworen, mir so etwas nie wieder anzutun, weil ich in organisatorischen Dingen eine echte Niete bin. Mir gefällt zwar die Flohmarktidee, aber all die Sortierarbeit und das konkrete Organisieren hasse ich, und wenn dann der Verkauf tatsächlich beginnt, will ich es nur noch so schnell wie möglich hinter mich bringen, sodass ich schon nach einer Stunde alles zu Schleuderpreisen verramsche und gegen Mittag Schluss mache.

Dieses Mal hoffte ich, dass der gute Zweck dieses Flohmarktes und der Rahmen, in dem er stattfand, mich motivieren würde, es besser zu machen. Weil der gesamte Erlös der Tafel gespendet werden sollte, die von unserer Gemeinde getragen wird, würde der Flohmarkt auch bedürftigen Menschen aus unserer unmittelbaren Nachbarschaft zugutekommen. Unsere Gemeinde unterstützt seit über dreißig Jahren akut bedürftige Familien mit Lebensmitteln. Über achthundert ehrenamtliche Helfer arbeiten regelmäßig bei der Tafel mit, gehen mit Familien durch die Regalgänge mit Lebensmitteln und helfen ihnen, Brot und Fleisch und auch Gemüse auszusuchen, das im Gemüsegarten der Gemeinde angebaut wird.

Vielleicht liegt es daran, dass ich ein Mensch bin, der Essen liebt und sich dafür interessiert. Vielleicht liegt es daran, dass ich Kinder habe. Vielleicht liegt es auch daran, dass ich selbst schon ehrenamtlich bei der Tafel mitgearbeitet habe und dabei Müttern wie mir gegenübergestanden habe, Müttern, die in meiner Stadt leben und dorthin kommen, um sich Lebensmittel zu holen, weil sie ohne diese Hilfe ihre Familien nicht durchbringen können. Hunger berührt mich, macht mich wütend und regt mich auf, und zwar so sehr, dass ich etwas dagegen tun will.

Ich möchte, dass die Kinder, die ich bei der Tafel sehe, immer satt werden, dass die Menschen aus der Gemeinde sich um die Bedürfnisse dieser Kinder kümmern, und zwar täglich, ganz praktisch und unmittelbar. Wenn Gemeinde das tut, wenn sie mehr ist als Ideen und Ideale, nämlich eine wirksame, lebendige, atmende, bodenständige Kraft zum Wohl unserer Städte, dann ist sie meiner Ansicht nach so, wie sie sein soll.

Bei den letzten Treffen unseres Kochclubs haben wir über Hunger gesprochen. Wir sind eben Leute, die das Essen lieben, und wir sind Mütter und Tanten und Schwestern. Hunger lässt uns nicht kalt und wir wollten auf greifbare, praktische Weise in unserer Stadt etwas dagegen tun. Während wir so über Hunger sprachen, über Privilegien und Einfachheit und Verschwendung und Reichtum, kamen wir auch darauf, wie leicht man sich an einen Lebensstil gewöhnt, bei dem man immer mehr Sachen anhäuft, bei dem man sich daran gewöhnt, zu kaufen und zu kaufen, und dann irgendwann in Häusern lebt, die zum Bersten gefüllt sind mit Zeug, das man nicht braucht, für das man gar keinen Platz mehr hat und das man eigentlich gar nicht erst hätte kaufen sollen. Wir möchten einfacher leben, mit mehr Verantwortung und weniger Verschwendung und Müll. Wir möchten einen Beitrag leisten, diese Entwicklung stetig zunehmender Anhäufung von Besitz aufzuhalten, und wir möchten verantwortungsbewusste Konsumenten sein, statt fanatisch Sachen anzuhäufen.

So kamen wir zu dem besagten Garagenflohmarkt mit Kaffee- und Kuchenbüfett unseres Kochclubs zugunsten der Tafel.

Wir verkauften Kleiderständer um Kleiderständer gebrauchte Kleidung, alles Mögliche an Küchenzubehör – von Platten und Schüsseln bis hin zu Schnellkochtöpfen und Tortenhauben. Wir verkauften Spielzeug und Bücher und Unmengen von Highheels, von denen wir irgendwann einmal geglaubt hatten, sie unbedingt haben zu müssen, die aber in unserer derzeitigen Lebensphase absolut überflüssig waren. Wir verkauften Tische und Stühle und Lampen und eine aberwitzige Menge von Bilderrahmen. Wir verkauften Plüschtiere und T-Shirts aus Urlaubsorten, in denen wir vor Urzeiten einmal gewesen waren.

Am frühen Morgen waren wir zuerst noch ein bisschen unleidlich, aber als dann die ersten Kunden eintrudelten, kriegten wir doch noch die Kurve. In den Vormittagsstunden herrschte ein stetiger Strom von Kunden, die Handtaschen, Bücher, DVDs, Schals und Kinderhochstühle kauften. Ich war für das Kuchenbüfett zuständig und dadurch auch gleichzeitig das Empfangskomitee, denn das Kuchenbüfett war direkt am Gehweg vor der Garagenauffahrt aufgebaut, also dort, wo die Leute ankamen. Wir hatten Shortbread gebacken und Kürbis-Frischkäse-Muffins, Müsliriegel, Brownies und Vollkornplätzchen.

Den ganzen Tag gingen wir in Abständen immer wieder ins Haus, um das Kleingeld aus unseren Schürzentaschen in die große Kasse zu leeren, und am Ende des Tages saßen wir dann müde und staubig in Caseys Küche, während sie bis zum letzten Cent das Geld zählte. Es waren über tausend Dollar für die Tafel zusammengekommen, ein unvorstellbarer Betrag, wenn man bedenkt, dass er sich überwiegend aus Zweidollarbeträgen zusammensetzte.

Angesichts eines Problems wie dem Hunger in einer Stadt von der Größe Chicagos sind tausend Dollar zwar auch nur wieder ein Tropfen auf den heißen Stein, aber tausend Dollar sind besser als nichts. Aber wir hatten aktiv etwas getan.

Leider lässt man lässt sich nur allzu leicht dazu verleiten, gar nichts zu tun, wenn man keine spektakulären Aktionen auf die Beine stellen kann. Man kommt schnell zu dem Schluss, dass man eigentlich auch alles so lassen kann, wie es ist, wenn man sein Leben nicht von jetzt auf gleich auf den Kopf stellen kann. Doch das ist gar nicht nötig. Wir haben einfach nur da einen Anfang gemacht, wo wir es konnten, und mit dem, was wir hatten. Ich hoffe, dass das für uns erst der Start für weitere Aktionen ist. Ich hoffe, dass wir ein bisschen genauer darüber nachdenken, was man für das Geld alles kaufen könnte, wenn wir das nächste Mal shoppen gehen. Ja, ich wünsche mir, dass wir dann an Familien in unserer Stadt denken, die Brot, Milch und Äpfel dringender brauchen als wir Halsketten, Sonnenbrillen und Strickjacken.

Mehr tun wir gar nicht. Wir fangen einfach nur da an, wo wir gerade stehen, mit dem, was wir haben. Wir haben so viel mehr, als wir brauchen, und wir verwenden so viel von unserer Zeit darauf, uns um unseren Besitz zu kümmern, ihn instand zu halten, unterzubringen und zu verwalten. Ich möchte so nicht leben. Ich möchte kein Zuschauer sein und das alles ignorieren, sondern ich möchte solidarisch sein und ein Teil der Lösung. Ich möchte etwas dazu beitragen, dass die Kinder in unserer Stadt und in jeder Stadt Frühstück, ein Mittagessen und ein Abendessen bekommen, und ich möchte mir noch bewusster machen, was sich für Geld kaufen lässt und was nicht.

Gaia Cookies

Ich verfolge schon seit Langem die Einstellung des Nichtbackens, aber eine Sorte Cookies hat mich dazu gezwungen, mit dieser Einstellung zu brechen – der Gaia Cookie. Das „Gaia Café“ ist ein fantastisches vegetarisches Hippierestaurant in Grand Rapids, das für seine Cookies berühmt ist. Als wir noch in Grand Rapids gewohnt haben, gehörte es zu unseren Lieblingsunternehmungen, dort ausgedehnt und üppig zu frühstücken, mit Eierspeisen, Cookies und literweise Kaffee. Wenn mich jetzt Freunde aus Grand Rapids in Chicago besuchen, bringen sie mir immer Cookies aus dem „Gaia Café“ mit, und letztes Jahr zu Weihnachten habe ich dann meine eigene Regel, nicht zu backen, gebrochen, weil ich einfach den Versuch unternehmen musste, meine Lieblingscookies selbst herzustellen.

Als dann die Idee mit dem Kuchenverkauf beim Garagenflohmarkt Formen annahm, hatten die anderen Mädels jede Menge Ideen, denn sie backen alle gern und gut. Sie schlugen Whoopie Pies vor, Haferflockencookies mit Ahornsirupcremefüllung, Mini-Apfelkuchen und Cupcakes mit Buttercreme. Sie schlugen so viele Varianten von Kuchen, Obstkuchen und Torten vor, dass gar nicht alles zu schaffen war – es war einfach fantastisch.

Als ich dann an der Reihe war zu sagen, was ich zum Kuchenverkauf beisteuern wolle, gab es eigentlich nur eine Option: meinen Cookie, den Gaia Cookie. Er gehört zu den Cookies, die einen glauben machen, dass sie gesund sind, weil Haferflocken, Nüsse und Datteln darin sind, aber sie enthalten auch Zucker, Butter und Schokolade, sodass sie keine ausgesprochene Gesundheitskost sind. Man kann sie hervorragend einfrieren und mit einer Tasse Kaffee sind sie ein herrliches Frühstück.

Das folgende Rezept ist nicht das Originalrezept aus dem „Gaia Café“, sondern nur meine beste Annäherung. Im „Gaia Café“ sind die Cookies riesig – zwei- bis dreimal so groß wie ein normaler Cookie. Ich mache sie lieber etwas kleiner, damit ich das Gefühl habe, dass es in Ordnung ist, zum Frühstück zwei von ihnen zu essen.

ZUTATEN

200 g Butter
1 1/2 Cups (270 g) brauner Zucker
2 Eier
2 Teelöffel Vanilleextrakt oder etwas Vanillearoma
1 1/2 Cups (180 g) Mehl
1 1/2 Cups (112 g) Haferflocken
1 Teelöffel Backpulver
1 Teelöffel Natron
1 Teelöffel Salz
1 Cup (80 g) Kokosraspel
1 Cup (130 g) Walnüsse, gehackt
1 Cup (170 g) Schokostückchen
1 Cup (180–200 g) Datteln, Rosinen, getrocknete Kirschen oder Cranberries oder eine beliebige Mischung von allem, gehackt

ZUBEREITUNG

Den Ofen auf 175 Grad vorheizen.

Butter und braunen Zucker schaumig schlagen.

Eier und Vanille dazugeben und gut verrühren.

Mehl, Haferflocken, Backpulver, Natron und Salz hinzufügen und wieder gut verrühren.

Kokos, Walnüsse, Schokostückchen und Trockenfrüchte dazugeben und verrühren, bis alles gut vermischt ist.

Mit einem Teelöffel Häufchen auf ein mit Backpapier ausgelegtes Backblech setzen – 8 Häufchen pro Blech. Dann das Blech für einige Minuten ins Gefrierfach legen, damit der Teig im Ofen nicht zu schnell zerläuft.

14–16 Minuten backen, bis die Cookies goldgelb sind.

Ergibt 24 Cookies.

Geliebte Stadt

Aaron und ich hatten uns die ganze Woche so gut wie gar nicht gesehen – wegen einer Hochzeit, einer Reise und eines Plattenprojektes –, und als wir danach wieder zusammenkamen, waren wir irgendwie aus dem Takt, so als würde man beim Seilspringen nicht ins Seil hineinfinden, das von zwei Personen geschwungen wird, weil das Timing nicht stimmt. Wir hatten das Gefühl, unendlich weit voneinander entfernt zu sein, also taten wir das, was wir im Laufe der Jahre in solchen Situationen immer taten: Wir legten die To-do-Listen beiseite, setzten die Kinder ins Auto und fuhren die knapp fünfzig Kilometer nach Chicago.

Wir hatten unsere ersten Dates in dieser Stadt gehabt und dort haben wir auch geheiratet. Selbst als wir in Grand Rapids, also in Michigan lebten, verbrachten wir unseren Hochzeitstag und auch andere besondere Tage immer in Chicago.

An diesem besagten Tag nun gingen wir von Geschäft zu Geschäft und probierten Jacken für unsere nächste Reise an. Wir gaben dem zahnenden Baby Reiscrispies zum Mümmeln und sammelten zum tausendsten Mal das Spielzeug wieder ein, das es aus dem Buggy geworfen hatte. Wir spazierten plaudernd nebeneinanderher und nahmen Henry bei der Hand, als wir die riesige belebte Kreuzung in Bucktown überquerten, an der so viele Straßen und Ampeln zusammenlaufen.

Bei „Big Star“ machten wir Pause, um Tacos und Horchata (Reismilch), Chelada und Guacamole zu genießen, und Henry trank dort seine allererste Sprite. Als sie in einer Glasflasche serviert wurde und nicht im Becher, sah er uns mit großen Augen an, völlig begeistert, aber gleichzeitig auch ein bisschen ängstlich, ob es sich da nicht vielleicht um einen Irrtum handelte.

Das Restaurant war sehr voll, die Tacos waren ebenso winzig wie köstlich und Mac strampelte fröhlich mit den Beinchen und kaute auf Süßkartoffeln herum.

Wir lernen immer wieder auf die harte Tour, dass die Qualität unserer Beziehung direkt proportional ist zu der Zeit, die wir miteinander verbringen.

Ich kenne Paare, die besser miteinander zurechtkommen, wenn sie sich nicht so nah sind und möglichst viel persönlichen Freiraum haben, Paare, die es sich absolut nicht vorstellen können, auch noch gemeinsam zu arbeiten, die sich gegenseitig in den Wahnsinn treiben würden, wenn sie an denselben Sitzungen teilnehmen müssten oder sich am Schreibtisch gegenübersäßen – aber bei uns ist es so, dass gemeinsam verbrachte Zeit Wunder wirkt, wenn unsere Beziehung einmal irgendwie nicht rundläuft.

Zu unserem fünften Hochzeitstag hatten wir eigentlich vorgehabt, eine Reise nach Rom zu machen. Unser Hochzeitstag ist zwar eigentlich im August, aber wir reservierten für diese Reise eine Woche im Oktober, weil es dann in Rom nicht mehr so heiß ist und weil wir in dieser Zeit auch beruflich nicht so ausgebucht waren. Wir hatten uns Reiseführer besorgt und eine Liste der Sehenswürdigkeiten zusammengestellt, die wir unbedingt sehen wollten, sowie eine Liste der Restaurants, in denen wir essen gehen wollten. Doch dann stellte sich heraus, dass ich schwanger war und der errechnete Geburtstermin genau in der

Woche lag, in der wir hatten verreisen wollen. Frohen Herzens änderten wir also unsere Pläne und planten Henry statt Rom ein.

Den fünften Hochzeitstag feierten wir also statt mit einer Woche Italien mit einem verlängerten Wochenende in Chicago, und zwar in einem der obersten Stockwerke in einem Hotel mit Blick auf Oak Street Beach. Ich war in der sechsunddreißigsten Woche schwanger, also holte Aaron mir jeden Morgen einen Mocha und ein Ahornsirupscone und ging dann laufen, während ich im vollgekrümelten Bett lag und Babybücher las. An einem Abend bestellten wir Pizza bei „Lou Malnatis Pizza“ und an einem anderen saßen wir im Freien vor dem „Iggy's“ in Bucktown. Bis heute erinnere ich mich an den Hauch von Schärfe in der Pasta mit Zitrone und Ziegenkäse und an den Hauch von Kühle, an dem zu erkennen war, dass der Sommer langsam zu Ende ging.

Ein paar Jahre danach beschlossen Aaron, Henry und ich spontan und im letzten Augenblick, einen Teil des Thanksgivingwochenendes Ende November in einem kleinen gemütlichen Hotel in Chicago zu verbringen. Ich nahm ein heißes Bad, während Aaron und Henry einen Spaziergang machten und scharfes chinesisches Essen mitbrachten, das wir anschließend aneinandergekuschelt in einem der großen Betten genüsslich verspeisten.

Kurz bevor wir an dem Abend Henry ins Bett brachten, gingen wir noch bei meinem Lieblingsmexikaner in Chicago Essen holen: eine dicke, aromatische Suppe; knusprige mit Chorizo belegte Brötchen und heiße Schokolade aus frisch gemahlenen Kakaobohnen. Wir genossen das Essen und knabberten anschließend hoch über den Dächern der Stadt Tortilla-Chips mit scharfer Guacamole und waren einfach nur unaussprechlich dankbar.

Für unseren zehnten Hochzeitstag hielten wir wieder eine ganze Woche im Kalender frei und belebten unseren Traum von der Italienreise neu. Sie wissen natürlich, wie das endete, aber wir wussten es damals nicht, und nach so vielen Jahren des Probierens und Hoffens, nach den Fehlgeburten und all dem damit verbundenen Kummer waren wir umso entschlossener, diesmal die Reise wirklich zu machen. Wir hatten so vieles aufgeschoben, um Kinder zu bekommen, was aber anscheinend nicht möglich war. Wir wollten einen so wichtigen Hochzeitstag nicht versäumen wegen dieses Vielleicht-bin-ich-schwanger-Spieles, das wir immer und immer wieder spielten und bei dem wir ständig die Verlierer waren.

Wir setzten also einen Termin fest, gruben unsere alten Reiseführer wieder aus… und erfuhren, dass ich schwanger war und der errechnete Geburtstermin genau in der Woche lag, in der wir eigentlich in Italien sein wollten. Falls wir noch ein weiteres Baby haben wollen, liegt der Trick zum Schwangerwerden vielleicht darin, einfach eine Reise nach Italien zu planen. Vorteile hat es so oder so, oder?

Die Italienpläne waren also vom Tisch und im Gespräch waren jetzt Vancouver, San Francisco, Portland oder Seattle. Als dann aber der Hochzeitstag näher rückte, ging es mir wegen meiner ständigen Übelkeit sehr schlecht. Ich hatte meine Vortragstätigkeit fürs Erste aufgegeben, weil ich in diesem Zustand nicht reisen konnte, und die Vorstellung, mehrere Stunden in einem Flugzeug zu sitzen, war grauenhaft für mich. So fanden wir uns einmal mehr in Chicago wieder.

Dieses Mal wohnten wir in einem Hotel, in dem ich einmal ein Paar getraut und seitdem davon geträumt hatte, selbst einmal dort abzusteigen. Manchmal ist es ja so, dass die Realität nicht mehr mit dem Traum Schritt halten kann, wenn man zu lange von etwas träumt, aber das war zum Glück bei diesem

Hotel nicht der Fall. Mir gefiel dort wirklich jedes Detail – die Möbel, die Bilder und Kunstgegenstände in der Lobby, das Restaurant, der Spa-Bereich und das superbequeme Bett.

Ich war zu diesem Zeitpunkt in der fünfunddreißigsten Schwangerschaftswoche, und es war draußen brütend heiß, sodass wir uns meistens im klimatisierten Hotel aufhielten. Wir nahmen unzählige Bäder und schauten uns von unserem schicken Bett aus gemütlich endlos viele Folgen unserer Lieblingsserien an.

Am Abend unseres tatsächlichen Hochzeitstages aßen wir im „Le Colonial", einem französisch-vietnamesischen Restaurant, an dem wir schon seit Jahren immer vorbeigegangen, aber irgendwie nie dazu gekommen waren, dort auch zu essen. Unsere Freunde Rachel und Eric haben dort ihre Hochzeit gefeiert, und als sie hörten, dass wir an unserem Hochzeitstag dort essen wollten, spendierten sie uns als Überraschung die Vorspeisen und der Restaurantinhaber den Champagner. Wir saßen an einem kleinen Tisch mitten in dem gut gefüllten Restaurant und aßen Shrimps auf Zuckerrohr mit gebratenem Reis und zum Dessert Kokosmacarons. Wir hielten Händchen und tauschten Erinnerungen an unsere Hochzeit aus, Erinnerungen an den Abend vor zehn Jahren in dieser Stadt.

Wir erzählten uns das Lustige, das Großartige und das einfach Perfekte am Tag unserer Hochzeit. Vor der Trauung hatten wir im Grand Park und beim Art Institute Hochzeitsfotos gemacht, und als wir an einem großen Brunnen posierten, kam eine Klasse mit Vorschulkindern vorbei, die gerade einen Ausflug machten. Sie quietschten vor Begeisterung und zeigten auf uns, als ob wir ein Prinz und eine Prinzessin aus dem Märchen wären. Die Trauung wurde von einem Pastor durchgeführt, den wir sehr mögen, mit ganz viel wunderschöner Musik von lieben Musikerfreunden.

Als die Hochzeitsfeier zu Ende war und wir Hand in Hand die Treppe hinunter durch die geflieste Lobby zum wartenden Auto rannten, bewarfen uns unsere Gäste mit Rosenblütenblättern aus riesigen silbernen Champagnerkühlern. Wir winkten allen Gästen und Beistehenden zu, küssten unsere Eltern zum Abschied und fuhren dann im Auto davon. Den Bruchteil einer Sekunde lang schauten wir uns an, als wollten wir sagen: „Was machen wir hier eigentlich?“

Unser Caterer hatte uns Essen vom Büfett eingepackt – Krabben, gefüllte Pilze und Rinderfilet mit Meerrettich auf Toast, dazu dicke Stücke von der Hochzeitstorte. Jede Etage der Schokoladentorte hatte eine andere Füllung gehabt: Zitrone, Himbeere, Haselnuss und Espresso.

In unserem Hotelzimmer befand sich ein Fenstersitz mit Blick auf den Fluss. Dort setzten wir uns einander gegenüber hin, das Essen zwischen uns, tranken Champagner und probierten all die Köstlichkeiten. Bereits da ließen wir jeden Augenblick des Tages noch einmal Revue passieren.

Noch mehr als zehn Jahre später empfinden wir beide diese Zeit auf dem Fenstersitz mit den kalten Resten vom Büfett zwischen uns als einen der schönsten Momente unserer Hochzeit. Während eines besonderen Ereignisses weiß man ja nie, was davon sich besonders einprägen und in Erinnerung bleiben wird.

Anscheinend ist es immer so, dass die meisten der Dinge, die wir ganz speziell und wohldurchdacht machen wollen, nie diese besonderen Momente sein werden, vermutlich weil wir so angestrengt und darum bemüht sind. Wenn wir ganz besonders möchten, dass etwas bedeutsam wird, dann wird daraus jedenfalls nur selten etwas. In dieser Hinsicht tut das Leben nicht das, was wir wollen, sondern beharrt darauf, uns mit seinem Zauber zu überraschen. Es ist nicht bereit, auf Befehl zu strahlen.

An vieles von unserer Hochzeit kann ich mich nicht erinnern. Gar nicht in dem Sinne, dass ich nicht mehr weiß, was gewesen ist, schließlich ist an diesem besonderen Tag einfach auch viel passiert – zum Beispiel das Anschneiden der Hochzeitstorte oder der Einzug als Ehepaar in den Festsaal oder der Hochzeitstanz.

Aber an diesen Fenstersitz, an den erinnere ich mich als etwas ganz Besonderes. Ich erinnere mich ganz genau an die funkelnden Lichter der Stadt, die sich im Fluss spiegelten, und an das Gesicht meines frischgebackenen Ehemanns, das so gut aussah und so glücklich wirkte.

Wir hatten eigentlich vorgehabt, all unsere wichtigen Hochzeitstage in Italien zu verbringen – mit Brunnen, Pasta, Wein und Hügellandschaften. Stattdessen haben wir sie bis jetzt in meiner Heimatstadt verbracht, der Stadt, die ich schon immer geliebt habe. Dadurch ist jeder Tag, den wir dort verbringen, noch schöner, denn unsere gemeinsame Geschichte ist in die Straßen und Gehsteige dieser Stadt eingeprägt, unsere Liebesgeschichte steht in den Fluss und den See geschrieben, in die Gebäude und Straßen, Laternen und Brücken.

Wir versuchen auch weiterhin, einmal richtig weit weg zu kommen, auf die andere Seite der Erdkugel, um neue Landschaften und neue Aromen zu erleben, und irgendwann wird das bestimmt auch klappen. Ich gehe davon aus, dass unser bisheriges Schema – ein Sohn zu jedem besonderen Hochzeitstag – sich so nicht fortsetzen lässt, auch wenn es Momente gibt, in denen mir die Vorstellung richtig gut gefällt. Was mir aber auf jeden Fall gefällt, ist, dass diese Stadt mit so vielen meiner schönsten und intensivsten Erinnerungen verknüpft ist – geplanten wie ungeplanten.

Wir brauchen also oft gar nicht weit zu reisen, um einen Ort zu finden, an dem uns an jeder Ecke leise unsere Liebeslieder entgegenklingen. Und genau das ist auch diese Woche wieder passiert, gerade eben, an einem ganz normalen Dienstagnachmittag bei Tacos und Horchata.

Besser spät als nie

Wir hatten wirklich vor, Henry als Baby segnen zu lassen – ehrlich. In unserer Gemeinde werden Säuglinge und Kinder nicht getauft, sondern gesegnet, weil die Überzeugung vertreten wird, dass man erwachsen sein muss, um eine Entscheidung darüber treffen zu können, was man glaubt. Wir feiern diese Segnung des Kindes als das Versprechen der Eltern vor Gott und der Gemeinde, das Kind im christlichen Glauben zu erziehen, und vertrauen dabei das Kind der Liebe und Fürsorge Gottes an.

Steve und Sarah haben die Segnung ihres Sohnes Emerson im Ferienhaus meiner Eltern am See gefeiert. Es war ein paar Wochen nach meiner ersten Fehlgeburt, und eine Freundin meinte, dass es für mich vielleicht besser sei, nicht daran teilzunehmen und mich lieber erst einmal von einem Ereignis fernzuhalten, das so sehr mit einem Baby und mit neuem Leben verbunden wäre. Schließlich hätte ich gerade etwas völlig Entgegengesetztes erlebt. Ich verstand, was sie meinte, aber ich empfand das genaue Gegenteil. Dabei zu sein half mir, mich auf das einzulassen, was war, nämlich ein gesundes, wunderschönes Baby, statt weiterhin für etwas zu leben, das nicht da war, und zwar einen Traum, der nicht in Erfüllung gegangen war.

Als die Sonne über dem See unterging, verzehrten wir den berühmten mexikanischen Schichtsalat von Sarahs Stiefmutter (das Geheimnis sind die selbst gemachten gebackenen Bohnen). Zuvor hatten wir abwechselnd Emerson und Henry auf dem Arm gehabt, die beide zappelig und aufgeregt gewesen waren, während wir Gott im Gebet für Emersons Leben gedankt hatten. Später am Abend, als die Kinder schon im Bett lagen, saßen wir dann zusammen um den Tisch, aßen kalte gebackene Bohnen, knabberten Tortilla-Chips und tranken Rotwein. Wir erzählten uns lustige Geschichten und konnten es auch gut aushalten, wenn eine Weile Stille herrschte und niemand etwas sagte. Ich erinnere mich – wie so oft – viel intensiver an diese letzten Stunden des Tages als an das offizielle Ereignis, bei dem ich in erster Linie Gläser nachgefüllt und mich mit Schwiegerfamilien und quengelnden Babys beschäftigt hatte.

Im Dezember jenes Jahres, damals war Mac noch winzig, fuhren wir wieder nach Kalamazoo ins Ferienhaus meiner Eltern, weil Ryan und Emily mich gebeten hatten, Patin ihrer Tochter Clara zu sein. Ich hatte noch nie zuvor eine katholische Kindertaufe erlebt, also waren Clara und ich gleichermaßen Neulinge in dieser Angelegenheit. Es war ein wunderschöner Morgen und die Sonne schien schräg durch die in warmen Farbtönen gehaltenen Buntglasfenster der Kapelle. Emilys Familie war aus Kentucky gekommen und stand um uns herum, während ich Clara auf dem Arm hielt und wir Worte sagten, die seit Jahrhunderten und unzähligen Generationen bei der Kindertaufe gesprochen werden.

Es sah also ganz so aus, als ob die Kinder unserer Freunde alle auf irgendeine Weise im Rahmen einer Zeremonie Gott anvertraut worden sind, aber Henry war mittlerweile fünf und die Zeremonie stand immer noch auf meiner To-do-Liste.

Als ich mich einmal darüber beklagte, klinkte sich meine Cousine Melody ein, denn ihre Tochter Marley, die genauso alt ist wie Henry, war auch noch nicht gesegnet worden.

Melody und ich haben beide drei Babys durch Fehlgeburten verloren in den Jahren zwischen der Geburt unseres älteren Kindes und unseres zweiten Babys, und ich glaube, dass es nicht nur reine Schusseligkeit war, weshalb wir Henry und Marley immer noch nicht hatten segnen lassen. Ich glaube, auf eine unausgesprochene Weise dachten wir beide, dass, wenn wir damit noch ein bisschen länger warteten, ja vielleicht doch noch ein neues Baby zum Segnen dabei wäre. Fünf Jahre lang dachten wir, dass es bestimmt bald so weit sei, jeden Moment eigentlich.

Wenn man so etwas nicht selbst erlebt hat, kann man sich nicht vorstellen, wie lang diese Jahre sind, und man kann sich auch nicht den Tribut vorstellen, den all diese Monate des „jetzt aber bald" und „jeden Moment" innerlich von uns gefordert hatten.

Aber jetzt war es wirklich so weit. Wir waren zutiefst und absolut dankbar für gesunde, zappelige Babys, die wie Unkraut gediehen. Also sollte die Segnung unserer großen Kinder und auch die der Babys an einem Freitag im Haus meiner Eltern stattfinden, dem Ort, wo auch unsere Abschlussfeier von der Junior High School und Melodys Hochzeitsfeier stattgefunden hatten und wo unendlich viele andere Meilensteine in unserem Leben gefeiert worden waren. Melody und ich sind im Abstand von nur drei Wochen geboren worden, und wir sagen immer, dass wir wie Schwestern sind, nur ohne all das Zanken. Henry und Marley wurden im Abstand von nur sechs Wochen geboren und unsere Babys Harper und Mac im Abstand von sechs Monaten.

Melody und ich sind so unterschiedlich, wie zwei Menschen nur sein können. Sie ist eher introvertiert, organisiert und vorsichtig, mag immer gleiche Abläufe und Regelmäßigkeit. Ich bin laut, unordentlich, chaotisch und halse mir chronisch zu viel auf. Sie liebt Fleisch und Kartoffeln und normale, klassische Cola. Ich liebe Ziegenkäse, Essig und Rotwein. Sie trägt zu jeder Gelegenheit Flipflops und einfarbige T-Shirts. Ich betrachte sowohl Leoprints als auch Pailletten noch als relativ neutral und habe mir dieses Frühjahr meine Haarspitzen pink färben lassen.

Das erklärt wahrscheinlich zur Genüge, wieso ich den Plan, unsere Kinder segnen zu lassen, vollkommen vergessen hatte und Mel mich mehrfach daran erinnern musste. Und es erklärt auch, weshalb wir schließlich einen Termin festgelegt hatten, ich aber die Wochen vor und nach diesem Termin so mit Sitzungen, Abgabeterminen für Manuskripte und Reisen vollgestopft hatte, dass ich sie völlig verzweifelt fragte, ob wir nicht doch bis zum Herbst mit der Segnung warten könnten. Behutsam machte Mel mir daraufhin klar, dass wir das nicht könnten. Der Termin stehe fest und dabei bleibe es.

Wir wollten die ganze Angelegenheit möglichst schlicht und einfach halten. Ich sollte den Text für die Segnung verfassen und das Essen wollten wir gemeinsam zubereiten. Wir beschlossen, Mini-Burger, Brannons scharfen Caesar Salad, Onkel Tims Kartoffelsalat und zum Nachtisch Erdbeer-Kardamom-Shortcake zu machen.

Wir beklebten den Esszimmertisch meiner Eltern mit Packpapier, und statt Karten mit der Speisefolge oder Kärtchen mit den einzelnen Zutaten für die Burger und die anderen Sachen schrieben wir die Informationen, was in den jeweiligen Schüsseln, Platten und sonstigen Behältnissen war, direkt mit Markern und Pfeilen auf das Packpapier. Es waren all die Standardsachen dabei wie Salat, Tomaten, Ketchup, Senf, Mayonnaise, Pickles und süßes Relish, aber außerdem auch kleine Schüsseln mit karamellisierten Zwiebeln, Ahornsirupschinken, Barbecuesoße, scharfe gelbe Peperoni und eine Käseplatte mit

Blauschimmelkäse, frischem Mozzarella und pikantem Cheddar. Auch den Tisch für die Kinder überzogen wir mit Packpapier, und sie fanden es so herrlich, darauf zu malen, dass sie darüber ihre Burger fast vergaßen.

Die Stunde vor der Zeremonie war unglaublich hektisch. Es wurde geschnippelt und beschriftet, die Burger kamen auf den Grill, die Kinder mussten sich noch austoben, bevor sie sich dann eine Weile ruhig verhalten sollten, und es mussten noch die letzten organisatorischen Fragen geklärt werden.

Weil so viele Kinder bei der Zeremonie dabei waren, schien es uns sinnvoll, diesen Teil möglichst kurz zu halten, und deshalb war er dann auch, ehe wir es uns versahen, bereits wieder vorbei. Im allerletzten Moment wurde mir dann aber doch noch bewusst, dass gerade etwas mit enormer Tragweite geschehen war, und mir kamen die Tränen.

Melody und ich saßen mit unseren Kindern und Männern nah am Kamin, umgeben von unseren Familien und Freunden. Während wir gemeinsam das Segensgebet lasen, wuselten unsere Kinder um uns herum und plapperten ununterbrochen miteinander. Anschließend legte mein Schwiegervater den Kindern die Hände auf und segnete sie.

Diese ersehnten und geliebten Kinder. Diese Familie, die so mit unseren Kindern verbunden ist und sich so für sie engagiert. Mein Mann, meine Cousins und Cousinen, mein Bruder, das Haus meiner Eltern, das gebaut wurde, als ich sieben war.

Eines meiner Mottos in der Lebensphase, in der ich mich gerade befinde, lautet: *Besser spät als nie* – auch wenn ich das ungern zugebe. So fangen die meisten Antworten auf E-Mails an, die ich schreibe, das steht auf verspäteten Geburtstagskarten und -geschenken, auf Geschenken zu Geburten von Kindern und anderen Anlässen, die irgendwie immer erst nachträglich zu dem entsprechenden Anlass kommen. Leider ist „*Besser spät als nie*" irgendwie das Motto dieser Lebensphase, in der sich die Tage extrem kurz anfühlen und die Monate nur so vorbeirasen.

Fünf Jahre lang habe ich mit der Segnung gewartet, und beinahe hätte ich sie noch einmal im letzten Moment verschoben, weil ich so müde war und zu viel um die Ohren hatte. Aber Melody, meine Beinah-Schwester, dieses absolute Gegenteil von mir, hatte – wie so oft – recht, als sie mir behutsam, aber mit Nachdruck zu verstehen gab, dass es bei dem einmal festgesetzten Termin im Kalender bliebe und wir das auf jeden Fall durchziehen würden. Ich bin ihr dafür so dankbar!

Besser spät als nie in jeder denkbaren Hinsicht.

Brannons Caesar Salad

Das Dressing für diesen Salat ist nicht das klassische Caesar-Salad-Dressing, denn es enthält weder Ei noch Anchovis, und deshalb können es auch Schwangere essen und Menschen, die keine Anchovis mögen. Als eine Freundin einmal den Salat probiert hatte, sagte sie, er schmecke so, als ob Caesar und Vinaigrette geheiratet und ein Baby bekommen hätten. Ja, genau so. Er ist hell und aromatisch und mit nur wenig Schärfe. Weil er so gut schmeckt, bitten wir Brannon bei jeder sich bietenden Gelegenheit, ihn zuzubereiten. Dieser Salat ist eine hervorragende Möglichkeit, Brotreste zu verarbeiten, und weil Römersalat herzhaft und deftig ist und die Croûtons selbst gemacht und knusprig, ist er auch eine hervorragende Option für Picknicks und Tage der offenen Tür.

ZUTATEN

2 Römersalatherzen, gewaschen, trocken geschleudert und in mundgerechte Stücke gezupft
2 Esslöffel Parmesan, gerieben, plus zwei Esslöffel zusätzlich für das Dressing und die Croûtons (siehe unten)

DRESSING

1 Knoblauchzehe
1/4 Cup (60 ml) Weißweinessig
1/4 Cup (60 ml) Olivenöl
1 Teelöffel Dijonsenf
ein paar Spritzer Tabasco und Zitronensaft nach Geschmack
1 Esslöffel Parmesan, gerieben
1 Teelöffel Zucker

CROUTONS

8 Scheiben Weißbrot, gewürfelt
1 Esslöffel Olivenöl

1 Esslöffel Parmesan, gerieben
Salz und Pfeffer nach Geschmack

ZUBEREITUNG

Den Ofen auf 200 Grad vorheizen.

Die Brotwürfel (ich habe für diese Zwecke immer welche eingefroren) auf einem Backblech ausbreiten, mit Olivenöl beträufeln, mit Salz, Pfeffer und geriebenem Parmesan würzen und 8–10 Minuten im Ofen knusprig backen lassen.

Knoblauchzehe im Küchenmixer zerkleinern, die übrigen Zutaten für das Dressing dazugeben und vermischen. Man kann auch den gehackten Knoblauch in ein Marmeladenglas geben, die anderen Zutaten dazugeben, das Glas verschließen und dann wie wahnsinnig schütteln.

Das Dressing unter den Salat heben und den Salat mit den Parmesancroutons und Parmesan bestreuen.

Ergibt 6–8 Portionen.

Ob ängstlich oder bereit – Zeit für den Badeanzug

Ich bin ein Sommermensch. Der Sommer ist meine Lieblingsjahreszeit. Sommer bedeutet für mich lange Tage, barfuß gehen und Sonnenuntergänge am See. Sommer bedeutet Feuerwerk am Nationalfeiertag im Juli, faule Vormittage, keine Schule und kein Alltag. Sommer bedeutet Flipflops und Sommerkleider, gebräunte Schultern und Pferdeschwanz. Sommer ist Bauernmärkte, Long Island Iced Tea und gebratene Shrimps, segeln, schwimmen, Sand zwischen den Zehen und von der Sonne gerötete Nasen. Sommeressen ist mein Lieblingsessen – Beeren und Mais, Pfirsiche und Tomaten und alles Gegrillte.

Eines gibt es jedoch, was ich am Sommer nicht leiden kann: Ich bin nicht unbedingt scharf darauf, einen Badeanzug zu tragen. Es ist Jahre her, seitdem ich einen Sommer erlebt habe, in dem ich nicht schwanger war, gestillt habe oder noch Schwangerschaftspfunde mit mir herumschleppte. Aber auch vor dieser Phase bin ich nie der Bademodenmodeltyp gewesen. In meinen besten Zeiten sehe ich ganz manierlich in Jeans aus, aber Badeanzüge sind nicht meine Freunde, und wie es das Schicksal nun mal will, verbringe ich den größten Teil des Sommers am See und habe von morgens bis abends einen Badeanzug an.

Ich bin natürlich schrecklich gerne am See, aber jedes Jahr muss ich zu Beginn des Sommers eine innere Hürde bewältigen, nämlich meine Gedanken und Gefühle und Phobien sortieren und mich auf diese Weise innerlich darauf vorbereiten, mich jedem, den ich kenne, in einem Kleidungsstück zu zeigen, das in eine Brötchentüte passt.

Aber, wie meine Freundin Sara immer wieder ganz richtig bemerkt, wenn es mal wieder so weit ist: Die Leute denken nicht so oft über einen nach, wie man denkt. Meine Freundinnen zählen ganz sicher nicht die Tage bis zum Sommer, um dann festzustellen, ob ich mich nicht doch endlich in ein Supermodel verwandelt habe. Wahrscheinlich haben sie mit sich und ihrem eigenen Leben genug zu tun und denken an alle möglichen anderen Dinge, die absolut nichts mit meiner Figur zu tun haben.

Aber genau das ist die Wirkung von Scham. Sie flüstert uns ein, dass jeder andere von unseren Unzulänglichkeiten und unserem Versagen genauso besessen ist wie wir selbst. Sie behauptet sogar steif und fest, dass es eine Wachhundtruppe gibt, die ausschließlich auf unser Gewicht oder unsere Falten oder unser schrumpfendes Bankkonto angesetzt ist. Scham bringt uns trickreich zu der Überzeugung, dass es einen Kabelkanal gibt, der täglich 24 Stunden Bilder von uns in Unterwäsche sendet, und dass alle Menschen, an denen uns etwas liegt, sich diese Bilder anschauen. Scham erzählt uns, dass es falsch ist, die Dreistigkeit zu besitzen, glücklich zu sein, wo wir doch so eindeutig furchtbar sind. Scham möchte, dass wir uns permanent dafür entschuldigen, dass wir es überhaupt wagen zu existieren.

Ich habe mir diese Übertragung eine Schleife zu lange angeschaut. Ich bin jahrzehntelang meine eigene Wachhundtruppe gewesen und jetzt will ich etwas wirklich Riskantes tun. Ich möchte es wagen auszusteigen, ja mehr noch, ich möchte ein kühnes Leben führen in meiner unvollkommenen, pummeligen, narbigen Pracht, weil die Alternative darin bestünde, der Scham den Sieg zu überlassen.

Und damit wären wir wieder in meiner Lieblingsjahreszeit angekommen, dem Sommer am See, und bei der Vorstellung, dass jemand – egal, wer – mich im Badeanzug sieht, werde ich doch ein wenig nervös. Ich möchte irgendeine – egal, welche – Ausrede finden, um angezogen zu bleiben, drinnen zu bleiben, unsichtbar zu bleiben.

Aber wenn ich das wirklich tue, dann verpasse ich das Beste am Sommer. Ich verpasse den Strand. Ich verpasse die Sprünge vom Heck des Bootes ins eisige Wasser, bei dem einem wirklich die Luft wegbleibt. Ich verpasse das Stehpaddeln und das Bodyboarden. Ich verpasse es zu sehen, wie Mac mit Schwimmflügeln im Wasser treibt und strahlend mit den Beinen strampelt. Und ich verpasse es, wie Henry tausendmal im Wasser von hier nach da rennt.

Also werde ich Folgendes tun: Ich werde schwimmen und ich werde stehpaddeln. Ich werde Sandburgen bauen und mit meinen Kindern zusammen gemeinsame Erinnerungen schaffen. Ich werde eine Arschbombe ins kalte Wasser des Sees machen. Ich werde in dem Körper leben, den Gott geschaffen hat, und zwar nicht, weil er perfekt ist, sondern weil es meiner ist. Und ich werde dankbar sein für meine Gesundheit und dafür, dass ich rennen, mich bewegen, tanzen und schwimmen kann.

Doch Folgendes werde ich nicht tun: Ich werde mich nicht verstecken. Ich werde nicht Dinge sein lassen, die ich liebe, aus lauter Angst, dass die Leute mich vielleicht nicht mehr mögen könnten, wenn sie meinen Hintern im Badeanzug sehen.

Außerdem verspreche ich: Diesen Sommer werde ich mich nicht für meinen Körper schämen. Jedenfalls werde ich mich nicht von der lebenslangen Scham über meinen Körper daran hindern lassen, ein intensives, wildes, dankbares und offenes Leben zu führen.

Ich werde nicht dem kulturellen Druck nachgeben, der besagt, dass ein Frauenkörper nur dann schön ist, wenn er sehr klein und zierlich ist. Ich werde jeden Zentimeter Raum einnehmen, den ich brauche. Ich werde mich darin üben, wirklich zu glauben, dass ich mehr bin als mein Körper, dass ich mehr bin als meine Hüften, dass ich mehr bin als mein Bauch mit den Schwangerschaftsstreifen. Ich werde meinen Schultern erlauben, die Sonne zu spüren, und sogar (huch!) meinen Schenkeln werde ich das gestatten, statt peinlich genau darauf zu achten, dass sie immer und ausnahmslos bedeckt und unsichtbar sind.

Ich werde mich nicht der Stimme in meinem Kopf beugen, die sagt, dass ich mich dafür schämen sollte, so renitent und wild zu sein. Ich werde keine Beziehung zu meinem Bedeckungszwang entwickeln. Diesen Sommer werde ich mich nicht verstecken.

Das ist mein Versprechen an Sie und auch meine Einladung.

Und jetzt sprechen Sie mir nach: Ob bereit oder nicht, Badeanzug, ich komme.

Der Bürgermeister des Flusses

Mein Bruder Todd und ich sind beide Sommerkinder. Er hat im Juli Geburtstag und ich im August, und wenn ich an unsere Geburtstage denke, dann denke ich automatisch auch an South Haven und den See. Letztes Jahr wollten wir Todds Geburtstag dort mit einem Essen im Ferienhaus feiern. Die ganze Woche hatte es gestürmt, immer wieder, mit dunklen, tief hängenden Wolken, aus denen es auch hin und wieder blitzte und donnerte. Ein paarmal fiel sogar der Strom aus und überall in der Stadt wurden Bäume entwurzelt.

Der Tag, an dem Todd Geburtstag hatte, begann ebenfalls grau und windig, aber vor dem geplanten Essen kam doch noch die Sonne heraus, und statt im Haus zu essen, brachten wir in letzter Minute noch alles nach draußen auf unser Boot. Wir gingen vom Heck des Bootes aus baden, sangen im nassen Badeanzug *Happy Birthday* für ihn und genossen nach einer wolkenverhangenen, windigen Woche den unerwarteten Sonnenschein.

Wir nennen Todd auch den Bürgermeister des Flusses, und zwar, weil er erstens mehr Zeit auf Booten verbringt als zehn durchschnittliche Segler zusammen und weil er wirklich jeden in der Stadt kennt. Er segelt, fährt Stand up Paddling Board und

Jetski und er verbringt ausnahmslos jedes Wochenende des Jahres in der kleinen Stadt am See. Er wohnt in Chicago und arbeitet unglaublich viele Wochenstunden im Finanzbereich, aber jeden Freitagnachmittag fährt er nach Feierabend zum See, und bei Sonnenuntergang hat er dann auch schon wieder seine Position als Bürgermeister des Flusses inne.

Eines seiner Geburtstagsgeschenke war dieses Jahr eine Diashow über seine Weltumsegelung, die meine Mutter zusammengestellt hatte. Nach dem Essen schauten wir uns also Hunderte von Bildern ferner Ankerplätze und unbekannter Landschaften an, Sonnenuntergänge am Meer und grüne Berge, die aus tiefblauem Wasser emporragten.

Todds Segeltörn begann und endete in South Haven. Früh am Morgen von Henrys erstem Geburtstag brachen sie auf und zwei Jahre später, einen Tag nach dem Muttertag, kamen sie wieder an. Das war das schönste Muttertagsgeschenk, das sich meine Mutter hätte wünschen können.

Meine Mutter wurde damals oft gefragt, ob sie denn keine Angst um ihren Sohn habe, der so weit weg auf einem so kleinen Boot unterwegs sei. Sie gab darauf immer die gleiche Antwort, nämlich dass einer der Hauptaspekte des Mutterseins das Gebet sei und dass bei einem Sohn wie Todd – einem, der das Segeln, Snowboarden, Mountainbikefahren, Autorennen und Motorradfahren so sehr liebe wie er – das Gebet immer das Einzige gewesen sei, was ihr geholfen habe, bei Verstand zu bleiben.

Nachdem er fast zwei Jahre unterwegs gewesen war, kam Todd an einem klaren Montag im Frühling wieder den Fluss hinunter in den Hafen gesegelt, wo schon Jahrzehnte zuvor meine beiden Großväter segeln gegangen sind, wo mein Vater segeln gelernt hat und wo er es dann wiederum seinem Sohn beigebracht hat. Die Gebete meiner Mutter um eine sichere Heimkehr waren erhört worden, und unsere Familie und Freunde kamen in dem kleinen Jachtclub zusammen, um Todds Rückkehr und die geglückte Weltumsegelung zu feiern.

Dieser Fluss und dieser Jachtclub sind für mich mit Millionen von Kindheitserinnerungen verbunden und nun kommen noch Millionen von gemeinsamen Erinnerungen mit unseren Söhnen und unseren eigenen Freunden dazu. Unsere Söhne haben beide in South Haven laufen gelernt: im Sommer vor fünf Jahren Henry in dem blauen Haus, das wir jeden Sommer mieten, und Anfang dieses Monats hat jetzt Mac seine ersten Schritte gemacht in dem Park ein Stück die Straße hinunter, während im Hintergrund der See in der Abendsonne glitzerte.

Wenn man irgendwo lange genug bleibt, dann befinden sich dort auch zunehmend Schatten, aber durch diese Schatten ist es nicht weniger schön. Sie bewirken nämlich, dass sich ein Ort irgendwie immer mehr wie ein Zuhause anfühlt und man dort auf eine Weise verankert ist, wie es nie möglich wäre, wenn immer nur alles schön wäre.

So erinnere ich mich zum Beispiel noch genau, dass ich auf den Eingangsstufen des blauen Ferienhauses saß, als eine Freundin mir von dem Aus ihrer Ehe erzählte. In einem anderen Jahr, als eine Freundin mit ihren Kindern zu Besuch kam und unsere Kinder vor Wiedersehensfreude lachten und jauchzten, saßen meine Freundin und ich beide weinend zusammen auf der Veranda, weil uns ganz plötzlich wieder die Erinnerung daran einholte, wie sie mir im Jahr zuvor an derselben Stelle erzählt hatte, dass sie schwanger sei. Drei Wochen danach hatte sie dann eine Fehlgeburt gehabt.

Und auf derselben Veranda hatte ich mit einer anderen Freundin eines der schwersten Gespräche meines Lebens. Wir schauten dabei beide geradeaus auf die Straße und sahen einander nicht an. Schulter an Schulter saßen wir so da, und ich sagte ihr, dass sie zu viel trinke und sich etwas ändern müsse.

Dort am See entfaltet sich das Leben – reich und gebrochen, schön und herzzerreißend – in dieser Stadt, unter diesen Bäumen, an diesem Strandabschnitt, auf dieser Veranda. Im vergangenen Sommer haben zwei Familien, die wir sehr mögen, in der Zeit, als wir dort waren, Babys bekommen. Also feierten wir das Leben von Clara Marine und Deacon Carter, beide Sommerbabys wie mein Bruder und ich.

Dieses Jahr hatten meine Eltern vor, anlässlich von Todds Geburtstag in ihrem Ferienhaus zum Essen einzuladen. Das Kochen wollte ich gern übernehmen. Also ging ich am frühen Nachmittag mit den Jungs zu ihrem Ferienhaus. Meine Eltern waren begeistert, ein paar Stunden Zeit mit den Jungs zu verbringen, und ich war ganz wild darauf zu kochen – eigentlich auch wild darauf, mal alleine zu sein und etwas mit meinen Händen zu tun, etwas Kreatives und Produktives, etwas Greifbares.

Wir hatten die ganze Woche Besuch von Freunden gehabt – hatten mit dem Boot Ausflüge nach Saugatuck gemacht, hatten dort Burger und Süßkartoffelpommes gegessen, hatten Holzofenpizza verputzt und dazu Dosenbier getrunken, hatten große Kugeln Shermans Schokoladen-Malz-Eis gegessen und von der Mole aus den Sonnenuntergang beobachtet.

Jedes Jahr sage ich, dass wir es dieses Jahr nicht übertreiben und nicht so viele Hausgäste einladen wollen, und dann stopfen wir das Haus doch wieder voll, als wären wir ein Bed & Breakfast. Und was ein paar Monate im Voraus im Kalender wie eine gute Idee aussieht, wird dann zu einem wahnsinnig gehetzten Einkauf von Lebensmitteln und Klopapier zwischen den einzelnen Gruppen von Besuchern, wenn es so weit ist. Ich werde mich jetzt nicht über das leckere Eis und die Sonnenuntergänge auf der Mole beklagen – fast jeden Abend mit einer anderen Gruppe –, aber es wird dadurch ein bisschen schwierig, genug

Schlaf zu bekommen und überhaupt auch nur ein ganz klein wenig zu arbeiten.

Ich war gerade ziemlich frustriert wegen eines Schreibauftrags, den ich zu Ende zu bringen versuchte, und deshalb war es mir sehr recht gewesen, dass Freunde zu Besuch da waren, aber ich bekam in dieser Zeit nicht annähernd genug Schlaf und kam auch kaum zum Lesen und Schreiben. Als ich jetzt durch den Supermarkt raste, war ich irgendwie gar nicht mehr ich selbst, und ich freute mich unglaublich darauf, mich in der kompletten Küche auszubreiten und eine große Sauerei zu veranstalten.

Während der Grill heizte, enthülste ich 18 Maiskolben – viel zu viele für das Rezept, aber irgendwie ließ ich mich davontragen, weil das Enthülsen von Maiskolben auf einer Veranda etwas so Sommerliches hat, und außerdem sind Reste für den nächsten Tag etwas Wunderbares. Ich weichte die Maiskolben kurz ein und grillte sie dann bei hoher Temperatur, bis sie an manchen Stellen schon richtig schwarz waren und an anderen Stellen leuchtend gelb. Während die Maiskolben abkühlten, schnitt ich Frühlingszwiebeln, Staudensellerie und grüne Äpfel für Truthahn-Burger und marinierte die Melonenwürfel für den Melonen-Feta-Salat mit Zitronensaft. Dann löste ich den Mais von den Maiskolben und gab Mayonnaise, Cotija-Käse, Limettensaft, Koriander und Cayennepfeffer dazu – meine Version des traditionellen Mexican Grilled Street Corn. Anschließend hackte ich Petersilie für die Burger und bereitete die Limettenvinaigrette für den Salat zu.

Nachdem die Burger geformt und im Kühlschrank verstaut waren, bereitete ich noch einen Blaubeer-Crumble zu, sodass am Ende Haferflocken und Pekannussstückchen, Maiskörner und Wassermelonenschale auf der Arbeitsfläche verstreut lagen. Ich arbeitete einfach schweigend vor mich hin, ließ die

Mailbox anspringen, als mein Handy klingelte, und dachte nicht an meine To-do-Liste, an die Wäsche und ich schaute auch nicht nach E-Mails. Zum ersten Mal nach gefühlt sehr langer Zeit verzichtete ich auf Multitasking.

Ich musste nicht das Baby im Auge behalten, während ich gleichzeitig Henry ein Schälchen Müsli machte, oder versuchte, schnell noch ein paar Zeilen zu schreiben, bevor Mac wieder wach wurde. Ich war nicht schon wieder für irgendetwas zu spät dran, hetzte nicht irgendwohin und packte auch keine Kühltasche oder Koffer oder Einkaufstasche ein oder aus.

Ich war einfach nur da, und ich war die Einzige, die da war.

Das Schnippeln und Abmessen und Rühren fühlte sich an wie eine heilige Handlung, und ich merkte, dass ich beim Kochen für meinen Bruder betete, an sein Leben dachte und an sein nächstes Lebensjahr. Ich betete für seine unterschiedlichen Lebensbereiche: für seine Gesundheit und Sicherheit, für seine Freundschaften und für seine Träume und Ängste. Ich betete für alles, was dieses nächste Jahr für ihn bereithielt, und dankte Gott für ihn und für das Geschenk, seine Schwester zu sein.

Weil ich außer Todd keine Geschwister habe, hat unsere Beziehung etwas wirklich Einzigartiges. Es gibt niemanden auf der Welt, der dieselbe Geschichte hat wie wir, niemanden, der die Welt von der Ecke aus betrachtet, die nur wir allein bewohnen. Als Kinder haben wir Hunderte von Stunden zusammen am Strand gespielt. Unsere Freunde waren meistens zu Hause und spielten Computerspiele oder nahmen an Sportcamps teil, aber er und ich, wir waren immer am See und automatisch der beste Spielgefährte des jeweils anderen.

Jetzt sind wir erwachsen, und er ist immer noch einer meiner besten Freunde, einer der Ersten, die ich anrufe, wenn etwas ist, einer der engsten Weggefährten. Wir haben eine gemeinsame Welt, eine gemeinsame Geschichte wie mit sonst niemandem, eine Geschichte, die sonst keiner versteht, und es gibt Momente, in denen mein Bruder und ich uns über den Esstisch hinweg oder quer durch einen Raum einen Blick zuwerfen und uns ohne Worte absolut verstehen. Was für ein Geschenk, diese Stadt, diese Familie, diese Ecke der Welt mit ihm gemeinsam zu haben.

Happy Birthday, kleiner Bruder.

Happy Birthday, Bürgermeister des Flusses.

Pont Neuf

Als ich sieben war, fing ich an, Französisch zu lernen, und mit zwölf reiste ich dann zum ersten Mal nach Paris. Die Liebe zu dieser Stadt begann also schon, als ich noch ein Kind war, und sie hat bis jetzt nicht nachgelassen.

Ich war bereits zu Beginn meiner Highschoolzeit in Paris, ein weiteres Mal am Ende meiner Highschoolzeit und dann noch einmal an einem freien Wochenende während meines Auslandssemesters in England. Damals beschlossen wir nämlich, zu fünft mit dem Eurostar nach Paris zu fahren und uns erst bei unserer Ankunft dort eine Unterkunft zu suchen. Eigentlich hatten wir zu sechst nach Paris fahren wollen, aber die vorsichtige Kirsten erklärte uns für völlig verrückt, als sie erfuhr, was wir vorhatten. Sie buchte einen Flug und im Voraus ein Zimmer in einem Hotel auf der Isle Saint-Louis und sagte: „Dann bis später …"

Als wir anderen dann erst sehr spät abends am Gare du Nord eintrafen, kam dort eine Frau auf uns zu, die meinte, sie sei Kanadierin und vermiete einige Zimmer ihrer Wohnung in einer guten Gegend an junge Touristen. Das erschien uns – aus welchem Grund auch immer – seriös, und so folgten wir ihr aus dem Bahnhof hinaus in die Nacht zu ihrer Wohnung, deren Wände vom Boden bis zur Decke mit mittelalterlichen Waffen behängt waren. Wider Erwarten ermordete sie uns dann aber doch nicht mit einer ihrer vielen dekorativen Waffen, sondern brachte uns stattdessen jeden Morgen Eier und Baguette aufs Zimmer.

Die Moral von dieser Geschichte ist: Wir waren furchtbar jung und vertrauensselig und das funktionierte gut. Das wiederum brachte uns zu der Überzeugung, dass wir auch weiterhin jung und vertrauensselig sein konnten.

Und genauso verhielten wir uns dann auch.

Aber das lag bei meiner nächsten Parisreise sechzehn Jahre zurück, und dieses Mal war ich nicht mit dem Rucksack und ein paar anderen Zwanzigjährigen unterwegs, sondern ich reiste mit einem Baby, einem Fünfjährigen, meinem Mann, meiner Schwiegermutter, zwei Rollkoffern und zwei Buggys für die Kinder. Es war also eine ausgesprochen flexible Angelegenheit.

Wir kamen aus London und hatten nicht richtig überlegt, wie müde wir nach ein paar Tagen Arbeit und einigen Tagen Sightseeing sein würden. Wir kamen jedenfalls auch dieses Mal wieder spätabends mit dem Eurostar am Gare du Nord an, sehr müde und von oben bis unten mit zerkauten Croissantresten beschmiert, die Mac ausgespuckt hatte.

Es dauerte eine Weile, bis wir uns am Gare du Nord zurechtfanden und wussten, wo wir vom Bahnhof zur Metrostation wechseln, dort die richtige Metro finden und mit Henry auf die Toilette gehen konnten. *Moment noch! Ihr braucht Euros für die Toilette.*

Ich stand gerade in der Ticketschlange für die Metro an, als ich meine Schwiegermutter laut schreien hörte und sah, wie Aaron einen Mann die Rolltreppe hinauf verfolgte, der Dianas Tasche in der Hand hielt. Der Dieb gab daraufhin schnell auf, ließ die Tasche fallen und verschwand in einer kleinen Gruppe von laut palavernden Menschen, mit denen er sich aus dem

Staub machte. Immer noch in Panik und in holprigem Französisch erzählte ich dem Mann am Ticketschalter, was passiert war, woraufhin der absolut desinteressiert sagte: „Bienvenue à Paris, Madame." Willkommen in Paris.

Wir waren vollgepumpt mit Adrenalin, entsprechend angespannt, und irgendwie kam uns jeder Mensch, der uns begegnete, finster und unheimlich vor – ein schrecklicher Einstieg für den Besuch in einer so schönen Stadt. Als wir mit der Metro schließlich an der Station ankamen, an der wir aussteigen mussten, fühlten wir uns den ganzen Fußweg bis zu unserem Hotel unsicher, bis uns klar wurde, dass die Sirenen, die wir die ganze Zeit heulen hörten, gar nicht zu Polizeiautos gehörten, sondern zu Krankenwagen, die auf dem Weg zur nahe gelegenen Klinik waren.

Im Hotel stellte sich dann heraus, dass mit der Reservierung etwas schiefgelaufen war und für meine Schwiegermutter kein Zimmer bereitstand. Weil es aber schon fast Mitternacht war und außerdem sehr heiß, war keinem von uns in diesem Augenblick danach, irgendwelche Entscheidungen zu treffen. Also quetschten wir uns zu fünft in ein kleiderschrankgroßes Zimmer in der fünften Etage und breiteten die Reste unseres Reiseproviants zu einem improvisierten kleinen Nachtmahl auf dem schmalen Schreibtisch aus. Diane hatte noch Müsliriegel und irgendwelche Fruchtsnacks, ich fand Karamellriegel und eine Nussmischung, und während ich Henry ein Schlaflager auf dem Fußboden herrichtete, ging Aaron los, um Mineralwasser zu besorgen.

Etwas später kam er mit Wasser zurück und einem Pappbecher Champagner für mich. Die Geschäfte waren alle schon geschlossen, aber ein indisches Restaurant hatte noch geöffnet gehabt, und Aaron hatte den Inhaber um Champagner für seine Frau angebettelt, die gerade in ihrer Lieblingsstadt eingetroffen sei. Der Mann hatte zwar den Kopf geschüttelt, aber seine Frau hatte ein Einsehen gehabt, und dieser Pappbecher voll Champagner ist bis heute eines der schönsten Geschenke, die ich jemals von Aaron bekommen habe.

Als Aaron wieder da war, stellten wir fest, dass unser Hotelzimmer zwar winzig war, aber einen atemberaubenden Blick auf den Eiffelturm hatte, sodass wir abwechselnd auf dem kleinen Balkon standen und ihm mit dem Pappbecher Champagner zuprosteten.

Das ist Paris. Das ist der Zauber dieser Stadt. Jemand versucht, einem die Tasche zu stehlen, in der Metro starren alle die Buggys und die vielen Koffer an, im Hotel sind die Reservierungen durcheinandergebracht worden, und am Ende steigt man eine Treppe bis in die fünfte Etage hinauf, isst zum Abendessen eine Nussmischung und quetscht sich mit drei Erwachsenen und zwei Kindern in ein Zimmer von der Größe eines Mittelklassewagens. Aber dann steht man auf einem winzigen Balkon, hält sich an dem schmiedeeisernen Geländer fest, zeigt seinem ebenso faszinierten wie erschöpften Fünfjährigen den beleuchteten Eiffelturm und alles ist vergeben.

Am nächsten Morgen holten Aaron und ich Kaffee und Frühstück – große Stücke buttrigen Beeren-Crumble und natürlich ein Croissant für Mac. Später zogen wir dann in ein anderes Hotel um und fanden unsere neue Unterkunft und die Gegend, in der sie sich befand, so bezaubernd und schön und einladend, wie wir die alte muffig und eng empfunden hatten.

Wir gingen zum Eiffelturm, fuhren mit einem Bateau Mouche zur Kathedrale Notre-Dame und gingen zusammen mit Hunderten anderer Besucher als langsame, flüsternde Prozession durch die gewaltige Kathedrale. Wenn ich in einer katholischen Kirche bin, zünde ich immer eine Kerze an und spreche ein Gebet. An diesem Nachmittag betete ich in Notre-Dame, der

Kathedrale, die nach Maria benannt ist, für die vielen Frauen in meinem Leben, die so gerne ein Kind bekommen würden. Für jede einzelne betete ich, sie möge doch schwanger werden.

Henry war absolut fasziniert von der Kathedrale und bettelte, ich solle doch bitte, bitte jemanden, der dort arbeitete, nach dem Glöckner fragen. Es ist mir ein bisschen peinlich, gestehen zu müssen, dass ich versuchte, ihn auszutricksen, indem ich eine junge Amerikanerin fragte, die in unserer Nähe stand. Doch er durchschaute die Sache sofort und wollte eine Antwort von einem echten Kathedralenangestellten.

Beim Hinausgehen fand ich schließlich eine Gruppe von Männern, die dort arbeiteten. Sie versicherten Henry, dass die Geschichte vom Glöckner nur eine Legende sei und es den Mann in Wirklichkeit nicht gegeben habe.

Danach schlenderten wir den Boulevard St. Germain entlang und machten bei „Amorino" halt, um Eis zu essen. Dort wird das Eis in Form von Blütenblättern auf der Waffel platziert und am Ende hat man auf seiner Waffeltüte eine perfekt geformte Blüte.

Abends blieb Diane bei den Jungen im Hotel, sodass Aaron und ich essen gehen konnten. Brannon hatte mir ein Restaurant empfohlen, das wir auf jeden Fall besuchen müssten, und zwar das „Le relais de l' Entrecote". Wir waren begeistert, als wir feststellten, dass es in unmittelbarer Nachbarschaft unseres Hotels lag, und so saßen wir am Boulevard du Montparnasse draußen im Freien und aßen „Steak Frites" (Steaks mit Pommes), was so gut schmeckte, dass wir kaum miteinander sprachen. Wir hatten den Mund voll und waren glücklich.

Nach dem Essen gingen wir zu Fuß zum Jardin du Luxembourg. Weil er nicht auf unserer „Muss-man-unbedingt-gesehen-haben"-Liste stand – wir wollten nämlich auf unserer Blitzreise mit Kindern in Buggys nach Paris nicht noch eine weitere

Sehenswürdigkeit besuchen –, fühlte er sich an wie ein geheimer Garten, eine Entdeckung, ein echtes Vergnügen.

Und auch da war wieder der typisch pariserische Charme vorhanden. Wir schlenderten langsam und gemächlich weiter, hielten uns bei der Hand und lachten darüber, dass Paris die einzige Stadt der Welt ist, in der man sich in einem öffentlichen Park nicht auf den Rasen setzen darf. Wir schauten zu, wie sich an den Ufern des Teichs Menschen in kleinen Grüppchen trafen, Wein tranken und belegte Baguettes aßen, und fanden es so typisch pariserisch, dass wir uns beinahe wie in einem Film vorkamen.

Wir kauften tellergroße Baisers mit Himbeergeschmack, eins für Aaron und eins als Mitbringsel für seine Mutter, und als wir dann bei schwindendem Tageslicht zu Fuß zurück zum Hotel gingen, waren wir satt und zufrieden.

Am nächsten Tag gingen wir zum Place de la Concorde und in die Tuilerien, noch einmal an Notre-Dame vorbei und über eine kleine Fußgängerbrücke auf die Ile Saint-Louis. Wir aßen Eis bei „Berthillion" und gingen dann den Boulevard St. Germain wieder zurück zum Hotel.

Für unseren letzten Abend in Paris hatten Aaron und ich große Pläne – vielleicht Montmartre und Sacré Cœur oder eine Bootsfahrt auf der Seine –, aber der Tag war lang gewesen und unser Flug ging früh am nächsten Morgen, und so beschlossen wir, uns die Zutaten für ein Picknick im „Au Bon Marche" zu holen und es am Seineufer zu verzehren. Also ein weiterer durch und durch pariserischer Abend.

Wir gingen Händchen haltend am Seineufer entlang und breiteten dann am Ufer direkt gegenüber von Notre-Dame eine Decke auf dem Kopfsteinpflaster aus, aßen Brot und Käse und tranken Rosé dazu. Wir beobachteten die Leute und blickten zu dem immer dunkler werdenden gelben Licht an der berühmten

Kathedrale hinauf. Und auch hier war er wieder zu spüren, der Zauber von Paris – einfach unvergleichlich, einmalig auf der ganzen Welt.

Nach dem Essen fragte ich Aaron, ob wir nicht noch zur Pont Neuf gehen könnten, einfach nur, um kurz daraufzustehen und da gewesen zu sein – genau dort und genau zu dieser Tageszeit. Als ich vor über zwanzig Jahren das erste Mal in Paris gewesen war, hatte ich in einer Unterkunft in der Nähe der Pont Neuf gewohnt, und ich erinnerte mich noch ganz genau daran, wie es sich damals angefühlt hatte, auf dieser wunderschönen Brücke zu stehen. Es heißt, dass die Luft in Paris die Farbe von Champagner habe, und ich weiß noch, wie ich genau zu dieser goldenen Stunde auf der Brücke stand, als die Sonne in der Ferne hinter den Dächern der Häuser verschwand, es aber noch hell und golden war.

Aber vielleicht stimmte diese Erinnerung auch gar nicht. Ich hatte richtig Angst davor, dass das Paris aus meiner Vorstellung in Wirklichkeit gar nicht existierte, dass es eben nicht mehr war als das – eine Vorstellung. Ich hatte mein Leben lang alles über diese Stadt gelesen, was ich in die Finger bekam, und mir Filme und Fotos angeschaut. Paris war die Stadt meiner Fantasie, meiner Kindheitsträume.

Als Aaron und ich jetzt zu dieser Brücke unterwegs waren, begann ich, mich zu fragen, ob dieses Paris nicht vielleicht nur in meiner Vorstellung so war, ob es nicht nur in meinem Kopf so einmalig schön war und ich jetzt, Jahre später als erwachsene Frau, feststellen würde, dass es eben auch nur eine Stadt unter vielen war, eine überfüllte, hektische Großstadt.

Doch dann standen wir an jenem heißen Juniabend in Paris auf der Pont Neuf, und ich war selbst überrascht, dass ich weinen musste. Das lag daran, dass das Paris aus meiner Fantasie absolut real war, ja, es war sogar noch viel schöner als die

Erinnerung in meinem Kopf und meinem Herzen. Aaron und ich standen Hand in Hand auf dieser atemberaubenden Brücke und schauten über den Fluss auf den Eiffelturm und die Kathedrale Notre-Dame. Ich empfand das als Riesengeschenk und war zutiefst dankbar und glücklich darüber, wie real dieser ganz besondere Ort war, dass es ihn tatsächlich gab und dass ich sogar ein Teil davon sein konnte, auch wenn es nur für ein paar Tage war.

Denn genauso fühlte es sich an, so als wären wir Teil von etwas Wunderschönem, von etwas, das wie aus einer anderen Welt zu sein schien. Es war, als wäre man nicht an diesen Ort gekommen, sondern als wäre man ein Teil davon – ein Teil von etwas Gewaltigem, Prächtigem. Es war ein Moment, den wir unser Leben lang behalten werden, so als ob wir ihn in einem Medaillon um den Hals tragen. Ich hatte gefürchtet, dass das Paris meiner Kindheit nur meiner kindlichen Fantasie geschuldet war. Was für ein Geschenk, dass es dieses Paris wirklich gab! Was für ein Geschenk, so viele Jahre später auf dieser Brücke zu stehen.

Mittlerweile sind wir wieder zu Hause und unsere Tage sind geprägt von Alltagstätigkeiten: Einkaufen im Supermarkt, Wäsche, mittags und abends Kinder ins Bett bringen, Windeln wechseln, Baby baden und Henry beim Lesenlernen helfen. Aber hin und wieder merke ich, wie ich in Gedanken wieder in Paris bin, und dann geht mir für einen ganz kleinen Moment das Herz auf, weil es wirklich real ist, weil wir tatsächlich auf dieser Brücke gestanden haben und erneut ihrem Zauber erlegen sind.

Ganz einfache Mousse au Chocolat

Basierend auf einem Rezept aus der amerikanischen Zeitschrift *Bon Appetit*.

Es gibt nichts Französischeres als Mousse au Chocolat, aber wie inzwischen hinreichend bekannt sein dürfte, sind Süßspeisen und Kuchen nicht mein Ding. Und die Vorstellung, Eier über dem Wasserbad aufzuschlagen, ist mehr, als ich verkraften kann. Diese Mousse ist aus drei Gründen die ultimative Schummelmousse. Weil sie aus nur drei Zutaten besteht, weil sie keine Eier und keine Butter enthält und weil sie, abgesehen davon, dass man die Sahne, die Schokolade und den Honig miteinander verschmelzen lassen muss, nicht erhitzt wird. Und das schaffe sogar ich. Laut Rezept muss man allerdings die Masse schlagen, bis einem praktisch der Arm abfällt, doch das kann man auch gleichzeitig als sportliche Betätigung ansehen, oder? Und wenn es einem lieber ist, kann man natürlich auch einen Handmixer zum Einsatz bringen.

Man kann die Mousse in kleinen Förmchen portioniert servieren oder in Stielgläsern. Aber man muss gar nicht so einen Aufwand betreiben und kann sie auch ganz einfach lässig in Trinkgläser abfüllen und eine Schale mit Himbeeren dazu servieren.

ZUTATEN

2 Cups (460 ml) gekühlte Konditorsahne (die mit dem höchsten Fettgehalt)

1 1/2 Cups (180 g) dunkle Schokolade, gehackt

1/4 Cup (70 g) Honig

ZUBEREITUNG

Eine 3/4 Tasse (175 g) der Sahne, die Schokolade und den Honig in einem Topf bei geringer Hitze schlagen, bis alles cremig ist. Ein paar Minuten abkühlen lassen, dabei ab und zu rühren.

In einer separaten Schüssel eine 3/4 Tasse (175 g) Sahne schlagen. In 2 Portionen die Sahne unter die Schokoladenmasse heben.

Die Mousse auf sechs Gläser oder Förmchen verteilen. Kühlen, bis die Mousse fest geworden ist (circa zwei Stunden).

Die restliche 1/2 Tasse (110 g) Sahne steif schlagen, ein wenig davon als Deko auf jede Portion der Mousse geben. Das Ganze mit ein paar Beeren dekorieren oder die Früchte separat servieren.

Ergibt 6 Portionen.

Nimm dieses Brot

Ich habe seit einer kurzen, intensiven Baguettephase als Studentin nicht mehr gebacken. Damals backte ich Form um Form der schlanken Laibe, wickelte sie noch warm in Geschirrhandtücher und hielt sie dann wie Babys in meiner Armbeuge, wenn ich mit dem immer noch warmen, knusprigen, goldbraunen Brot im Haus von Freunden oder Nachbarn ankam.

Dieses Jahr im Herbst drängte mich irgendetwas in meinem Inneren, wieder mit dem Brotbacken zu beginnen. All die Gespräche über Brot und Wein weckten in mir den Wunsch, zu kneten, zu backen und das fertige Produkt dann anzubrechen – noch dampfend mit knuspriger, knackender Kruste.

Ich glaube, es macht einen ein bisschen melancholisch, wenn sich der Herbst nähert. Außerdem herrscht bei uns zu Hause gerade eine Phase großer Veränderungen: Unsere Jungs verändern sich. Aus dem Baby wird ein Kleinkind und aus einem Kleinkind wird ein Vorschulkind. Diesen Monat wird Mac ein Jahr alt und Henry ist gerade in die Vorschule gekommen. Vor ein paar Wochen setzte er an einem strahlenden Morgen seinen Superman-Rucksack auf und stieg die hohen Stufen in den Schulbus hinauf und das war's. Unser Sohn ist groß.

Vielleicht war es die sich nähernde neue Jahreszeit oder die Veränderungen bei uns zu Hause, vielleicht war es auch das

Schreiben – so viel Aktivität im Kopf und im Inneren und in den Fingern –, manchmal muss man dann einfach den Laptop zuklappen und wieder ganz in dieser Welt leben: Mehl, Salz, Wasser, ein glühend heißer Backofen, schmelzende Butter in dampfender Kruste.

Und so fing ich wieder an, Brot zu backen, Laib um Laib, mit Mehl im Haar und unter den Nägeln. Ich benutzte meinen geliebten roten gusseisernen Bräter, um den Teig darin gehen zu lassen, und legte die hübschen Geschirrtücher von der britischen Designerin Cath Kidston, die wir diesen Sommer aus London mitgebracht haben, über den gehenden Teig. Als der erste Brotlaib heiß und knusprig aus dem Ofen kam und es im ganzen Haus himmlisch duftete, hätte ich beinah angefangen zu weinen. Es war wirklich seltsam. Ich habe schon sehr viel Schwierigeres hinbekommen, aber vielleicht ist es ja auch gerade das. Vielleicht ist es gar nicht die Schwierigkeit, die mich am Brotbacken so reizt, sondern die Einfachheit.

Der erste Brotlaib schien irgendwie nicht richtig gehen zu wollen, und ich war innerlich schon für das Scheitern meines Projektes gewappnet, aber als ich dann den Backofen öffnete, war das Brot prachtvoll knusprig und knallheiß. Als ich es anschließend meiner Mutter und meiner Schwiegermutter zeigte, platzte ich beinah vor Stolz. Ich war wie ein Kind, das an einem Projekt gearbeitet hatte: *Guck mal – hab ich gemacht. Ganz alleine*!

Es fühlte sich an wie eine Erleuchtung, eine Entdeckung, von der ich jedem, den ich kannte, erzählen wollte. Und dann backte ich bei jeder sich bietenden Gelegenheit ein Brot nach dem anderen. Ich aß es mit Butter und Marmelade, mit Käse und Dijonsenf, mit Ziegenkäse und Honig, aber meistens einfach so, frisch, direkt aus dem Ofen und noch so heiß, dass ich mir sowohl meine Finger als auch den Mund verbrannte. Trotzdem aß ich einfach weiter.

Ich bin zwar lange bekennende Nichtbäckerin gewesen, aber damit ist jetzt Schluss. Anzeichen dafür waren schon seit Längerem zu erkennen. Ich redete mir selbst ein, dass Karamell und Mousse ja eigentlich gar kein Backen seien – eher ein Zerlassen und Schlagen. Aber inzwischen tauchen meine ehemals nur zur Weihnachtszeit gebackenen Gaia Cookies plötzlich ganzjährig auf, die Frühstückscookies gehören mittlerweile zu unseren Grundnahrungsmitteln und Nigellas Brownies gibt es ziemlich häufig nach dem Abendessen als Dessert. Und dann zwang mich mein Blaubeer-Crumble-Sommer, mich zu outen: Ja, ich backe, Leute, und zwar nicht nur gelegentlich. Aber Folgendes möchte ich dazu noch sagen: Dieses Brot war der letzte Schritt dahin. Dieses Brot macht mich wirklich zu einer Bäckerin.

Brot zu backen fühlt sich auf vielerlei Weise so zutiefst richtig an, so als würde man noch einmal ganz zurück an den Anfang gehen. Ich habe schon auf dem Herd Risotto gekocht und Balsamico reduzieren lassen, ich habe Zwiebeln karamellisiert und Sahne für Mousse geschlagen, ich habe für ein Curry Hühnchen mit Mehl bestäubt und Mais enthülst, um ihn zu grillen. Aber vor all dem, unter all dem und ganz zu Anfang war das Brot. Das Element an sich, der grundlegende Baustein: Brot.

Während ich abgemessen und geknetet habe, während der Teig gegangen ist, während der Ofen vorheizte, habe ich meine Gedanken schweifen lassen. Warum ist es so wichtig? Warum ist Essen so wichtig? Warum ist das Sitzen um den Tisch so wichtig?

Essen ist so wichtig, weil es zu den Dingen gehört, die uns dazu zwingen, in dieser Welt zu leben – in dieser greifbaren, stofflichen, chaotischen und schönen Welt –, egal, wie sehr wir versuchen, uns in unsere Gedanken und Ideale zu flüchten.

Essen erinnert uns daran, dass wir Menschen sind, daran, wie zerbrechlich wir sind. Es erinnert uns an unsere Geschöpflichkeit. Versuchen Sie einmal ganz bewusst, sich vorzustellen, dass Sie Hunger haben, und dann versuchen Sie, sich zu befehlen, nicht hungrig zu sein. Eine Weile funktioniert das vielleicht, aber irgendwann holt der Hunger und damit auch Ihr Menschsein Sie ein – so eisern und entschlossen Ihr Wille auch sein mag.

Die Sakramente sind eine greifbare Art, Nichtgreifbares zu vermitteln: So wird beispielsweise das neue Leben zu etwas, das wir fühlen und riechen und sehen können, wenn wir mit Wasser taufen. Die Vorstellung von einem Erlöser, von einem Opfer, einem Leib und Blut vor so vielen Jahrhunderten spricht unsere Sinne an und bricht in unsere Gegenwart herein, wenn unsere Finger das Brot brechen und unser Mund sich mit Wein füllt.

Wir erleben diese Verbindung, diese vertraute Erinnerung und das Feiern Christi nicht nur am Altar, sondern wir erleben es auch – zumindest könnten wir das – jedes Mal, wenn Brot und Wein vor uns liegen, im Grunde jedes Mal, wenn wir zu essen bekommen. Bei diesem letzten Essen, diesem letzten Zusammenkommen von lieben Freunden und Jüngern, hat Jesus auch uns eingeladen, uns um einen Tisch herum zu versammeln und uns an ihn zu erinnern – in Kirchen und auch außerhalb eines Sakralraumes, in Form des Sakramentes des Abendmahls und auch in ganz anderer Form.

Wenn man Frieden anbietet statt Spaltung, wenn man Glauben anbietet statt Furcht, wenn man jemandem einen Platz am Tisch anbietet, statt ihn auszuschließen, weil er anders ist oder chaotisch oder sonst irgendwie falsch, dann verkörpert man das Herz Christi.

Wir neigen zu der Überzeugung, dass das, was wir getan haben, zu schlimm ist – dass unsere Sünden und Fehler nicht wiedergutzumachen sind, dass unser Fehlverhalten und Versagen zu schlimm und zu hässlich sind. Das sagt uns die Scham. Aber wenn wir die Chance ergreifen und uns an den Tisch setzen und wenn wir dann an diesem Tisch mit Respekt und Wertschätzung und Freundlichkeit behandelt werden, dann weicht die Stimme der Scham zurück. Sie mag zwar nur für kurze Zeit schweigen, aber immerhin lange genug, dass die Stimme der Wahrheit, der Hoffnung, die Stimme von Christus selbst jedes Mal ein bisschen tiefer vordringen kann. Der Tisch wird zum Ort der Heilung. Er wird zu dem Ort, an dem neu gelernt wird, dem Ort, wo Wertschätzung und Liebe vermittelt werden.

Wenn der Tisch gedeckt ist, sich praktisch biegt vor Schüsseln und Platten, wenn Weingläser daraufstehen, zerknüllte Servietten herumliegen, Besteck, Teller mit Krümeln und Resten der Creme, mit der der Kuchen dekoriert war, und die Kerzen schon weit heruntergebrannt sind – dann sind genau das die Augenblicke, in denen ich das Gefühl habe, dass Gott da ist, ganz nah, und das macht mich sehr, sehr glücklich.

Ich empfinde es als eine Ehre, an meinen Tisch einladen zu können, an einen Ort zum Lachen und Weinen, einen Ort, an dem man gesehen und gehört wird, an dem man Geschichten erzählen und Erinnerungen schaffen kann. Manchmal empfinde ich die Gegenwart Gottes auch, wenn ich schreibe oder wenn ich zuhöre oder wenn ich in der Bibel lese. Ich spüre oft dieses heilige Flackern, wenn ich mein Baby halte oder wenn ich Henry im Schlaf die geschlossenen Lider küsse. Ich spüre es, wenn ich auf den See hinausblicke oder wenn ich das Meer sehe. Aber mehr als an jedem anderen Ort spüre ich die Gegenwart Gottes bei Tisch.

Der Leib Christi, für dich gebrochen. Das Blut Christi, für dich vergossen.

„Jedes Mal, wenn ihr das Brot esst und von dem Wein trinkt", sagt Jesus, „sollt ihr euch an mich erinnern." Abendmahl, das ist Verbundensein und Erinnern.

Meine Freundin Shane sagt, dass das Geniale am Abendmahl – an Brot und Wein – darin besteht, dass Brot das Essen der Armen und Wein das Getränk der Privilegierten ist und dass jedes Mal, wenn wir beides nebeneinander sehen, wir daran erinnert werden, was uns verbindet, und nicht daran, was uns trennt.

In meiner Gemeinde wird traditionell ungefähr einmal im Monat Abendmahl gefeiert. Wir geben dann ein Tablett mit Brot herum und ein Tablett, auf dem winzige Weingläschen stehen – eigentlich Traubensaft. Der Geschmack von Traubensaft erinnert mich schon seit jeher an die Kirche, weil ich Traubensaft ausschließlich vom Abendmahl kannte, bis ich selbst Kinder hatte. Wir feiern aber auch oft in einem weniger offiziellen Rahmen Abendmahl, eher improvisiert bei jemandem zu Hause oder im Garten oder am Strand, wobei dann eine Person die Einsetzungsworte aus der Bibel vorliest und jemand anderer in einem Kreis von Freunden, einer kleinen Gemeindegruppe oder in einem Mitarbeiterteam das Brot und den Wein herumgibt.

Ich glaube, dass Brot und Wein für uns alle, für jeden einzelnen Menschen, eine Einladung zum Glauben sind. Sie sind eine Hand, die uns Menschen von Gott gereicht wird. Ich glaube, dass das Abendmahl überall gehalten werden kann, dass aus einer Waldlichtung eine Kirche werden kann und aus jedem von uns ein Priester, wenn wir Brot und Wein segnen.

Und ich glaube, dass Jesus uns aufgefordert hat, uns jedes Mal beim Brechen des Brotes und beim Trinken des Weins, bei jeder Mahlzeit, jeden Tag, an ihn zu erinnern – egal, wo wir sind, wer wir sind und was wir getan haben.

Wenn wir uns nur dann an Jesus erinnern, wenn das Abendmahl in einer Kirche gehalten wird, dann verpassen wir jeden Tag drei Gelegenheiten, uns zu erinnern. Wie traurig!

Eugene Peterson sagt, dass „für Augen, die sehen können, jeder Busch ein brennender Busch ist". Ja, genau so ist es. Für diejenigen, die glauben, dass das Leben heilig ist, ist jeder Krümel Brot und jeder Tropfen Wein Eucharistie, ein Erinnern, ein Aufruf zur Achtsamkeit genau dort, wo wir gerade sind.

Ich wünsche mir, dass die Heiligkeit der Eucharistie über die Kirchenmauern hinausschwappt, aus den Händen der Geistlichen heraus auf die ganz normalen Straßen und Gehwege, in die Hände ganz normaler schmuddeliger Menschen, wie Sie und ich es sind, auf unsere Tische, in unsere Küchen und Esszimmer und Gärten.

Es gibt so viel Heiligkeit, wenn wir sie denn erkennen wollen. Das Flüstern und Donnern des Geistes Gottes ist überall um uns her, wenn wir hinhören. Die Bausteine der einfachsten Mahlzeit – Brot und Wein – sollen uns erinnern: „Er ist hier! Gott ist hier und er ist gut!" Jedes Mal, wenn wir essen, jedes Mal, wenn wir zusammenkommen, jedes Mal, wenn der Tisch gedeckt und voller Speisen ist: Er ist hier und er ist gut.

Sullivan-Street-Brot

Zutatenliste und Zubereitungsanleitung von Jim Lahey, dem Eigentümer der „Sullivan Street Bakery".

Seit Jahren schon höre ich immer wieder von diesem Rezept, aber meine Angst vor Hefeteig hat mich bisher davon abgehalten, es auszuprobieren. Und dann, an einem kühlen Herbsttag, habe ich mich plötzlich hineingestürzt, und ich muss Ihnen sagen, dass es ein unglaubliches Brot ist und unglaublich einfach zu backen.

Noch ein paar Anmerkungen vorweg: Ich benutze meinen geliebten ramponierten gusseisernen Bräter von Le Creuset und damit funktioniert es perfekt.

Ein weiterer Punkt: Jedes Mal, wenn ich das Brot backe, hoffe ich, dass der Teig dieses Mal fluffig aufgeht bis zum Gehtnichtmehr, aber das tut er nie. Mein Hefeteig verdoppelt nie sein Volumen, wie es im Rezept steht. Das ist jedes Mal wieder wirklich nervenaufreibend, aber das Brot wird trotzdem köstlich. Genau wie im Leben, oder? Wir flippen total aus – meistens völlig unnötig. Und genauso ist es bei diesem Brot. Es macht mich jedes Mal wieder nervös, und ich bin ganz sicher, dass ich wieder versagt habe, und dann entzückt es mich mit diesem knusprigen, knackigen, prachtvollen Laib. Brotbacken ist eine emotionale Achterbahnfahrt, also halten Sie sich fest.

Ich benutze außerdem Maismehl, um das Brot zu bestäuben, weil ich diese gelbe Grobkörnigkeit mag, und ich gehe mit dem Maismehl auch ziemlich großzügig um, besonders auf dem Geschirrtuch, damit der Teig nicht so anklebt.

Und noch ein paar weitere Punkte: Laut Rezept soll man den Teig 12 Stunden ruhen lassen – diesen Zeitraum kann man ruhig verlängern, aber nicht verkürzen. Ich backe das Brot bei mir zu Hause 45 Minuten bei 230 Grad und das passt perfekt. Vielleicht funktioniert es bei Ihnen besser bei 250 Grad, oder vielleicht brauchen Sie bei Ihrem Ofen die ganze Stunde, aber meine Empfehlung sind 230 Grad und 45 Minuten.

Und dann rufen Sie mich doch bitte an, und tanzen Sie in Ihrer Küche herum, weil Sie den Code geknackt, den Gral gefunden – Brot gebacken – haben!

ZUTATEN

3 Cups (300 g) Mehl
1/4 Teelöffel Trockenhefe
1 1/4 Teelöffel Salz
1 1/2 Cups (345 ml) Wasser
Olivenöl (etwa einen Esslöffel zum Bestreichen)
etwas Mehl zusätzlich, etwas Weizenkleie oder Maismehl (etwa 2 Esslöffel zum Bestreuen)

AUSRÜSTUNG

2 mittelgroße Rührschüsseln
5-7-Litertopf mit Deckel (Jenaer Glas, Gusseisen oder Keramik)
Holzlöffel
Frischhaltefolie
2–3 Geschirrhandtücher aus Baumwolle (kein Frottee)

ZUBEREITUNG

Die trockenen Zutaten in einer der mittelgroßen Schüsseln miteinander vermischen. Wasser hinzufügen und mit dem Holzlöffel etwa eine halbe bis eine Minute einarbeiten.

Die zweite Schüssel dünn mit Olivenöl einstreichen und den Teig in die Schüssel geben. Die Schüssel mit Frischhaltefolie abdecken und den Teig 12 Stunden bei Zimmertemperatur ruhen lassen.

Nach 12 (oder mehr) Stunden den Teig aus der Schüssel nehmen und ein- oder zweimal umklappen und anschließend etwa 15 Minuten in der Schüssel oder auf der Arbeitsfläche ruhen lassen.

Nun aus dem Teig eine Kugel formen. Ein Geschirrhandtuch aus Baumwolle großzügig mit Mehl, Weizenkleie oder Maismehl bestreuen; den Teig mit der Naht vom Umklappen nach unten auf das Handtuch geben und dann mit Mehl bestäuben. Den Teig mit einem Geschirrhandtuch abdecken und ihn 1–2 Stunden bei Zimmertemperatur gehen lassen, bis sich das Volumen verdoppelt hat.

Den Ofen mitsamt dem Topf eine halbe Stunde auf 225–250 Grad vorheizen. Wenn der Teig das Volumen mehr als verdoppelt hat, den Topf wieder aus dem Ofen herausnehmen und den Teig in den Topf stürzen. Deckel auf den Topf und 30 Minuten backen. Dann den Deckel abnehmen und 15–30 Minuten ohne Deckel weiterbacken, bis das Brot goldgelb ist.

Auf einem Kuchengitter abkühlen lassen.

Komm zu Tisch

Ich möchte, dass Sie Folgendes tun: Sagen Sie ein paar Leuten, dass Sie sie lieb haben und dass sie um 18:00 Uhr zum Essen kommen sollen. Ich möchte, dass Sie Ihre Haustür sperrangelweit aufreißen, die Leute, die Sie lieb haben, lachend und mit einer Umarmung begrüßen und sie in Ihr unweigerliches Chaos hereinbitten. Ich möchte, dass Sie eine Platte Ihres Herdes einschalten und dass Sie hingebungsvoll und mit Liebe schnippeln und rühren und würzen. Fangen Sie mit einer Zwiebel und einem Spritzer Olivenöl an und machen Sie von da an weiter zu einer Million beliebiger unterschiedlicher Gerichte.

Versammeln Sie die Menschen, die Sie lieben, um Ihren Tisch und geben Sie ihnen zu essen – ehrlich, kreativ und mit Liebe. Geben Sie ihnen mit Ihren Händen zu essen, lassen Sie sie die Düfte und Aromen kosten, die sie an zu Hause erinnern, an Schönheit und an die besten Geschichten, die sie jemals gehört, die besten Geschichten, die sie jemals erlebt haben.

Es kommt nämlich der Tag, an dem das alles auseinanderfällt. Eine sehr liebe Freundin von mir hat dieses Jahr ihre Mutter verloren. Im selben Monat scheiterte die Ehe einer anderen Freundin an Lügen und gebrochenem Herzen. Eine Freundin, mit der ich seit ewigen Zeiten keinen Kontakt mehr gehabt hatte, rief mich eines Sonntags spätabends noch an und fragte, wie man mit einer Fehlgeburt fertigwerden könne. „Es hat schon angefangen zu bluten", sagte sie. Während ich das hier schreibe, liegt ein lieber Freund unserer Familie in einer Klinik im Koma.

Das alles sind Dinge, die ich nicht ändern kann. Nichts von alledem. Ich kann nichts reparieren, heilen, kann das Zerbrochene nicht wieder zusammensetzen. Was ich aber tun kann, ist, mich selbst anzubieten. Ich kann da sein, und zwar ganz – von ganzem Herzen, ganz bei der Sache, kann den Menschen, die ich liebe, in ihrer Angst und ihrem Chaos beistehen. Mehr kann keiner tun. Und dazu sind wir hier.

Es geht nicht um die Grenze, wer rein darf und wer draußen bleiben muss. Es geht nicht um „Pro"- und „Contra"-Positionen, sondern es geht darum, da zu sein. Es geht ums Zuhören, ums Beten mit den Betroffenen und für sie an Tagen, an denen alles zusammenbricht, an denen uns das Leben entgleitet, nur da zu sein.

Der Tisch ist der Ort, wo wir an solchen Tagen auftanken, wo wir für Minuten oder Stunden abschalten und etwas Beständiges und Starkes aufbauen, das in solch schlimmen Momenten dann getestet wird. Und der Tisch ist auch der Ort, an den wir kommen können, um unser Herz wieder zu flicken, wenn es gebrochen wurde.

Ich möchte, dass Sie aufhören, vom einen zum anderen und wieder zum nächsten zu rennen, und sich stattdessen an den Tisch setzen, dort den Menschen, die Sie lieben, etwas Bescheidenes und Nahrhaftes anbieten, Suppe und Brot zum Beispiel oder eine Geschichte oder das Halten einer Hand beim Beten. Wir leben in einer Welt, in der wir danach bewertet werden, wie schnell wir sind, wie viel wir leisten, was wir alles schaffen, wie viel Leben wir in einen Tag pressen können. Aber ich bin immer mehr davon überzeugt, dass sich in den Zwischenräumen unser Leben ändert und dass wahre Schönheit genau dort zu finden ist.

Meistens esse ich, als ob mir jemand etwas vom Teller stibitzen will, so als hätte ich nicht die Zeit zu kauen und zu schmecken und zu fühlen. Ich komme jedoch immer mehr zu der Überzeugung, dass es am Tisch ums Essen geht, aber auch um Zeit. Es geht darum, als Person ganz und gar anwesend und bei der Sache zu sein und nicht gleichzeitig überall und nirgends und völlig zerfasert, eine hektische Person mit dem Handy in der einen Hand und der To-do-Liste in der anderen. Legen Sie beides beiseite und nehmen Sie Messer und Gabel zur Hand. Der Tisch ist der Ort, an dem die Zeit stehen bleibt. Er ist der Ort, wo wir den Menschen in die Augen sehen, wo wir die Wahrheit darüber sagen, wie schwer es manchmal ist, wo wir Raum schaffen, uns einmal die ganze Geschichte anzuhören und nicht nur den Teil, den man per SMS verschicken kann.

Es heißt, dass der Weg zum Herzen eines Mannes über den Magen führt, und ich glaube, dass das absolut zutrifft. Nicht, dass man bei einem Mann landen kann, indem man ihm Plätzchen backt, auch wenn das sicher nie schaden kann, aber wenn man den Hunger eines Menschen stillen kann, dann bekommt man außerdem einen ganz kleinen Einblick in sein Herz. Dieses Erfüllen eines Bedürfnisses, das Füllen des Magens, hat etwas Intimes, das mit dem Innersten, dem Herzen, verbunden ist.

Ich wünsche mir, dass Sie das Leben in großen Bissen verschlingen, dass Sie alles schmecken, dass Sie jeden neuen Geschmack probieren, sich an jeden Geruch, jede Konsistenz erinnern, als wäre es das Beste, was Sie je gegessen haben. Ich wünsche mir, dass Sie mit wilder, prachtvoller Hingabe leben, sich in jeden neuen Tag hineinstürzen, dass Sie die Wahrheit darüber sagen, wer Sie sind und wer nicht, dass Sie ein

Liebeslied für diese Welt schreiben und an den Gott, der jeden Millimeter davon geschaffen hat.

Ich wünsche mir, dass Sie sich ganz und gar und zutiefst in Freundschaften einbringen, denn hier auf Erden sind Sie der größte Beweis für Gott. Und mehr als alles andere wünsche ich mir, dass Sie selbst zu Tisch kommen, und zwar sowohl im wörtlichen als auch im übertragenen Sinne. Kommen Sie zu Tisch.

Wir kommen nicht zu Tisch, um zu kämpfen oder uns zu verteidigen. Wir kommen nicht, um etwas zu beweisen oder zu erobern oder Grenzen zu ziehen oder Ärger zu machen. Wir kommen zu Tisch, weil uns unser Hunger dorthin treibt. Wir kommen zerbrechlich, mit einem Bedürfnis, mit dem Eingeständnis, dass wir Menschen sind. Der Tisch ist der große Gleichmacher, das ebene Spielfeld, das viele Menschen woanders gesucht haben. Der Tisch ist der Ort, wo das Tun aufhört, wo das Anstrengende endet, wo die Masken fallen und wir uns nähren lassen wie Kinder. Wir lassen zu, dass jemand anderer unser Bedürfnis stillt. In einer Welt, in der Menschen Lob und Anerkennung bekommen, wenn sie keine Bedürfnisse haben, wenn sie länger durchhalten und schneller machen, wenn sie ohne alles auskommen und durchpowern können, ist der Tisch ein sicherer Ort, an dem man Ruhe finden und Mensch sein kann und wo es erlaubt ist, so zerbrechlich zu sein, wie man sich fühlt. Wenn unser Zuhause ein Körper wäre, dann wäre der Tisch das Herz, der schlagende Mittelpunkt, Erhalter des Lebens und der Gesundheit.

Kommen Sie zu Tisch.

Meine besten Tipps für Gastgeber

Meine Freundin Becky wollte ihre erste große Party veranstalten und schrieb mir eine Mail mit der Bitte um etwas Orientierungshilfe. Folgendes habe ich ihr als Antwort zurückgemailt. Meiner Meinung nach sind das die wichtigsten Punkte, an die man denken sollte, wenn man Gäste hat.

1. Seien Sie so Gastgeberin, wie es Ihnen und Ihrer Art entspricht.

Das, wozu Sie einladen und was Sie dabei anbieten, braucht nichts Spektakuläres zu sein. Es gibt nicht *die eine* richtige Methode. Bei Gastfreundschaft geht es um Liebe, nicht um Leistung. Vor allem möchten die Menschen, die kommen, von jemandem begrüßt werden, der sie gern bei sich zu Hause haben möchte. Egal, wie simpel das Essen ist oder wie unordentlich und chaotisch es im Haus aussieht, wenn Sie Ihre Gäste an der Tür herzlich begrüßen, dann werden sie froh sein, dass sie gekommen sind.

Umgekehrt gilt natürlich auch, dass das Essen noch so hervorragend sein kann und die Servietten noch so kunstvoll gefaltet – wenn die Gastgeberin aber derart nervös ist, dass man als Gast das Gefühl hat, sie kann es gar nicht erwarten, dass die Gäste endlich wieder gehen, dann ist diese Einladung durch nichts zu retten. Als Gastgeber bestimmt man die Atmosphäre, und zwar von Anfang an. Es passiert leicht, dass man sich von einem ehrgeizigen Menü mitreißen lässt und den ganzen Abend Töpfe klappernd in der Küche steht und sogar ärgerlich wird, wenn die Gäste so dreist sind, einen anzusprechen. So etwas ist wirklich nicht schön. Wohl jeder Gast hätte dann lieber ein einfacheres Essen, dafür aber eine entspannte Gastgeberin.

Wenn Sie Gäste einladen, sollte jede Entscheidung, die Sie im Zusammenhang mit dieser Einladung treffen, dem Ziel untergeordnet sein, eine gut gelaunte und entspannte Gastgeberin zu sein. Dasselbe gilt auch für die Zusammenstellung der Gäste, für das Menü und die Deko. Was ist möglich und zu bewältigen, ohne dass Ihre Entspanntheit darunter leidet?

Manche Leute veranstalten gern einen Tag der offenen Tür bei sich zu Haus mit einem Büfett, weil sie ein serviertes Menü extrem stressig finden, andere mögen Cocktailpartys, weil sie nicht für viele Menschen Essen zubereiten möchten, und belassen es deshalb bei einer Reihe von Snacks. Meine Freundin Heather lädt jedes Jahr zu Weihnachten zu einem formellen Nachmittagstee ein, weil sie so gern backt und einen Grund braucht, um wenigstens einmal im Jahr ihr gutes Porzellanservice zu decken. Ich persönlich mag am liebsten Dinnerpartys, am besten mit sechs bis zwölf Personen und unkomplizierten Gerichten. Finden Sie heraus, was am besten zu Ihnen passt, und bleiben Sie dann dabei.

2. Sorgen Sie dafür, dass alles fertig ist, wenn es an der Tür klingelt. Am besten ist es, wenn dann schon Musik läuft und die Getränke bereitstehen.

Ich finde es absolut in Ordnung, wenn bei der Ankunft der Gäste das Essen noch nicht fertig ist, vorausgesetzt, es läuft

Musik und die Gastgeberin ist bereit, die Gäste zu empfangen. Es ist nicht optimal, in ein Handtuch gewickelt und mit einem Handtuchturban auf dem Kopf die Gäste zu begrüßen, selbst wenn das Essen schon bereitet ist.

Wenn Sie unter Zeitdruck geraten, dann schieben Sie lieber das Essen noch ein bisschen nach hinten. Es macht niemandem etwas aus, in der Küche zu helfen, aber es trägt nicht zu einer guten Atmosphäre bei, wenn man die Gäste allein im Wohnzimmer sitzen lässt, weil man sich noch schminken muss.

Ich achte immer darauf, dass bei Ankunft der Gäste Musik läuft, die Kerzen brennen und Häppchen und Wein bereitstehen, und manchmal lasse ich sogar noch ein paar Handgriffe beim Kochen übrig, damit die Leute zu mir in die Küche kommen und helfen können. Besonders schüchterne Menschen werden oft gern ein bisschen beschäftigt.

3. Seien Sie vorbereitet und machen Sie einen genauen Plan.
In den meisten Lebensbereichen bin ich eher entspannt bis chaotisch, aber wenn ich eine Dinnerparty gebe, dann habe ich überall Listen und Tabellen und Post-its. Dann wache ich manchmal mitten in der Nacht auf und denke an Salatteller oder beschäftige mich damit, wie ich das Essen am besten anbiete – ob als Büfett oder lieber wie beim Familienessen in Schüsseln auf dem Tisch.

Ich kann nur eine gut gelaunte und entspannte Gastgeberin sein, wenn ich gut plane. Gute Planung bedeutet nicht, dass man nichts vergisst, sondern dass man genügend Zeit hat, Vergessenes noch auszubügeln und Pannen zu beheben. Was mir lange Zeit immer wieder ein Bein gestellt hat, war meine Zeitplanung. Ungefähr eine halbe Stunde bevor es Essen geben sollte, kam es oft zu einer Art Stau, und ich merkte plötzlich, dass ich *sofort* mehr Hände, mehr Herdplatten und mehr Platz im Backofen brauchte.

Das klingt jetzt zwar vielleicht ein bisschen pingelig, aber ich habe gern alle Rezepte meines Menüs offen daliegen oder sogar irgendwo an die Küchenschränke geklebt – mit Garzeiten, wie viele Kochplatten ich dafür brauche oder wie viel Platz im Backofen, und ich lege mir gern auch alles, was ich für das Gericht brauche, schon bereit – vom Rezept über die Zutaten bis hin zu der Platte, dem Teller oder der Schüssel, in dem ich alles servieren möchte.

Wenn diese Vorbereitungen erledigt sind, dusche ich und ziehe mich an, und erst danach fange ich an zu kochen. Wenn ich den Plan für den Tag der Party erstelle und dann die Zeit rückwärts rechne, plane ich immer eine halbe Stunde für letzte Kleinigkeiten ein – fürs Kerzenanzünden, Musikaussuchen und Einschalten, Lippennachziehen und für ein Glas Wein.

4. Erarbeiten Sie sich ein Repertoire an Gerichten, die Sie gut und sicher kochen können, und bereiten Sie nur einen Teil des Menüs à la minute zu.

Ich liebe eigentlich ein kleines kalkulierbares Risiko, und deshalb probiere ich hin und wieder neue Rezepte aus, wenn wir Gäste bekommen, aber das würde ich nicht jedem empfehlen. Für eine entspannte Atmosphäre ist es besser, ein paar Rezepte auszuwählen und sie vorher so oft zu kochen, bis man sie sicher und routiniert beherrscht und nicht mehr in Hektik gerät. So ist man dann in der Lage, wenigstens einen Teil des Menüs für die Gäste stressfrei zuzubereiten. Den meisten Leuten ist es lieber, ein Menü serviert zu bekommen, das es bei uns schon einmal gegeben hat, als es mit einer gestressten Gastgeberin zu tun zu haben. Entwickeln Sie ein kleines Repertoire an Gerichten, mit dem die Menschen, die sich um Ihren Tisch versammeln, irgendwann schon rechnen und auf das sie sich freuen.

Wenn die Rolle als Gastgeberin Sie einschüchtert, dann halten Sie das Essen möglichst sehr einfach. Suchen Sie eine Vorspeise aus, die sich gut vorbereiten lässt, eine Hauptspeise, die im Backofen zubereitet wird, während man die Gäste begrüßt, dazu einen einfachen Salat und Brot und ein Dessert, das Sie schon am Vorabend zubereitet und kalt gestellt haben. Ein leckerer, deftiger Hauptgang wie beispielsweise Lasagne fühlt sich auf schöne Weise heimelig an und sehr viel mehr ist dann gar nicht nötig.

5. Nehmen Sie Hilfe an. Lassen Sie sich von Leuten beim Besorgen, Kochen und Aufräumen helfen. Noch einmal: Es handelt sich hier nicht um eine Vorstellung oder Aufführung.

Die meisten Leute tun gern ein paar Handgriffe, wenn sie eingeladen sind, und manche springen sogar von selbst auf und räumen mit ab oder schenken Getränke nach. Es macht so gut wie niemandem etwas aus, ein paar Handgriffe zu erledigen, wenn er darum gebeten wird. Im Ferienhaus meiner Eltern ist es beispielsweise die Regel, dass die Männer immer fürs Abräumen und Spülen zuständig sind, weil normalerweise die Frauen kochen. Dabei ist es völlig egal, ob jemand zum ersten oder zum hundertsten Mal dort zum Essen ist. Wenn das Essen zu Ende ist, schenken sich die Frauen noch einmal Wein nach und ziehen sich auf die Veranda zurück, und die Männer bilden vom Esstisch zur Spüle eine Kette.

Bitten Sie, nachdem alle Gäste eingetroffen sind, eine Person darum, dafür zu sorgen, dass jeder etwas zu trinken hat, und eine Person, Brot zu schneiden, den Salat zu mischen oder den Tisch zu decken. Wie die betreffenden Personen ihre Aufgabe dann erledigen, überlassen Sie ganz ihnen. Manche Leute haben dann eine Million Fragen, wie sie es machen sollen, und manche legen einfach los – aber egal, wie sie an ihre Aufgabe herangehen, sie fühlen sich sofort integriert – und das ist doch viel besser, als allein im leeren Wohnzimmer zu sitzen, während die Action und der gute Essensgeruch in der Küche sind.

Wenn Gäste anbieten, etwas mitzubringen, nehmen Sie das Angebot immer an und seien Sie dann so konkret wie möglich, ohne jedoch zu viel zu verlangen. Dazu noch eine Anmerkung: Bitten Sie nur dann jemanden, Cocktails oder Vorspeisen mitzubringen, wenn Sie sicher sein können, dass diese Gäste auch pünktlich kommen. Ich finde es schrecklich, Gästen die Tür aufzumachen und zu wissen, dass köstliche Tamales und Margaritas unterwegs sind, aber bis dahin noch nichts auf dem Tisch zu sehen ist außer Servietten. Ich versuche immer, den Hauptgang, die Vorspeisen und die ersten paar Flaschen Wein dazuhaben, den Rest lasse ich gern von Gästen mitbringen.

Und noch ein paar weitere Gedanken

Zünden Sie eine Kerze an, nicht hundert. Ich mag die Wirkung einer einzelnen Kerze oder auch von zwei Kerzen an unterschiedlichen Stellen, aber wenn ich zu jemandem komme und dort siebenundachtzig Kerzen brennen, vielleicht noch jede mit einem anderen Duft, dann frage ich mich, ob ich dort vielleicht falsch bin oder ob gerade ein Heiratsantrag vonstattengeht.

Noch etwas zum Thema Tisch. Nach allem, was Sie mittlerweile über mich erfahren haben, denken Sie vielleicht, ich bin der absolute Tischdekotyp, der ganze Landschaften oder Themen auf den Tisch dekoriert, aber das bin ich eindeutig nicht. Für mich geht es um das Zusammensein beim Essen und nicht um den Tisch als solchen. Ich finde, dass die Gäste oft ein bisschen angespannt sind, wenn der Tisch wie ein Wald oder eine

Wiese oder Ähnliches aussieht. Ich verwende immer und ausnahmslos weißes Geschirr, und alle anderen Gegenstände auf dem Tisch sind aus Silber oder Holz, sodass ich alles gut mit entsprechenden Servietten, Tischsets, Kerzen oder auch Tischkarten aufpeppen kann. Und obwohl ich all diese Möglichkeiten habe, verwende ich so gut wie immer weiße Tafelkerzen in silbernen Kerzenhaltern und eine flache Schüssel mit weißen Hortensien. Schlicht, clean, warm und gastlich.

Noch einmal, es geht darum, Menschen, die man lieb hat, so oft es geht um den eigenen Tisch zu versammeln und dass sie sich dort wohlfühlen. Wenn ich jedes Mal, wenn ich Gäste einlade, ein riesiges Rosengesteck für die Mitte des Tisches fabrizieren müsste, dann würde ich nie Leute einladen. Ich möchte damit sagen, dass genau das richtig ist, was zu Ihnen passt, zu Ihrem Zuhause und Ihrem Zeitplan, zu Ihren Gaben, Ihren finanziellen Möglichkeiten und Ihren Vorlieben.

Ich habe weißes Geschirr und davon sehr viel. Außerdem ist es billig, weil ich mir keinen Kopf darüber machen möchte, wenn mal ein Teil davon kaputtgeht. Dasselbe gilt für Gläser. Wir haben hübsche Dreidollarweingläser, und darüber bin ich sehr froh, denn wenn einmal – was unweigerlich der Fall ist – eines zerbricht, dann möchte ich gerne ehrlich und von Herzen sagen können, dass das wirklich nicht schlimm ist. Denn das gehört mit zu den höchsten Werten bei uns zu Hause: dass man sich dort sicher und gut aufgehoben fühlen kann. Ich möchte ein Zuhause haben, wo Menschen das Gefühl haben, zur Ruhe kommen zu können – so als ob sie Hausschuhe anziehen, sich ein Glas Wasser holen und sich für den Abend niederlassen können.

Es geht darum, was für die Gäste funktioniert, für Ihre Familie, für die Menschen, die Sie lieben und die Sie an Ihren Tisch eingeladen haben. Es geht nicht darum, was später auf Pinterest oder Instagram gut aussieht. Es geht darum, die Menschen in Ihrem Leben lieb zu haben und ihnen unter anderem das dadurch zu zeigen, dass Sie sie zu sich nach Hause in Ihre Privatsphäre einladen, darum, dass Sie ihnen in schweren Zeiten einen Ort zur Verfügung stellen, wo sie landen können. Es geht darum, ihr Bedürfnis nach Essen, nach einem offenen Ohr, nach Frieden und Ruhe zu stillen.

Rezeptverzeichnis

MIX
Papier aus verantwortungsvollen Quellen
FSC® C014496

Verlagsgruppe Random House FSC® N001967
Das für dieses Buch verwendete FSC®-zertifizierte Papier
Munken Premium Cream liefert Arctic Paper Munkedals AB, Schweden.

Die amerikanische Originalausgabe ist im Verlag
Zondervan, Grand Rapids, Michigan 49530 USA erschienen
unter dem Titel „Bread & Wine".

Bestell-Nr. 817073
ISBN 978-3-95734-073-3
1. Auflage 2015

Umschlaggestaltung: Hanni Plato
Umschlagfoto: Corbis, Larissa Veronesi/Corbis The Interior Archive, Rachael Hale
Satz: Uhl + Massopust GmbH, Aalen
Druck und Verarbeitung: GGP Media GmbH, Pößneck
Printed in Germany